D1687461

Baden in Schönheit
Die Optimierung des Körpers im 19. Jahrhundert

Museum LA8 Baden-Baden
21. März bis 6. September 2020

MUSEUM LA8 BADEN-BADEN

GRENKE-Stiftung

Unser Kulturpartner
>> SWR2

Die Ausstellung findet im Rahmen des Kooperationsprojektes BADEN gemeinsam mit dem Stadtmuseum Baden-Baden und der Staatlichen Kunsthalle Baden-Baden statt.

Baden in Schönheit
Die Optimierung des Körpers im 19. Jahrhundert

mit Beiträgen von
Cornelius Borck
Bettina Brockmeyer
Mirjam Elburn
Jutta Franzen
Philipp Kuhn
Sabine Merta
Matthias Winzen

herausgegeben von
Matthias Winzen

ATHENA | wbv

Inhaltsverzeichnis

6   Wolfgang Grenke
Zum Geleit

15   Matthias Winzen
Fragment und Prothese

41   **»Ohne Fleiß kein Preis!«**
Turnen, Schwimmen und erste Fitnessgeräte

91   Cornelius Borck
Prothesen als *missing link*
zwischen Schönheit und Optimierung

105   **Elektrisieren ist gesund! … und kann tote**
menschliche Materie zum Leben erwecken

119   Mirjam Elburn
Apparat trifft auf Leib:
Prostitution und Pornografie im 19. Jahrhundert

144   **Das Badezimmer – eine Erfolgsgeschichte**

156   **Schönheitspflege der Haare**

167   Philipp Kuhn
Arkadische Idyllen, Kraft-Kunst und ein Stadion
für Nietzsche. Zu einigen Utopien des Neuen Weimar

198 Ärzte, Propheten, Heiler

245 Jutta Franzen
**Fröhliche Chirurgie oder wie der
wahre Körper endlich zur Ware wurde**

255 »Ich habe meinen Tod gesehen« –
der medizinische Blick ins Körperinnere

269 Sabine Merta
**Die kulturellen Zusammenhänge zwischen Diätkost,
Körperkult und Schlankheitswahn seit dem 19. Jahrhundert**

287 **Die Vermessung des Körpers**

297 Bettina Brockmeyer
Diätetik und Homöopathie

330 Bildnachweis

332 Dank

334 Autorenverzeichnis

336 Impressum

Zum Geleit

Baden in Baden-Baden: Was wie ein Wortspiel klingt, hat in der Kurstadt eine große Vergangenheit – und eine sehenswerte Gegenwart. Als Kooperationsprojekt der Kulturpartner in der Lichtentaler Allee präsentieren die Staatliche Kunsthalle Baden-Baden, das Stadtmuseum Baden-Baden und das Museum LA8 ihr gemeinsames großes Sommerprojekt 2020 zur Kunst, Kultur und Technik der Erholung und Gesundung durch und im Wasser. Unser Museum widmet sich der Wechselbeziehung zwischen der künstlerischen Idealisierung des Menschenkörpers und seiner (medizin-)technischen Heilung und Verbesserung im 19. Jahrhundert.

Beim Baden wirkt die äußere Wohltat zugleich als innere Erfrischung. Und ist die Grenze zwischen Körperhülle und seelischem Befinden einmal überwunden, ergeben sich weitere Möglichkeiten, durch die Verbesserung des äußeren Zustands das Selbstgefühl und die soziale Wirkung des Individuums zu optimieren. Wellnessbäder, Fitness-Clubs, Körperkult bis zur plastischen Chirurgie, Zahnspangen für Teenager – viele heutige Körpertechniken nehmen ihren Anfang in der Badekultur des 19. Jahrhunderts. Damals mischten sich künstlerische Ideale und medizinischer Fortschritt, Gesellschaftsutopien und Apparatetechnik zu einem neuen Menschenbild. Der Leib war nun nicht mehr Gott und Natur schicksalhaft ergeben. Als Körper wurde er zum Projekt, zum zukunftsoffenen Entwurf. Sowohl die medizinische Technik als auch Malerei und Skulptur entwickelten sich im 19. Jahrhundert zu Entwurfsräumen der Erforschung, Verschönerung und Optimierung des menschlichen Leibes.

Ich danke den Autoren dieses Kataloges und den Leihgebern unserer Ausstellung. Wir freuen uns über das starke Signal der kooperativen Nachbarschaft mit Luisa Heese und Hendrik Bündge, Staatliche Kunsthalle Baden-Baden, und Heike Kronenwett, Direktorin des Stadtmuseums Baden-Baden. Schließlich sei Mirjam Elburn gedankt, Kuratorin unserer Ausstellung »Baden in Schönheit. Die Optimierung des Körpers im 19. Jahrhundert«, sowie Prof. Dr. Winzen und dem gesamten Team des Museums LA8.

Wolfgang Grenke
Vorsitzender des Kuratoriums der Grenke-Stiftung

Seite 7
Unbekannter Fotograf
Herrenpark Jungborn (Detail), o. J., Jungborn Harz e. V.

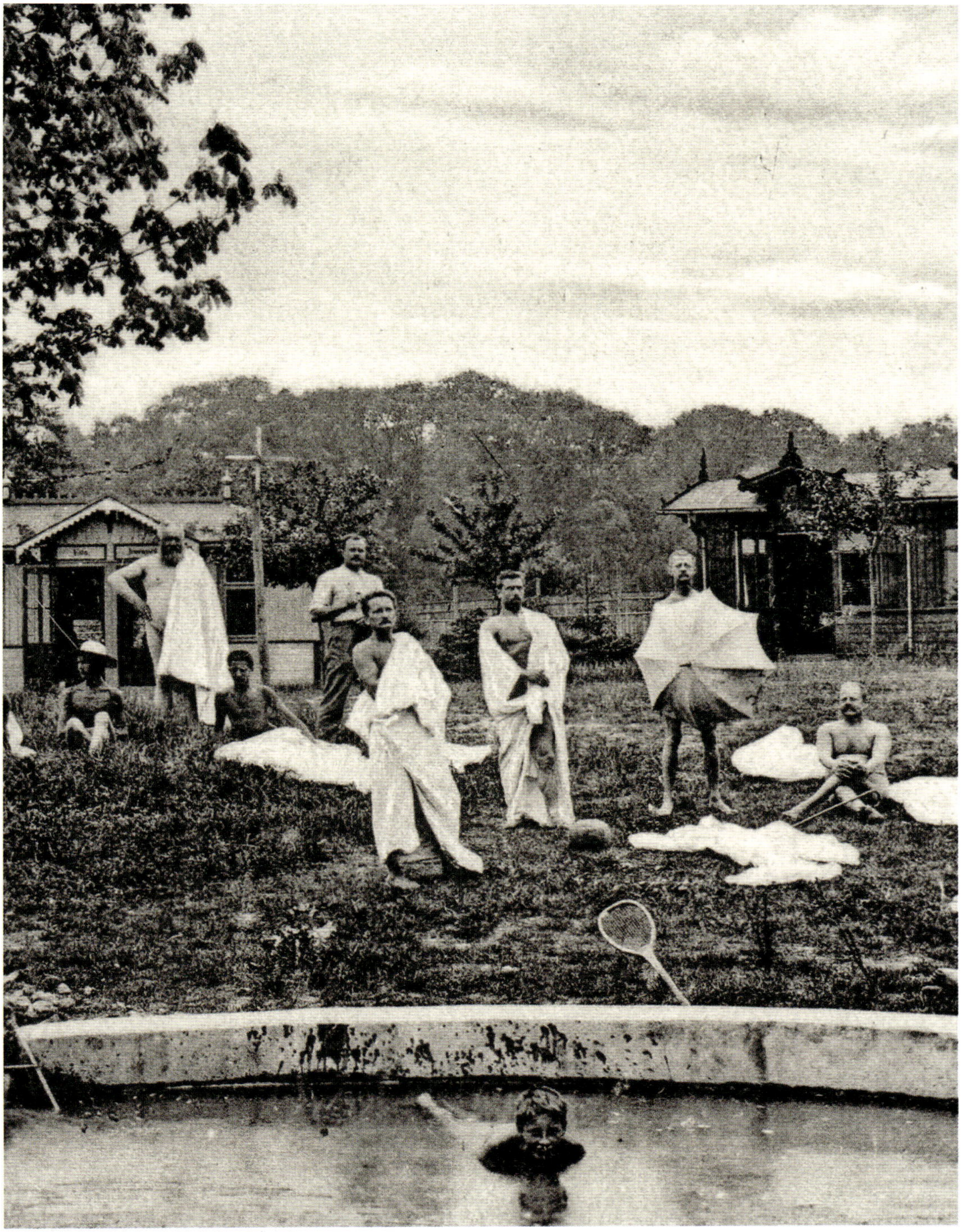

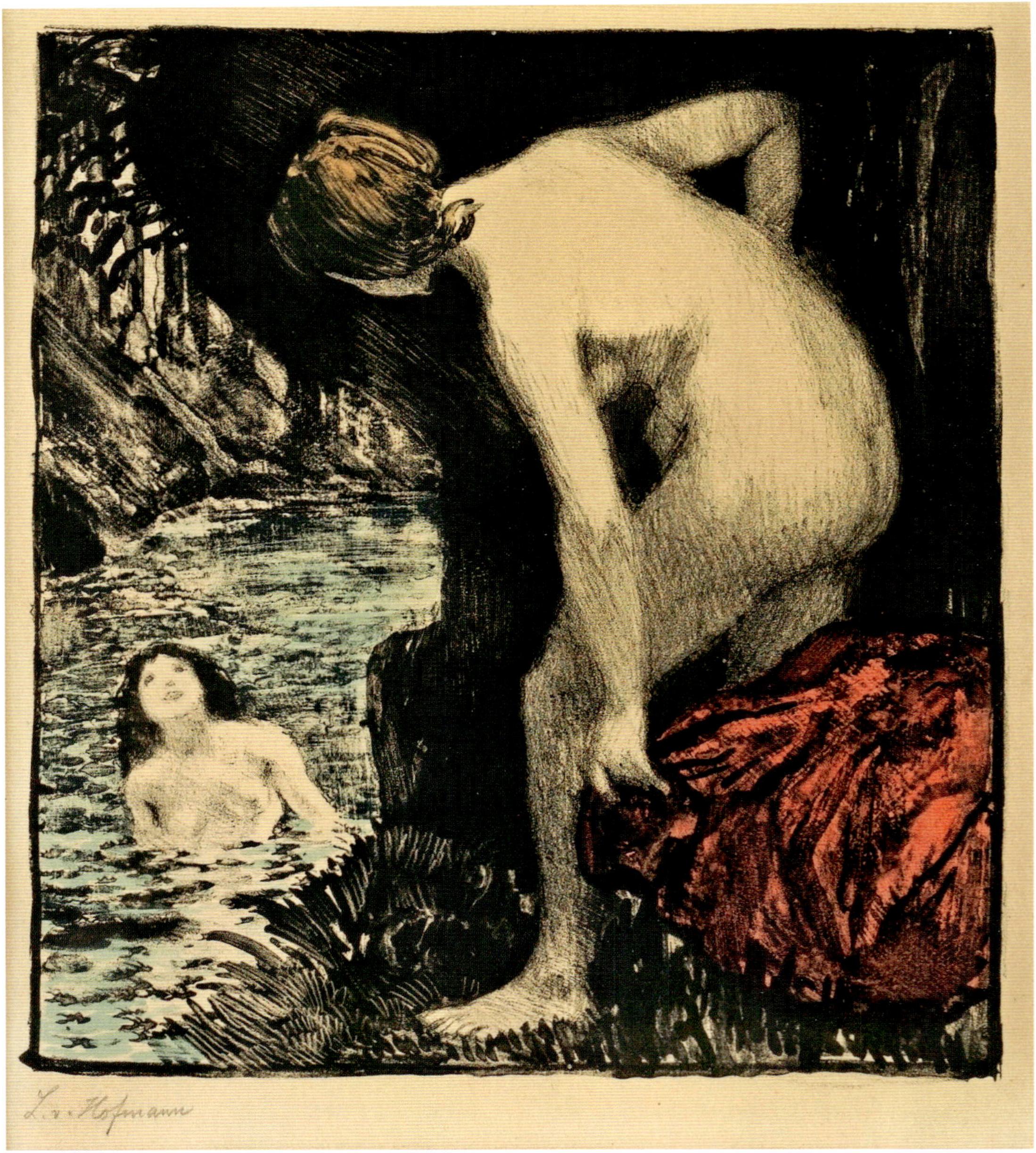
L. v. Hofmann

Seite 8
Ludwig von Hofmann
(1861–1945)

Bad im Waldsee, um 1890,
Farblithografie auf
Papier, 28 × 25,3 cm,
Alfons Niedhart, Zürich

Ludwig von Hofmann
(1861–1945)

Badende Mädchen,
um 1910, Öl auf Leinwand,
63,5 × 74,5 cm, Alfons
Niedhart, Zürich

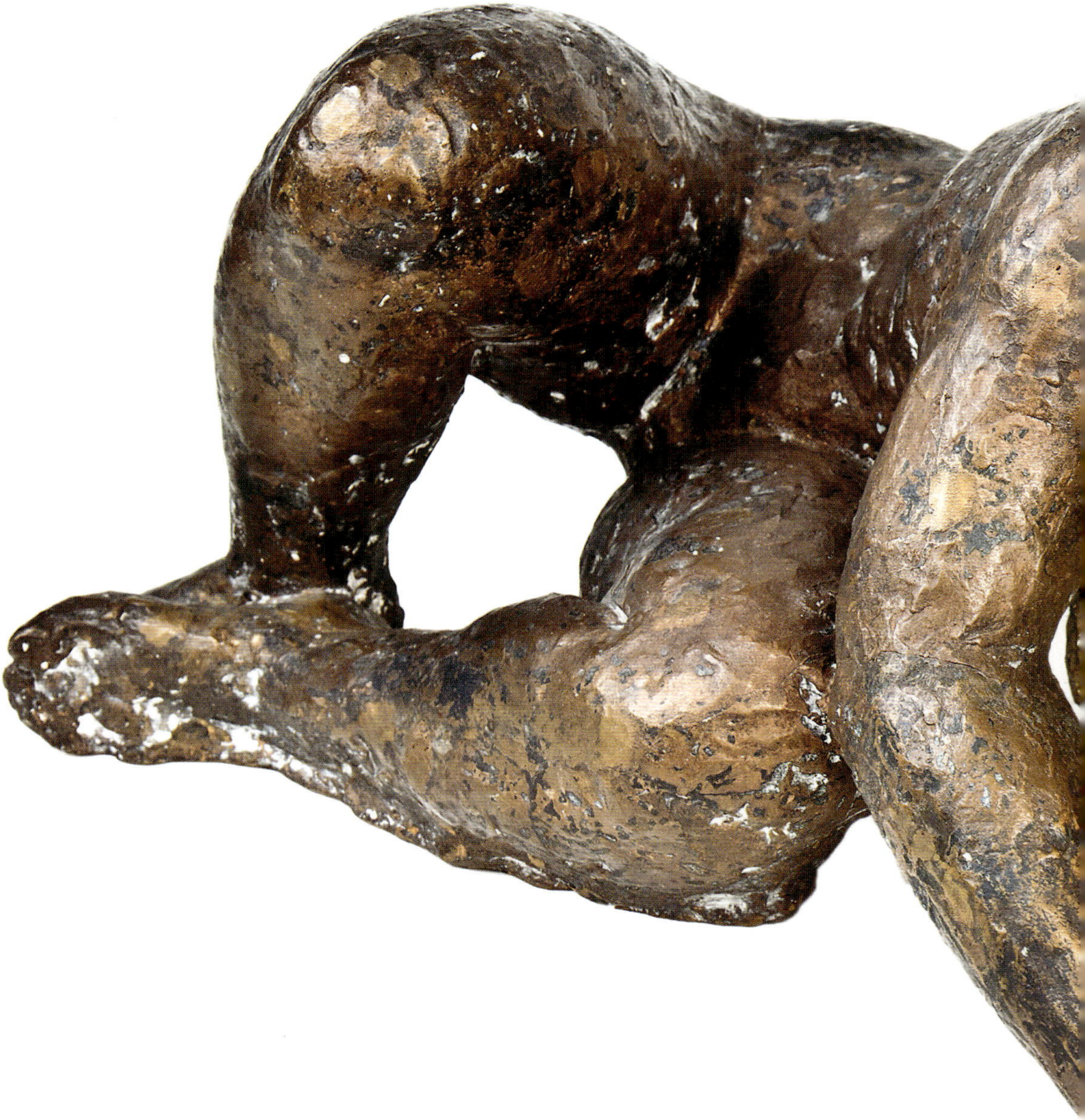

Karl Albiker
(1878–1961)

Langgestreckt Liegende,
1911, Bronze, Länge 77 cm,
Museum Ettlingen

Ludwig von Hofmann
(1861–1945)

Knaben im Wasser,
Öl auf Holz, 32,5 × 44 cm,
Alfons Niedhart, Zürich

Seite 13
Ludwig von Hofmann
(1861–1945)

Fünf Frauen im Wasser,
um 1910, Holzschnitt,
aquarelliert, 21,8 × 16,3 cm,
Alfons Niedhart, Zürich

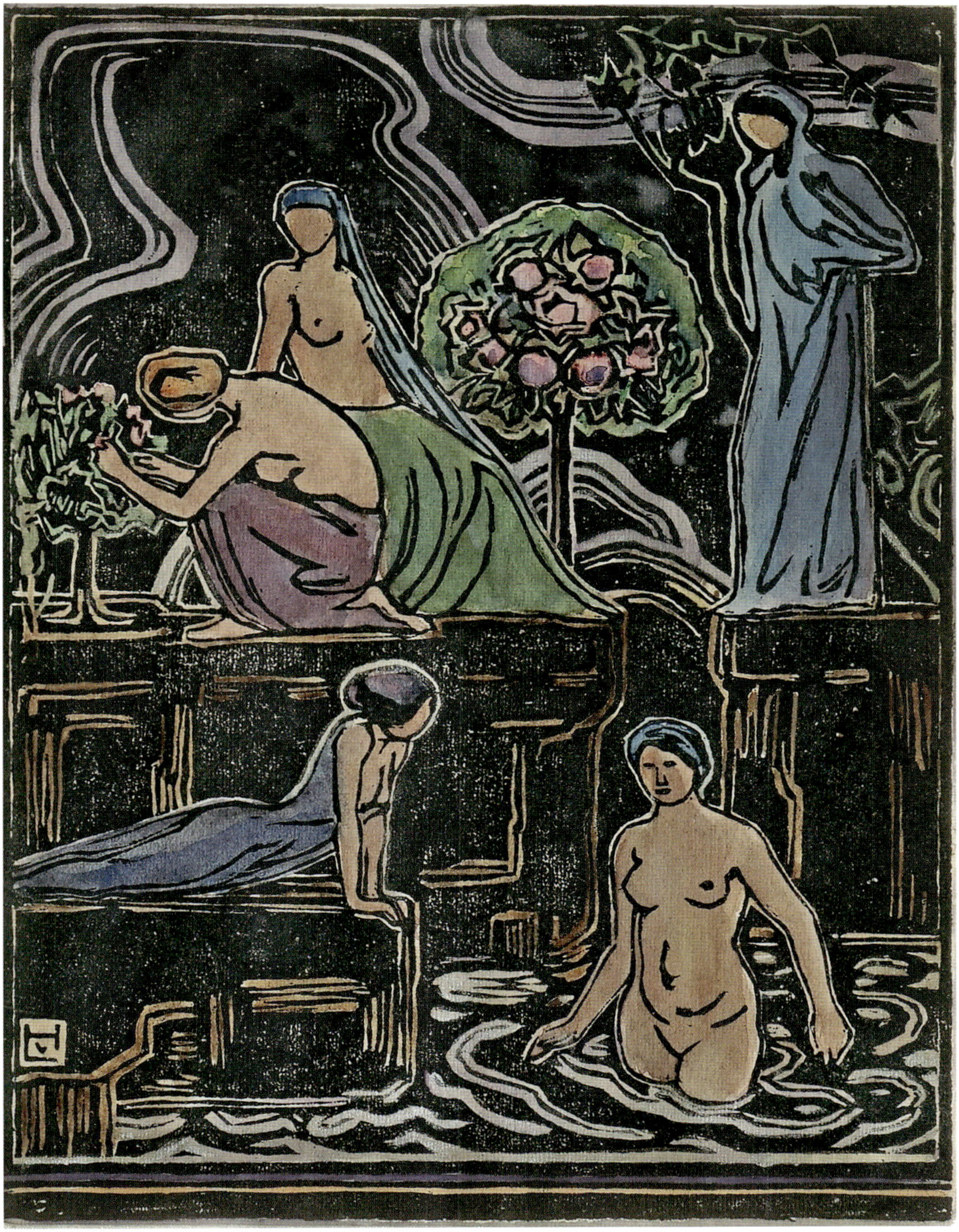

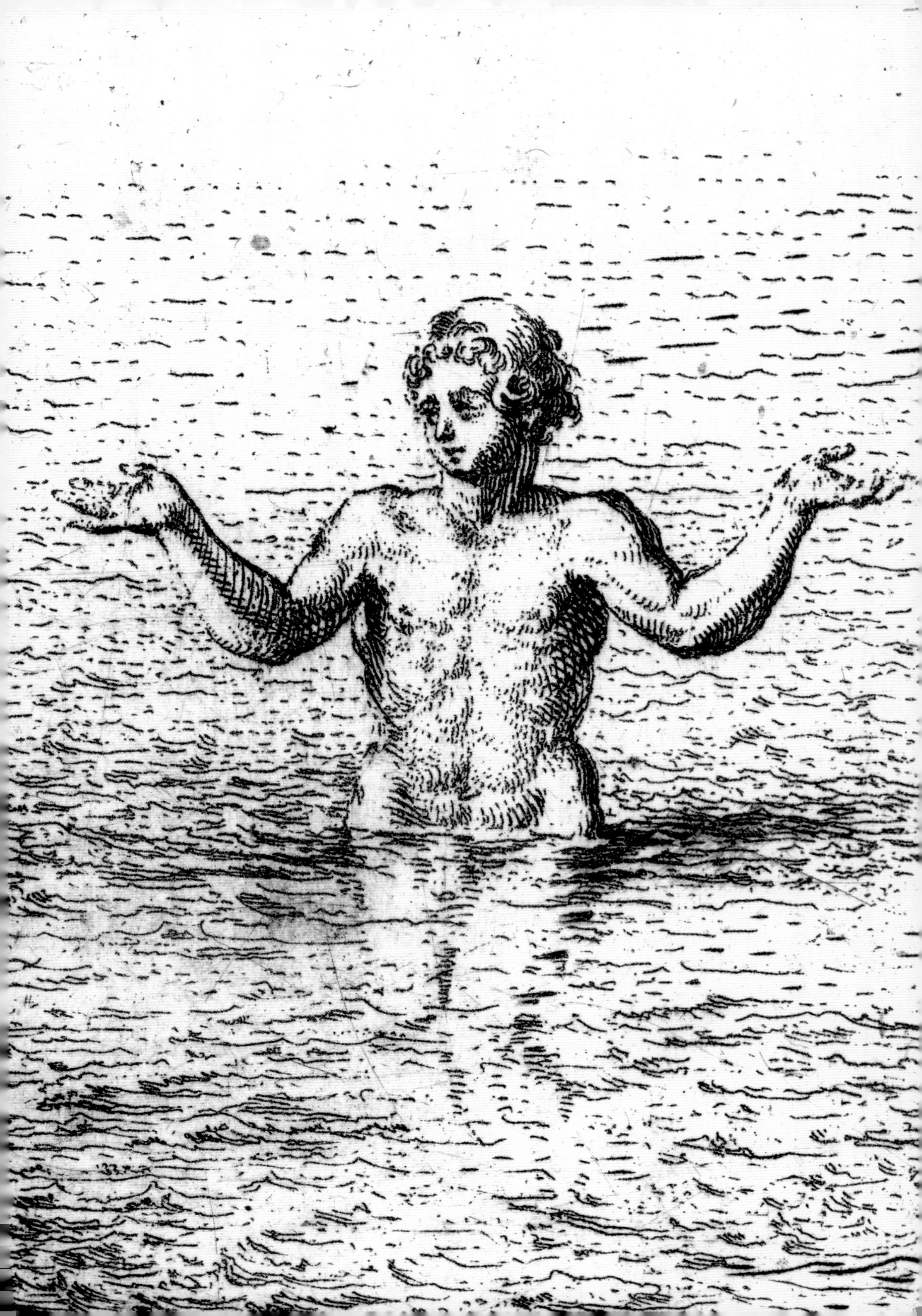

Fragment und Prothese
Matthias Winzen

Der ganze, heile Körper ist das Ideal. Weil aber an menschlichen Leibern oder an Statuen manchmal etwas fehlt, wird das durch Prothesen ergänzt, oder man muss sich zum Fragment etwas hinzudenken. Prothesen sind nützlich und verschleiern, dass etwas fehlt. Fragmente sind zweckfrei und laden dazu ein, das Verlorene in Gedanken zu ergänzen.

Baden wirkt

Eine Beobachtung und Ausgangsüberlegung bei der Vorbereitung der Ausstellung und des Katalogs *Baden in Schönheit* war, dass mit dem erholsamen, medizinischen oder therapeutischen Baden die leiblich empfundene Grenze zwischen außen und innen überwunden wird. Das warme Wasser, Öle, Mineralien oder sonstige Anwendungen wirken von außen auf den menschlichen Körper ein. Innen kommt das als gefühlte Verbesserung des leiblichen Gesamtzustands an. Die wärmende oder kühlende, pflegende oder kosmetische Behandlung von außen soll das innere Empfinden etwas verbessern, etwas optimieren. Anwendungen und Behandlungen mit und durch Wasser sollen eine gefühlte Ganzheit, eine Harmonie von außen und innen herstellen. Optimierung ist der Weg, körperliche Ganzheit ist das Ziel, vereinfacht gesagt.

Natürlich ist das etwas zu einfach gesagt, denn wie sich für unser Bewusstsein eine Innenseite unseres Leibes und eine Außenseite unseres Körpers herstellen, wie wir also durch unser Bewusstsein diese Grenzziehung zwischen innen und außen fortlaufend erzeugen und aufrechterhalten, ist eine komplexe Frage der phänomenologischen Wahrnehmungstheorie.[1] Unsere Hautoberfläche ist nicht einfach die Trennfolie zwischen innen und außen, sonst könnten wir nichts sehen, hören und keine Temperatur empfinden. Für unser Alltagsbewusstsein allerdings scheint die Vereinfachung ausreichend, dass es so etwas wie unser inneres Empfinden und unsere äußere Erscheinung gibt. Weil aber die Fragen nach Optimierung und Ganzheit genau auf die Grenze zwischen unserem leiblichen Innen und Außen führen, lohnt es, diese Grenze selbst etwas genauer in den Blick zu nehmen und nach den Werkzeugen und Mitteln an den Fehlstellen menschlicher Körperganzheit zu fragen, wie zum Beispiel Prothese und Fragment.

Zwei Denkweisen

Fragment und Prothese – anhand einiger Referenzpunkte im späten 18. und frühen 19. Jahrhundert möchte ich beide befragen als Chiffren

Seite 14
Charles Moette
(Lebensdaten unbekannt)

Tafel Pl. chl, in: Melchisédec Thevenot: *L'art de nager démontré par figures,* (EA 1696), 1782, Sammlung Dieter Ante

Apollonios von Athen (?)
(1. Jahrhundert v. Chr.)

Torso vom Belvedere,
200–50 v. Chr. (?), Marmor,
Höhe 159 cm, Vatikanische
Museen Rom

für bestimmte Denkweisen, als praktische und theoretische Ausdrucksformen bestimmter Vorstellungen vom Menschen, als anthropomorphe und anthropometrische Kulturtechniken. Wer steinerne Fragmente nicht mehr nur als Rest einer Zerstörung, sondern als etwas Eigenwertiges zu betrachten beginnt, verbindet damit ein neues, verändertes Verhältnis zu Vergangenheit und Erinnerung. Und wer fortlaufend optimierte Prothesen an verkrüppelte oder durch Amputation verkürzte Gliedmaßen anpasst, der verknüpft den menschlichen Leib immer mehr mit der Maschine.[2]

Zuerst frage ich nach Gemeinsamkeiten der beiden Denkweisen »Fragment« und »Prothese«. Auch wenn es letztlich um Mentalitätsgeschichte gehen soll, lohnt es, sich zunächst möglichst buchstäblich und alltagspraktisch Fragment und Prothese vorzustellen, ungefähr so, wie ein vatikanischer Archivar mit einem Skulpturenfragment umging oder ein Armeearzt nach dem amerikanischen Sezessionskrieg in den späten 1860er Jahren mit einer Beinprothese. Bei aller Gemeinsamkeit von Fragment und Prothese läuft das Folgende zum Schluss auf eine Differenzierung hinaus: Als was stellt sich der menschliche Leib einerseits für die Denkweise »Fragment«, andererseits für die Denkweise »Prothese« dar?[3]

Der Beantwortung dieser Frage dient in einem Zwischenschritt die Auseinandersetzung mit einigen Gedanken des Fragmenttheoretikers Johann Joachim Winckelmann (1717–1768) und mit der Erzählung *Über das Marionettentheater* von Heinrich von Kleist (1777–1811).

Pressefotografie,
Paralympics London, 2012

Wo ist die Hand geblieben?

Fragment und Prothese – beides steht in Beziehung zum menschlichen Körper, beides hat mit Ergänzung zu tun, auch mit Ganzheit, mit der Idealität von etwas physisch Realem. Und beides hat etwas mit Fehlstelle, mit Defizit, mit der bewussten oder unausweichlichen Betonung von etwas Abwesendem zu tun.

Und beides spielt im 19. Jahrhundert eine große Rolle. Das Fragment hatte schon in der Mitte des 18. Jahrhunderts den Direktor der vatikanischen Sammlungen und Goethe-Freund Johann Joachim Winckelmann

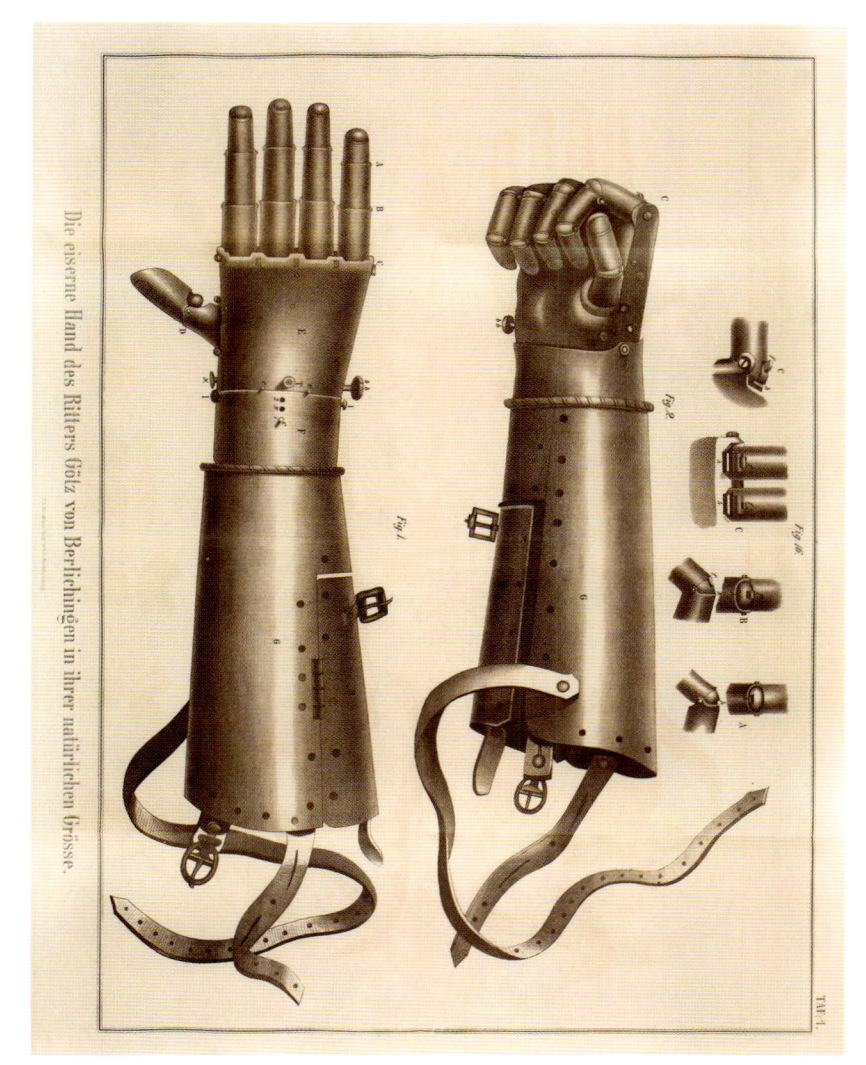

Unbekannter Meister

Armreliquar des hl. Veit, zweite Hälfte 15. Jahrhundert, Höhe 43 cm, Diözesanmuseum Bamberg

Christian von Mechel (1737–1817)

Die Eiserne Hand von Götz von Berlichingen in ihrer natürlichen Grösse, Stahlstich, in: Christian von Mechel: *Die eiserne Hand des tapfern deutschen Ritters Götz von Berlichingen*, 1815

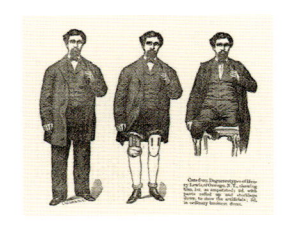

zu weitgehenden und folgenreichen archäologischen Ergänzungen und kunstgeschichtlichen Spekulationen angeregt und wurde in der Romantik, etwa bei Novalis (1772–1801) und Friedrich Schlegel (1772–1829), oder später beim französischen Bildhauer Auguste Rodin[4] (1840–1917) zu einem zentralen stilistischen Mittel der Kunst.[5] Und die Prothese wird im 19. Jahrhundert, dem Jahrhundert der allgemeinen, auch der medizinischen Wissensexplosion und in Folge nicht weniger Kriege, ein immer häufiger angewandtes und optimiertes Hilfsmittel.

Auf verschiedene Weise sind Fragment und Prothese als Leitmotive unseres Alltagsdenkens bis heute aktuell, etwa wenn wir über Patchwork-Familie, Bastelbiografie, modulare Strukturen, Fragmentierung von Städten und Gesellschaft sprechen oder von den großen Prothesenfestspielen, den Paralympics. Fragment und Prothese gehören zentral hinein in das, was sich im Verlauf des 19. Jahrhunderts als Moderne herausbildet.[6]

Beide, Fragment und Prothese, sind aufschlussreich für das Verständnis des 19. Jahrhunderts, wenn auch das Fragment eher der Kunst- und Literaturentwicklung[7] dieses Jahrhunderts angehört und die Prothese eher der Medizin- und Technikentwicklung. Was sich im 19. Jahrhundert als entweder künstlerisches bzw. poetologisches Mittel oder aber praktischer medizinischer Behelf ausdifferenziert, hat in den Jahrhunderten davor durchaus gemeinsame Vorläufer.

J. W. Orr
(Lebensdaten unbekannt)

Beinamputierter in Alltagskleidung, mit hochgerollter Hose auf Prothesen, ohne Prothesen, Stahlstich, in: Douglas Bly: *A New and Important Invention*, 1862

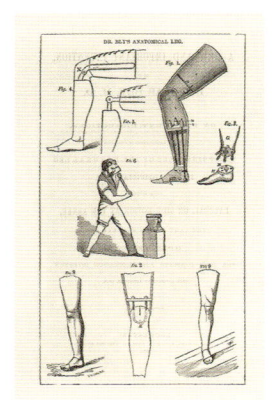

J. W. Orr
(Lebensdaten unbekannt)

Beinprothesen, Stahlstich, in: Douglas Bly: *A New and Important Invention*, 1862

PR-Illustrationsfotografie, Unterschenkelprothese, 2019

Hannah Höch
(1889–1978)

Das schöne Mädchen,
1920, Fotomontage,
Collage, 38 × 31 cm

Unbekannte Werkstatt

Fußreliquiar aus dem Basler Münsterschatz, 1450, Silber, Kupfer, vergoldet, Perlmutt, Email, Perlen, Edelsteine und Glas, 14,2 × 4,1 × 9,8 cm, Schweizerisches Nationalmuseum, Zürich

Friedrich Kaufmann (1785–1866)

Mechanischer Trompeter, 1810, Musikautomat, Höhe 180 cm, Deutsches Museum München

Fragmente in Prothesenform

Reliquien in der Tradition katholischer Frömmigkeit (genauer gesagt, Reliquien erster Klasse in Form von Knochen oder Haaren eines Heiligen in Abgrenzung zu solchen zweiter Klasse: Kleidungsstücke von Heiligen oder Folterwerkzeuge von Märtyrern) sehen mitunter aus wie eine Mischung aus Fragment und Prothese, aus Hypothetischem und Somatischem, aus Glauben ans Immaterielle und dokumentenfester Materialität. Die vergoldete oder versilberte Unterarm- und Handplastik verweist auf die ganze Gestalt des Heiligen, des Wundertäters, wirkt also als typische Fragmentergänzungsfantasie. Der in der Armplastik verborgene, reale menschliche Knochen ergänzt die Anrufung des Abwesenden um etwas handfest Anatomisches, um geradezu beweishafte physiologische Evidenz.

Als ein weiteres gemeinsames Vorläufergeschehen von Fragment und Prothese können die Automaten gesehen werden, die nicht den Gläubigen in der Kirche, sondern den staunenden Gästen bei Hofe präsentiert wurden. Fragmentarisch an ihnen ist, dass ihr Gestänge real abwesende Lebendigkeit suggeriert. Mechanisch sind die Automaten technische Vorstufen gut angepasster Prothesen. Und nicht zuletzt begegneten sich Fragment und Prothese in den Epochen vor dem 19. Jahrhundert auch dergestalt, dass antike Skulpturen, denen ein Arm oder Kopf fehlte, schlichtweg Ersatz angefügt würde, also sozusagen Restaurierungsprothesen aus Marmor.[8]

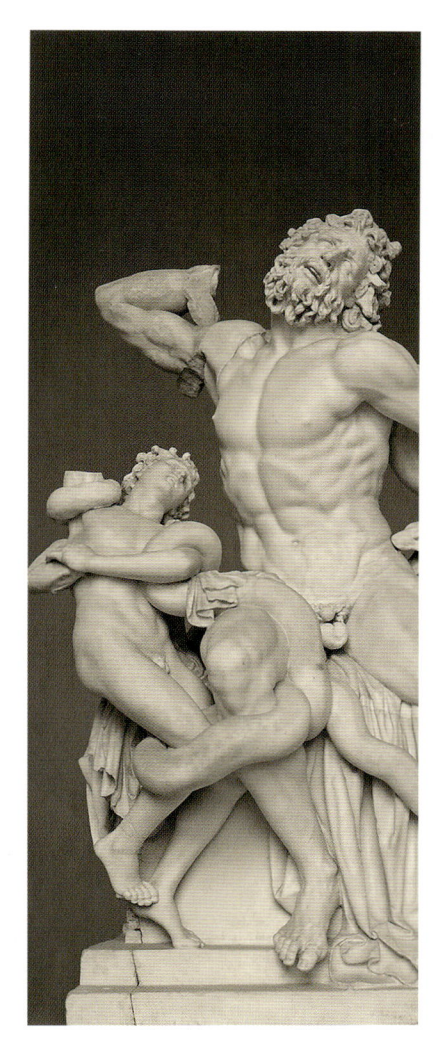

links
Hagesandros,
Athanadoros,
Polydoros
(2.–1. Jahrhundert v. Chr.)

Laokoon und seine Söhne, Marmor, Höhe 1,84 m, Nachbildung nach hellenistischem Original von 200 v. Chr., gefunden in Rom 1506

rechts
Laokoon und seine Söhne, mit restauriertem ausgestrecktem Arm. Nachdem Ludwig Pollak 1905 den rechten Arm des Laokoon gefunden hatte, wurde die falsche Fragmentprothese 1960 durch das Original mit angewinkeltem Ellenbogen ersetzt.

Abwesend, anwesend

Zu Fragment und Prothese lassen sich also historisch einige Gemeinsamkeiten finden. Bei etwas genauerer Betrachtung aber überwiegt das Trennende. Eine der Unvereinbarkeiten zwischen Fragment und Prothese wird von den verschiedenen Realitätsebenen markiert. Produktiv wird das Fragment in ästhetisch verstandener Zweckfreiheit. Die Prothese dagegen besteht sozusagen aus Zweckhaftigkeit. Beim Fragment kann man das Eigentliche, Sinnstiftende nicht sehen, sondern sich umso intensiver vorstellen. Die Prothese dagegen ist selbst sichtbar, handfeste Evidenz ihrer praktischen Tauglichkeit.

Das Wichtigste am Fragment fehlt immer. Selbst anwesend, verweist das Fragment auf etwas faktisch Abwesendes. Das Fragment bezieht seine symbolische Bedeutsamkeit aus dem, was sich der Betrachter hinzudenken muss. Auch beim Betrachten eines Kunstwerks muss das Eigentliche, das Bild, imaginiert werden. Das bloße Farböl als faktisch sichtbares Material auf der Leinwand ist nur anwesend, ergibt allein aber keinen Sinn. Erst indem das Gesicht oder die Landschaft erkannt wird, beginnt das Bildverstehen. Ähnlich bleibt schwarze Typografie auf Papier bedeutungslos, wenn ein Leser nicht vermag, daraus Textzusammenhänge zu konstruieren. Beim Fragment macht das nicht Sichtbare (die imaginierte Ganzheit der Figur) das Sichtbare (das Bruchstück einer Statue) erst betrachtenswert.

Die geistesgewärtigen Romantiker um 1800 machten aus dem Defizit eine Provokation, die Fehlstelle wurde zur Einladung an den mitdenkenden Betrachter. War das Fragment bei den Klassizisten und frühen Ruinenromantikern Ausgangspunkt von Schwärmerei und Vergangenheitssehnsucht gewesen, so wurde es bei den progressiven Vorausdenkern einer zukünftigen Kunst zum Programm der Moderne. Friedrich Schlegel bemerkte im 24. Athenäum-Fragment: »Viele Werke der Alten sind Fragmente geworden. Viele Werke der Neueren sind es gleich bei der Entstehung.«[9] Am Fragment machte sich nicht nur die Verbindung zur Vergangenheit fest, sondern auch die zur Zukunft: das Fragment als permanenter Entwurf und damit die implizite Betriebsanleitung für alle Kunstproduktion der Moderne, die immer den mitdenkenden Betrachter erfordert. Ab jetzt funktionierte das Kunstwerk nach Fragmentlogik.

Auch die Prothese wird im 19. Jahrhundert zu einem zentralen Element der Ergänzungskultur menschlicher Gestaltganzheit, allerdings in einer dem Fragment regelrecht entgegengesetzten Hinsicht. Die Prothese ist selbst anwesend, sie ersetzt das Abwesende, zum Beispiel das im Krieg verlorene Bein. Die Prothese verweist sozusagen positivistisch auf sich selbst. Die Prothese tut so, als wäre sie keine symbolische Form,[10] sondern nur praktisch, hilfreich und gut. Die Prothese ist aber dennoch zusätzlich immer eine symbolische Form, denn auch sie verweist auf etwas Abwesendes, auf das verlorene oder nicht vorhandene Körperteil. So evident nützlich und handfest die Prothese auch sein mag, sie hat immer etwas Scheinhaftes, Täuschendes, Maskenhaftes, unfreiwillig Theatralisches. Und deshalb kann es, beim Prothesenträger oder bei seinem Gegenüber, zu »Ziererei« kommen, wie Heinrich von Kleist dies in seiner Erzählung *Über das Marionettentheater* nannte, also zu einem peinlich gesteigerten Bewusstsein von Angesehen werden und Hinsehen, ein Bewusstsein davon, dass jetzt meine Prothese dem anderen auffällt oder dass ich auf die Prothese des anderen starre oder auch nur, dass ich fürchte oder vermute, dass das passiert, und die Kollision der der Blicke nur in meiner Vorstellung stattfindet. Aber schon das reicht aus, um sich in seiner Haut nicht wohl und selbstsicher zu fühlen und »Ziererei« auszulösen. Ein Fragment muss ich anstarren, damit es produktiv für meine Assoziationen und Vorstellungen wird. Eine Prothese soll man nicht anstarren.[11]

Das Fragment erfordert Ergänzung. Die Prothese ist eine Ergänzung. Das Fragment erfordert imaginative Ergänzung. Die Prothese ist eine instrumentale, maschinale Ergänzung. Mit etwas Zuspitzung kann man sagen: Die Prothese lässt den lebendigen Menschenkörper als Fragment erscheinen, indem sie ihn mechanisch ergänzt. Weil aber der menschliche Leib, so versehrt er auch sein mag, in Wirklichkeit kein Fragment ist, ergibt sich hier eine kaum lösbare Dauerambivalenz zwischen dem medizinisch und alltagspraktisch unbestreitbaren Nutzen von Prothesen einerseits und der ebenso unausgesprochenen wie unausweichlichen Abwertung der menschlichen Gestalt durch die sichtbare Exoprothese andererseits.

Tot oder lebendig
Auf die angedeutete, verzwickte, nicht realitätsebenengleiche Weise ergibt sich zwischen Fragment und Prothese auch die Frage der Verlebendigung, der Animation. Das steinerne, tote Fragment wird verlebendigt durch die Vorstellung einer Ganzheit einer vollständigen Figur. Die verlebendigende Energie wird vom aktivierten, mitdenkenden Betrachter aufgebracht. Die materiale, selbst unlebendige Prothese zieht ihr funktionales Leben somatisch direkt, sozusagen dunkler und verborgener, aus dem lebendigen Menschenkörper, an den sie angeschlossen ist.

In ihrer Differenz und teilweisen, überhaupt nicht passgenauen Komplementarität sind Fragment und Prothese dennoch beide auf einen ähnlichen Grundvorgang ausgerichtet – auf das Ziel, ganz zu machen, zu ergänzen, zu heilen. In beiden Fällen gibt es nämlich eine Vorgeschichte. Ein Mensch ist verletzt worden oder verkrüppelt geboren. Eine Skulptur ist mutwillig zerschlagen worden oder verwittert oder zerdrückt oder verfallen, jedenfalls kaputt. Und das Ziel ist immer eine Ganzheit, die Ganzheit der unversehrten menschlichen Gestalt.[12] Ohne dieses Grundbild, diese Norm, diese Idealität ergeben weder Fragment noch Prothese irgendeinen Sinn.

Angelika Kaufmann
(1741–1807)

Bildnis Johann Joachim
Winckelmann, 1764,
Öl auf Leinwand, 97 × 71 cm,
Kunsthaus Zürich

Die idealen Griechen

Bei Johann Joachim Winckelmann, der heute als Begründer der Archäologie und Kunstgeschichte und als europaweit einflussreicher Anreger des Klassizismus vor und um 1800 gilt, wird diese ideale Ganzheit der menschlichen Gestalt »Kontur« genannt. In seiner Schrift *Gedanken über die Nachahmung der griechischen Werke in der Malerey und Bildhauerkunst* (1755) heißt es:

»Könnte auch die Nachahmung der Natur dem Künstler alles geben, so würde gewiß die Richtigkeit im Kontur durch sie nicht zu erhalten sein; diese muß von den Griechen allein erlernet werden. Der edelste Kontur vereiniget oder umschreibet alle Teile der schönsten Natur und der idealischen Schönheiten in den Figuren der Griechen; oder er ist vielmehr der höchste Begriff in beiden.«[13]

Winckelmann fasst den Umriss einer Skulptur nicht nur als etwas Sichtbares auf, als visuelle Realität im Raum, sondern er nennt den »Kontur« einen »Begriff«, sogar einen »höchsten Begriff«. Von heute aus betrachtet ist es bemerkenswert, wie übergangslos Winckelmann etwas konkret Anschauliches in die idealistische Abstraktion theoretischer Begriffsarchitektur einfügt. Der Skulpturenumriss, eigentlich ein handfestes, materielles Bildhauerthema, wird so zugleich theoretisiert und dematerialisiert. Das Sichtbare wird der Theoriesprache untergeordnet, es wird zur bloßen Illustration der klassizistischen Begriffslogik.

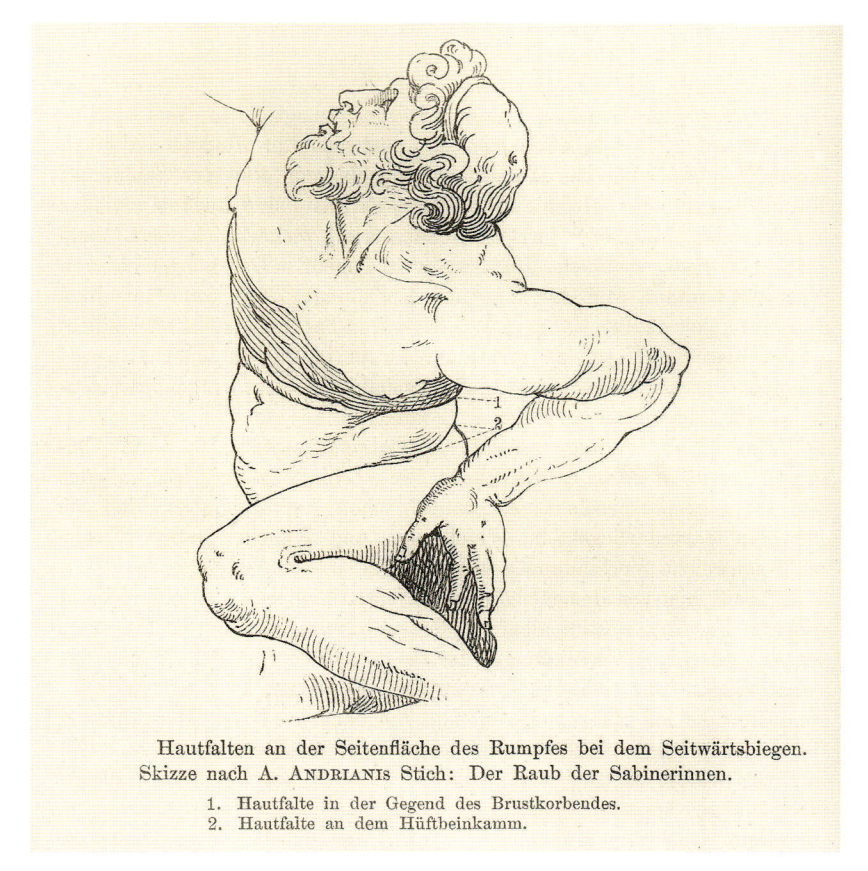

Skizze nach A. Adrianis Stich: Der Raub der Sabinerinnen, in: Julius Kollmann: *Plastische Anatomie des Menschlichen Körpers,* 1886

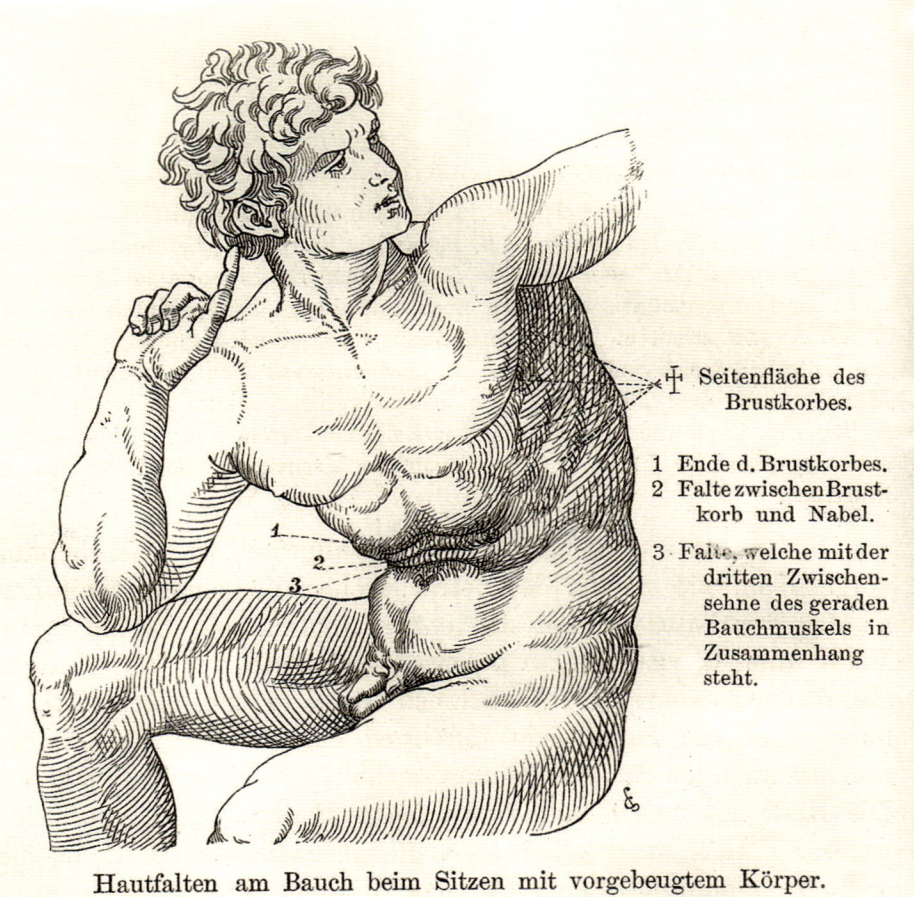

† Seitenfläche des Brustkorbes.

1 Ende d. Brustkorbes.
2 Falte zwischen Brustkorb und Nabel.
3 Falte, welche mit der dritten Zwischensehne des geraden Bauchmuskels in Zusammenhang steht.

Hautfalten am Bauch beim Sitzen mit vorgebeugtem Körper. Skizze nach einem Kupferstich von MARC ANTON.

Skizze nach einem Kupferstich von Marc Anton, in: Julius Kollmann: *Plastische Anatomie des Menschlichen Körpers,* 1886

Seite 27
Der große Brustmuskel auf den Torso des Borghesischen Fechters gezeichnet, in: Julius Kollmann: *Plastische Anatomie des Menschlichen Körpers,* 1886

Seite 28
Der Borghesische Fechter, in: Julius Kollmann: *Plastische Anatomie des Menschlichen Körpers,* 1886

Seite 29
Kopie einer Handzeichnung Michelangelo's, in: Julius Kollmann: *Plastische Anatomie des Menschlichen Körpers,* 1886

Muskeln des Rumpfes.

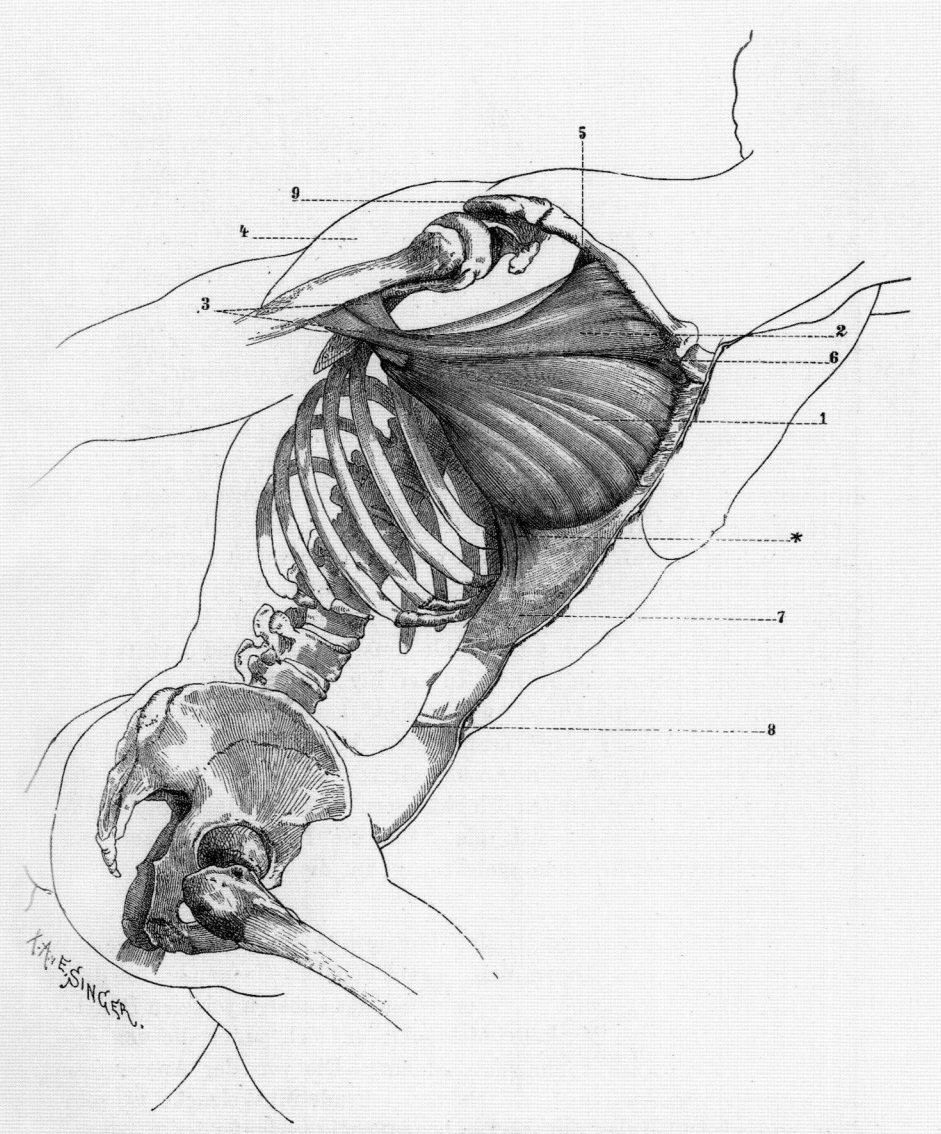

Der große Brustmuskel auf den Torso des Borghesischen Fechters gezeichnet.

1. Brustbeinportion des Brustmuskels.
2. Schlüsselbeinportion des Brustmuskels.
3. Ansatzsehne.
4. Deltamuskel.
5. Unterschlüsselbeingrube.
6. Spalt zw. Brustbein- u. Schlüsselbeinport.
7. Gerader Bauchmuskel.
8. Vordere Begrenzungslinie des äußeren schiefen Bauchmuskels.
* Die von der Scheide des geraden Bauchmuskels entspringende Zacke des Brustmuskels.

Muskeln des Rumpfes.

Der Bauschmuskel *(M. splenius)* bildet eine der oberen Brustregion und dem Nacken zukommende Muskelschichte, von dem Kapuzen-

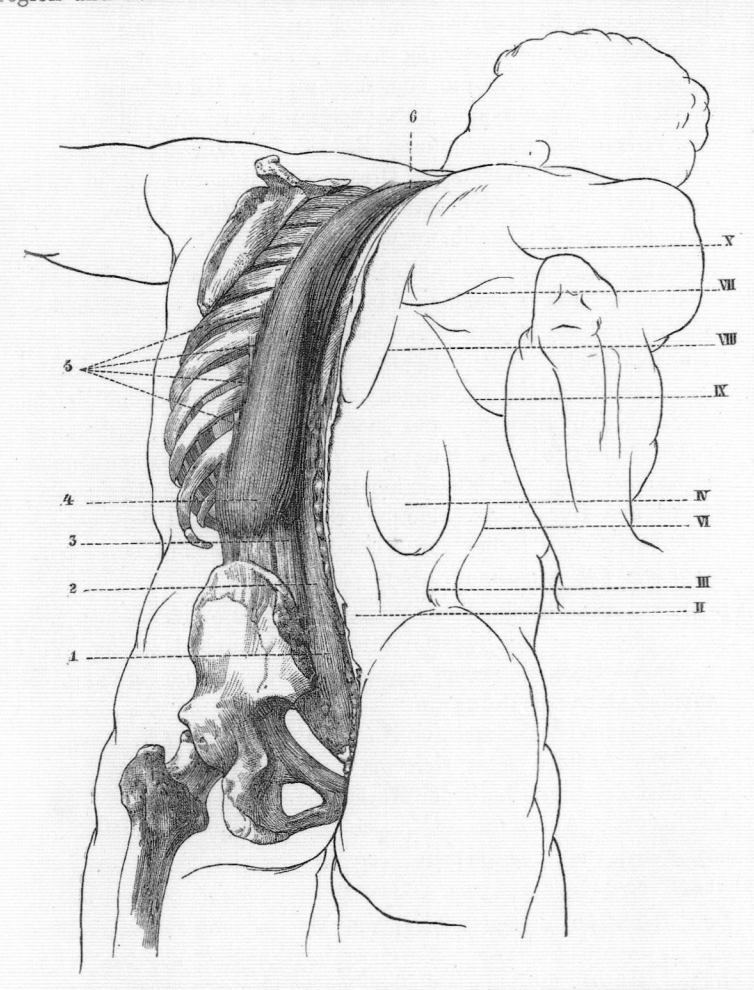

Der Borghesische Fechter, links der gemeinschaftliche Rückenstrecker dargestellt, rechts die Konturen der Rückenmuskeln.

1. Ursprung d. g. Rückenstreckers an dem Kreuzbein.
1, 2, 3. Längster Rückenmuskel.
4. Darmbein-Rippenmuskel.
5. Ansatzzacken an den Rippenwinkeln.
6. Fortsetzung zum Nacken und Hinterhaupt.

II. Längster Rückenmuskel.
III. Darmbein-Rippenmuskel.
IV. Muskelbauch.
VI. Unt. Rand d. breit. Rückenmuskels.
VII. Ob. Rand d. breitest. Rückenmusk.
VIII. Kapuzenmuskel.
IX. Sägemuskel.
X. Hinterer Rand des Deltamuskels.

Muskeln des Rumpfes.

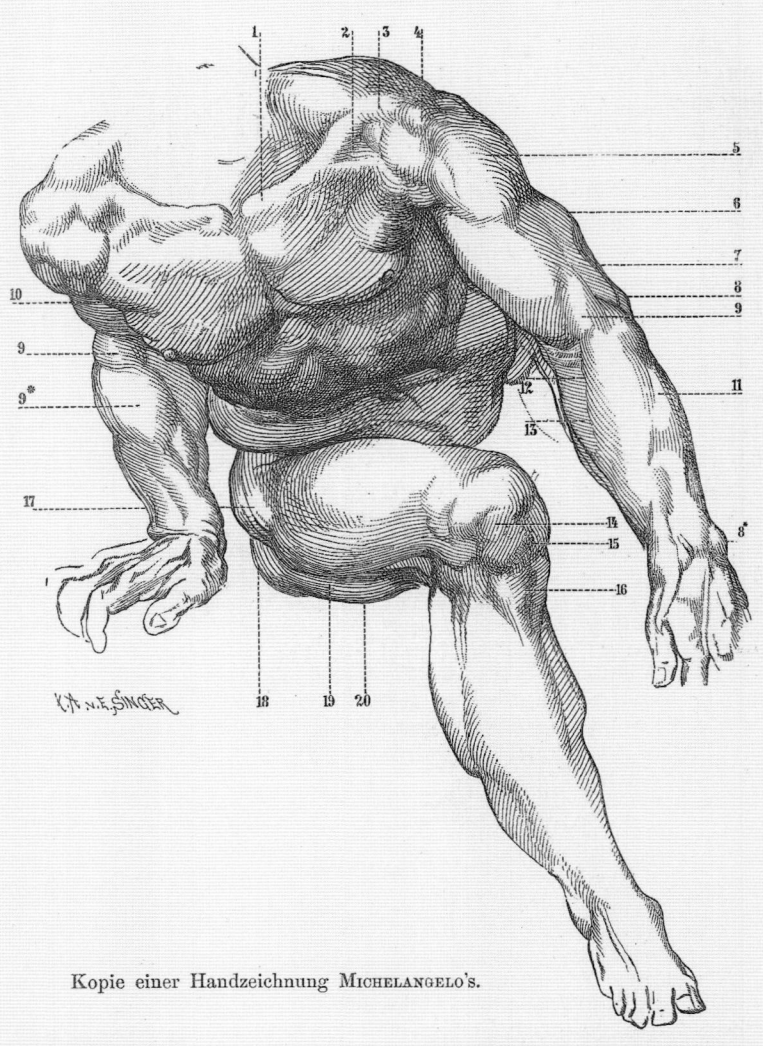

Kopie einer Handzeichnung MICHELANGELO's.

1. Schlüsselbein.
2. Unterschlüsselbeingrube. Spalt zwischen Delta- und Brustmuskel.
3. Akromialende des Schlüsselbeines.
4. Akromion.
5. Deltamuskel.
6. Strecker des Oberarmes.
7. Sehnenfeld des Streckers.
8. Ellbogen. 8*. Köpfchen der Elle.
9. Langer Supinator, am linken und rechten Arm.
9*. Speichenstrecker der Hand.
10. Schwellung des Brustmuskels vor dem Übergang in seine Sehne.
11. Langer Strecker der Finger.
12. Ellenbeuge v. langen Aufheber begrenzt.
13. Der runde Pronator.
14. Streckersehne.
15. Kniescheibe.
16. Kniescheibenband.
17. Spanner der Fascie.
18. Großer Gesäßmuskel.
19. Furche zw. d. Strecker- u. Beugergruppe.
20. Beugergruppe.

Der große, europaweite Erfolg von Winckelmanns Theorien ab der zweiten Hälfte des 18. Jahrhunderts verdankte sich methodisch auch solchen beherzten Vereinfachungen. Winckelmanns »idealische Schönheit« war von Anfang an eine Abstraktion, eine Verzerrung hin zu einer Norm. Wie anhaltend erfolgreich die vorbildhafte Autorität des Idealen nach Winckelmann war, zeigen medizinische Lehrbücher wie die *Plastische Anatomie* von Julius Kollmann (1834–1918) von 1886. Hier wird die medizinische Anatomie nicht etwa durch »Nachahmung der Natur«, also anhand von empirisch abgezeichneten Menschenkörpern dargestellt, sondern vermittelt durch klassische und barocke Marmorskulpturen, denen subkutan Muskelgruppen eingezeichnet sind.

Bei Winckelmann wird das Fragment zugleich theoretisch ergänzt (mithilfe von Anleihen bei der griechischen Antike) und als Gestalt imaginativ vervollständigt zum »edelsten Kontur«, also zur Ganzheit der unversehrten menschlichen Gestalt. Die zeitliche Distanz zurück zu den alten Griechen und das am Fragment nicht Vorhandene, das imaginativ vervollständigt werden muss, geben der produktiven Einbildungskraft viel Spielraum zum Fantasieren. Heute würde man – etwas vereinfachend, aber im Prinzip zutreffend – sagen, Winckelmann füllt das plastisch Fehlende und überbrückt zugleich die zeitliche Distanz mit Hilfe homoerotischer Fantasien.

Apollonios von Athen (?)
(1. Jahrhundert v. Chr.)

Torso vom Belvedere,
200–50 v. Chr. (?),
Marmor, Höhe 159 cm,
Vatikanische Museen Rom

Unter anderem malt er sich aus, wie die Bildhauer zu ihren kreativen Anregungen kamen: »Die Schule der Künstler war in den Gymnasien, wo die jungen Leute, welche die öffentliche Schamhaftigkeit bedeckte, ganz nackend ihre Leibesübungen trieben. [...] Man lernete daselbst Bewegungen der Muskeln, Wendungen des Körpers: man studierte die Umrisse der Körper, oder den Kontur an dem Abdrucke, den die jungen Ringer im Sande gemacht hatten.«[14]

In seinen kunstgeschichtlichen Rekonstruktionen des fernen Zeitalters gleitet Winckelmann immer wieder von den polierten Marmorkörpern in seinem römischen Archiv hinüber zu den lebendigen Leibern junger Griechen, wie er sie imaginiert. Die Metapher des Körperabdrucks im Sand ist bei Winckelmann eine der zahlreichen rhetorischen Gelenkstellen zwischen lebendigem Leib und seiner Umsetzung in Skulptur. Immer wieder malte er sich aus, aus welchen direkten Eindrücken und Beobachtungen an jungen griechischen Leibern die antiken Bildhauer ihre Statuen schufen. Und umgekehrt: In seinen *Gedanken über die Nachahmung der griechischen Werke in der Malerey und Bildhauerkunst* verlebendigt Winckelmann die figurativen Steinreste zu aktiven, schönen Menschen. Sein Fragmentdenken, sein lustvolles Ergänzen des Fehlenden, ist auch eine bildliche Verfügungsfantasie über den menschlichen Körper,[15] voller schleichender Übergänge von der Fragmentfantasie zur Eugenik- und Prothesenfantasie, im Zeichen einer autoritären Idealität:

»Es ist auch bekannt, wie sorgfältig die Griechen waren, schöne Kinder zu zeugen. [...]. Sie gingen sogar so weit, daß sie aus blauen Augen schwarze zu machen suchten.«[16]

In der griechischen Antike wurde, zumindest nach Winckelmann, sogar am lebendigen Leib idealische Verschönerung betrieben. Bei Winckelmann steigert sich das Fragmentdenken über die Verlebendigung historischer Vergangenheit in einen angeblich bei den alten Griechen gebräuchlichen prothesenhaften Eingriff (den wir heute zwischen Kosmetik und Schönheitschirurgie verorten würden).

In den Spalt zwischen Fragment und Prothese, zwischen Marmor und Leib, zwischen alten Griechen und aktueller Erregung nistet sich bei Winckelmann stillschweigend etwas Übergriffiges ein. Einerseits ist es trivial, dem Begründer der wissenschaftlichen Archäologie und der Kunstgeschichte inhaltliche Fehlschlüsse (die griechischen Originale im Vatikan waren in Wirklichkeit römische Kopien) und mangelnde methodische Differenzierung entgegenzuhalten, die spätere Archäologen und Kunstgeschichtler nach und nach aufdeckten. Für unsere Frage ist andererseits von Belang, dass Winckelmanns Idealismus über den für alle (Kunst-)Geschichtswissenschaft konstitutiven perspektivischen Unterschied zwischen dem jeweilgen Heute und dem beforschten Damals sowie den kulturtechnischen Unterschied zwischen Fragment und Prothese hinwegschaute. Das erst gestattete ihm den von allzu viel Ambivalenzen befreiten Befund von »edler Einfalt«[17] der griechischen Kunst.

Die tanzende Prothese

Deutlich differenzierter, mit schärferem Blick auf Ambivalenzen und zugleich abgründiger packt Heinrich von Kleist die Fragen nach Unvollkommenheit oder Vollkommenheit der menschlichen Gestalt an. In seiner Erzählung *Über das Marionettentheater* (1810) geht es unter anderem um die menschliche Einfühlung in die Prothese, um die lebendig werdende Prothese und letztlich um die Ganzkörperprothese, um eine mechanisch und mathematisch bewerkstelligte Trennung von Körper und Seele, wobei die Seele von anderem Ort aus über Fäden den Körper steuert.[18] In seiner Erzählung lässt Kleist seine Gedanken und Fragen zu Fragment und Prothese zwei Figuren in Gesprächsform behandeln, den Ich-Erzähler und »Herrn C.«: »Als ich den Winter 1801 in M… zubrachte, traf ich daselbst eines Abends, in einem öffentlichen Garten, den Herrn C. an, der seit kurzem, in dieser Stadt, als erster Tänzer der Oper, […] bei dem Publiko außerordentliches Glück machte. Ich sagte ihm, daß ich erstaunt gewesen wäre, ihn schon mehrere Male in einem Marionettentheater zu finden, […] Ich erkundigte mich nach dem Mechanismus dieser Figuren, und wie es möglich wäre, die einzelnen Glieder derselben und ihre Punkte, ohne Myriaden von Fäden an den Fingern zu haben, so zu regieren, als es der Rhythmus der Bewegungen, oder der Tanz, erfordere?«[19]

Der gefeierte Tänzer erklärt dem verblüfften Ich-Erzähler, dass bei der manuellen Weitergabe des Tanz- und Bewegungsimpulse vom Puppenspieler auf die Marionette eine große Vereinfachung geschehe: »Er antwortete, daß ich mir nicht vorstellen müsse, als ob jedes Glied einzeln, während der verschiedenen Momente des Tanzes, von dem Maschinisten gestellt und gezogen würde. Jede Bewegung, sagte er, hätte einen Schwerpunkt; es wäre genug, diesen, in dem Innern der Figur, zu regieren; die Glieder, welche nichts als Pendel wären, folgten, ohne irgend ein Zutun, auf eine mechanische Weise von selbst.«

Die Marionette tanze zwar aufgrund der Steuerung durch die Hand des Puppenspielers, aber doch physikalisch teilweise entkoppelt von ihm

William Robert Grossmith (1818–1899)

Beinprothese von W. R. Grossmith Company in London als Produkt hergestellt von 1862–1920, Holz, Leder, Metall, Höhe 75 cm

auf eine ganz eigene Art. Deshalb vollbrächte die Marionette hier etwas, was Menschen nicht könnten: sich vollkommen selbstvergessen und deshalb vollkommen anmutig bewegen.

Der Ich-Erzähler fragt Herrn C. nach der großen Vereinfachung, die bei der Übertragung der Bewegungsimpulse von der menschlichen Puppenspielerhand auf das Marionettending geschehe: »Und der Vorteil, den diese Puppe vor lebendigen Tänzern voraus haben würde? – Der Vorteil? Zuvörderst ein negativer, mein vortrefflicher Freund, nämlich dieser, daß sie sich niemals zierte. – Denn Ziererei erscheint, wie Sie wissen, wenn sich die Seele (vis motrix) in irgend einem andern Punkte befindet, als in dem Schwerpunkt der Bewegung.«

Nur noch durch Fäden mit dem menschlichen Akteur, dem Puppenspieler, verbunden, erscheint die Gliederpuppe bei Kleist als vollendete Prothese, als eigenständig tanzendes Exoskelett, befreit von menschentypischer Ziererei. Weiter erläutert Herr C., dass sich dieser Vorgang zwar einfach vollziehe, aber die daraus resultierende Belebung der hölzernen Gliederfigur dennoch schwer verständlich sei: »Die Linie, die der Schwerpunkt zu beschreiben hat, wäre zwar sehr einfach [dagegen] von einer andern Seite, etwas sehr Geheimnisvolles. Denn sie wäre nichts anders, als der *Weg der Seele des Tänzers;* und er zweifle daß sie anders gefunden werden könne, als dadurch, daß sich der Maschinist in den Schwerpunkt der Marionette versetzt, d. h. mit andern Worten, *tanzt.*«

Der Ich-Erzähler sträubt sich noch etwas gegen die tänzerische Überlegenheit und Eigenständigkeit der animierten Prothese: »Ich sagte, daß, so geschickt er auch die Sache seiner Paradoxe führe, er mich doch nimmermehr glauben machen würde, daß in einem mechanischen Gliedermann mehr Anmut enthalten sein könne, als in dem Bau des menschlichen Körpers. Er versetzte, daß es dem Menschen schlechthin unmöglich wäre, den Gliedermann darin auch nur zu erreichen. Nur ein Gott könne sich, auf diesem Felde, mit der Materie messen.«

Heute lassen uns die verblüffenden Thesen des »Herrn C.« an die spektakulären Erfolge in der Prothesenentwicklung für beinamputierte Sportler bei den Paralympics denken. Längst gibt es die »Diskussion darum, ob Prothesenträger gegenüber Prothesenlosen technisch-physisch im Vorteil sind.«[20] So effektheischend uns heute Meldungen von modischen Vorzeigeprothesen mit Strassbesatz und Innenbeleuchtung oder vom aufblühenden Geschäftsfeld des Prothesendesigns erscheinen mögen,[21] Kleist hätte das 1810 vermutlich nicht überraschen können. Seinen

Pressefotografie, Paralympics London, 2012

Pressefotografie,
Paralympics London, 2012

»Herrn C.« lässt er von fortschrittlichen Beinprothesen aus England berichten: »Haben Sie [...] von jenen mechanischen Beinen gehört, welche englische Künstler für Unglückliche verfertigen, die ihre Schenkel verloren haben? [...] wenn ich Ihnen sage, daß diese Unglücklichen damit tanzen, so fürchte ich fast, Sie werden es mir nicht glauben. – [...] Der Kreis ihrer Bewegungen ist zwar beschränkt; doch diejenigen, die ihnen zu Gebote stehen, vollziehen sich mit einer Ruhe, Leichtigkeit und Anmut, die jedes denkende Gemüt in Erstaunen setzen.«

Anders als Winckelmann verortet Kleist sein Ideal, die Grazie eines unverklemmten, anmutigen Körperselbstbewusstseins, nicht in die antike Ferne edlen Griechentums, sondern in die Aktualität, eine (damalige) Neuigkeit aus dem fortschrittlichen England: mechanische Beine. Die Prothese verleihe den Unglücklichen, »die ihre Schenkel verloren haben« sogar beim Tanzen »Ruhe, Leichtigkeit und Anmut«. Der vertrauliche Plauderton zwischen »Herrn C.« und dem Ich-Erzähler lässt das daraus Folgende fast noch ungeheuerlicher erscheinen. Als vollständiger Prothesenersatz des die Fäden bedienenden Puppenspielers, des »Maschinisten«, vermag die Marionette vollkommene Grazie zu verkörpern, und zwar außerhalb des Körpers des Maschinisten, wie der Ich-Erzähler schlussfolgert: »Denn derjenige Künstler, der einen so merkwürdigen Schenkel zu bauen imstande sei, würde ihm unzweifelhaft auch eine ganze Marionette, seinen Forderungen gemäß, zusammensetzen können.«

Heute würden wir die Marionette vielleicht mit einem Avatar vergleichen, wie er seit den 1990er Jahren als virtuelle Repräsentation einer realen Person in Computerspielen und im Internet verstanden wird, wobei es Kleist 1810 nicht um technische Spielereien, sondern existenziell um die »Seele« ging. Auch Winckelmann war es darum gegangen, die »große und gesetzte Seele«[22] hinter den antiken Kunstwerken zu erfassen und die Kunst »der Griechen mit der Seele«[23] zu suchen. Allerdings suchte Winckelmann, angeregt vom abwesenden Teil des Fragments, dieses Seelische im schwärmerisch immateriellen Raum. Er projizierte gegenwärtigen Orientierungsbedarf auf die »stille Größe«[24] weit entfernter Vorbildhaftigkeit. Kleist dagegen lässt »Herrn C.« und den Ich-Erzähler davon sprechen, wie sich die »Seele (vis motrix)« als eigentliche Bewegungs- und Lebenskraft materiell in der Gliederpuppe verkörpert und sie damit zur tanzenden Ganzkörperprothese des Puppenspielers macht. Was Kleist die zwei Gesprächspartner im Plauderton gedanklich durchspielen lässt, läuft daraus hinaus, dass die Seele den Leib des Menschen verlässt und übergeht in den Körper eines Dings. Als Denkanstoß, als Denkwiderstand zieht Kleist das mechanisch Konkrete der Prothese dem schwärmerisch Ungefähren des idealisierten Fragments vor. Dadurch gelingt es ihm, das Unvollständige, Gebrochene, Bruchstückhafte nicht als gedankliche Brücke und Flucht in eine ferne, möglicherweise ideale Vergangenheit zu nutzen wie Winckelmann, sondern als Schlüssel zu eigenen Gegenwart, zur eigenen Existenz. Bei Kleist erscheint die eigene Gegenwart fragmentiert.

In diesem Sinn erscheint Kleist als der eigentliche Fragmentdenker, während der idealisch ergänzende und verbessernde Winckelmann als Körperoptimierer und insofern als Prothesendenker zu verstehen ist. Noch deutlicher wird dies in Kleists *Marionettentheater* in denjenigen Passagen, in denen Kleist die lebendige Leiblichkeit eines jungen Mannes mit einer klassischen Statue vergleicht. Winckelmann schloss von den Fragmenten antiker Jünglingsstatuen zurück auf »die jungen Leute« im alten Griechenland, »welche [...] ganz nackend ihre Leibesübungen trieben.«[25] Ungleich nüchterner dagegen konfrontiert Kleist die idealische Vorbildhaftigkeit antiker Statuenkunst mit realer Leiblichkeit und beobachtet genau, was passiert.

Der Ich-Erzähler im *Marionettentheater* kommt noch einmal auf die Grazie, also die von keiner sozialer Hemmung oder übergroßer Selbstbeobachtung beeinträchtigte Bewegungsanmut zu sprechen. Die geschilderte Szene vollzieht sich als eine geradezu exemplarische nachklassizistische Desillusion:

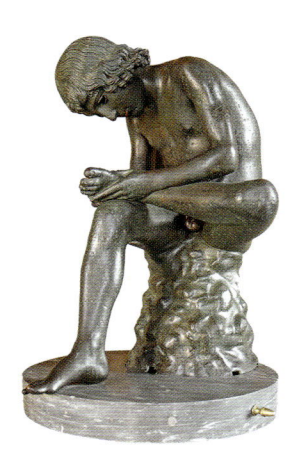

Unbekannter Künstler

Der Dornauszieher,
1. Jahrhundert v. Chr.,
Bronze, Höhe 73 cm

Kleist erwähnt die Kopie in Paris, das antike Original befindet sich in den Kapitolinischen Museen, Rom.

»Ich sagte, daß ich gar wohl wüßte, welche Unordnungen, in der natürlichen Grazie des Menschen, das Bewußtsein anrichtet. Ein junger Mann von meiner Bekanntschaft hätte, durch eine bloße Bemerkung, gleichsam vor meinen Augen, seine Unschuld verloren, und das Paradies derselben, trotz aller ersinnlichen Bemühungen, nachher niemals wieder gefunden. [...] Er mochte ohngefähr in seinem sechzehnten Jahre stehn, und nur ganz von fern ließen sich, von der Gunst der Frauen herbeigerufen, die ersten Spuren von Eitelkeit erblicken. Es traf sich, daß wir grade kurz zuvor in Paris den Jüngling gesehen hatten, der sich einen Splitter aus dem Fuße zieht; [...] Ein Blick, den er in dem Augenblick, da er den Fuß auf den Schemel setzte, um ihn abzutrocknen, in einen großen Spiegel warf, erinnerte ihn daran; er lächelte und sagte mir, welch eine Entdeckung er gemacht habe. In der Tat hatte ich, in eben diesem Augenblick, dieselbe gemacht; doch sei es, um die Sicherheit der Grazie, die ihm beiwohnte, zu prüfen, sei es, um seiner Eitelkeit ein wenig heilsam zu begegnen: ich lachte und erwiderte – er sähe wohl Geister! Er errötete, und hob den Fuß zum zweitenmal, um es mir zu zeigen; doch der Versuch, wie sich leicht hätte voraussehen lassen, mißglückte.«

Der Ich-Erzähler berichtet hier nicht von einer Gliederpuppe, sondern von einem realen Menschen. Heute würden wir sagen, dass der Jugendliche in einer adoleszenten Reifungskrise die letzten Reste kindlicher Unbedarftheit abstreift, und beginnt, sich selbst zu erkennen und ernsthaft über sich selbst zu reflektieren. Das psychoanalytische Theorem vom frühkindlichen Spiegelstadium[26] besagt, dass es Selbsterkenntnis nur um den Preis der Selbstentzweiung geben kann. Die Fähigkeit, über sich selbst nachzudenken, setze voraus, sich selbst – im Spiegel – als Anderen betrachten zu können. Letztlich sei ohne die Fähigkeit zur Selbstreflektion kein autonom handelndes Individuum denkbar. In der Adoleszenz kommt es bekanntermaßen zu Wiederbelebungen und Vertiefungen dieses Grundgeschehens von Selbsterkenntnis durch die hierfür unvermeidliche Selbstentzweiung. Der Ich-Erzähler schildert anschaulich, wie es beim dem Jugendlichen durch den zweiten Blick in den Spiegel letztlich zu »Ziererei«, zum menschlich normalen Verlust von Selbstvergessenheit und kindlich-naiver Anmut kommt.

Gemessen an der menschlichen Realität dieser Schilderung rücken die Beschreibungen von »Herrn C.« wie perfekt, weil völlig ungehemmt und deshalb mit vollkommener Grazie die Gliederpuppen zu tanzen vermögen, in den Bereich unmenschlicher Ideale. Die verselbständigte Perfektion der Puppen hängt an Fäden und ist mechanisch induziert – keine Gestalten autonomer Selbststeuerung. Autonomie jedoch ist nicht ohne Ambivalenzen zu haben, auch das besagt die Szene vom desillusionierten

Jüngling im Bade. Realistischer, erwachsener, reifer wird der Jugendliche gerade dadurch, dass er sich nicht mehr in dem Antikenideal des berühmten *Dornausziehers* wiedererkennen kann. Kleists nachklassizistische Pointe besteht hier darin, wie wenig schwärmerische Idealisierungen vorbildhaften Griechentums für das existenzielle Befinden realer Individuen bedeuten. Bewusst kann niemand auf unbewusste und natürliche Weise schön und anmutig sein. Die idealische Schönheit, die Winckelmanns normativem »edelste Kontur« theoretisch kanonisieren wollte, besteht beim gnadenlos genauen Beobachter Kleist den Realitätstest nicht. Der Preis, den Kleist für vollkommene Anmut und Grazie des menschlichen Körpers im Marionettentheater benennt, ist, dass der menschliche Körper zur Ganzkörperprothese werde, dass mit aller Reflexion und Gebrochenheit auch alle Autonomie aus ihm schwinde und er heteronom ein hübscher Anblick werde.

Nicht Winckelmann, dessen Optimierungsfantasien ihn als Prothesendenker charakterisieren, sondern Kleist ist der eigentliche Fragmentdenker. Bei Kleist lebt der Mensch seit der Vertreibung aus dem Paradies immer schon in fragmentarischen Verhältnissen. Alle Menschen sind behindert. Prothesen sind nützlich, aber »um der gebrechlichen Einrichtung der Welt willen«[27] kann auf das Betrachten und Verstehen von Fragmenten nicht verzichtet werden.

Pieter Bruegel der Ältere (1525/1530–1569)

Die Krüppel, 1568, Öl auf Holz, 18 × 21 cm, Musée du Louvre, Paris

1 Hierzu: Maurice Merleau-Ponty: Phänomenologie der Wahrnehmung. Berlin 1966 (Paris 1945); ders.: Das Sichtbare und das Unsichtbare. München 1986 (Paris 1964).
2 Genauer gesagt, ist mit Prothese hier die Exoprothese gemeint in Abgrenzung zur Endoprothese bzw. dem Implantat.
3 Die Prothese soll zwar als Chiffre und Denkweise befragt werden. Prothese wird hier aber nicht als kulturpsychologische Metapher (»Prothesengott«) wie in Sigmund Freuds Schrift »Das Unbehagen in der Kultur« (1930) verwendet, wenn auch Aspekte der unten zu besprechenden Marionettentheater-Erzählung (1810) von Heinrich von Kleist auf Freud vorauszuweisen scheinen; weiterführend zum »Prothesengott«: Oliver Decker: Der Prothesengott. Subjektivität und Transplantationsmedizin, unter: https://d-nb.info/967996570/34 (abgerufen am 13.02.2020).
4 Christiane Wohlrab: Non-finito als Topos der Moderne. Die Marmorskulpturen von Auguste Rodin. Paderborn 2016; Hans Belting: Das unsichtbare Meisterwerk. Die modernen Mythen der Kunst. München 2001, S. 233ff.; Josef Adolf Schmoll genannt Eisenwerth: Der Torso als Symbol und Form. Zur Geschichte des Torso-Motivs im Werk Rodins. Baden-Baden 1954.
5 Das Fragment, der Körper in Stücken, Ausst.-Kat. Schirn Kunsthalle Frankfurt. Ausstellung vom 24. Juni bis 26. August 1990. Frankfurt a. M. 1990.
6 Neumann kommentiert Friedrich Schlegels sogenannte Athenäums-Fragmente (1798) als zutreffende ästhetische Programmvorhersage für das 19. Jahrhundert: »Der prognostische Zug dieser theoretischen Setzung zeigt sich in Schlegels kühner Gleichstellung der Begriffe romantisch, progressiv, fragmentarisch und modern [Hervorhebung Neumann].« – Peter Horst Neumann: Rilkes Archaischer Torso Apollos in der Geschichte des modernen Fragmentarismus, in: Lucien Dällenbach, Christiaan L. Hart Nibbrig (Hgg): Fragment und Totalität. Frankfurt a. M. 1984, S. 257–274, hier: S. 259.
7 Hierzu unter verschiedensten kunst- und literaturwissenschaftlichen Perspektiven Dällenbach/Nibbrig (Hgg.) 1984 (wie Anm. 6).
8 Vgl. hierzu: Geneviève Bresc-Bautier: Zeit der Prothesen vor dem Zeitalter der der Restauration, in: Schirn Kunsthalle Frankfurt 1990 (wie Anm. 5), S. 79–84.
9 Ernst Behler (Hg.): Kritische Friedrich-Schlegel-Ausgabe. Erste Abteilung: Kritische Neuausgabe, Bd. 2. München, Paderborn, Wien 1967, S. 169.
10 Zum Begriff der symbolischen Form Ernst Cassirer: Philosophie der symbolischen Formen, 3 Bde. 1. Auflage: Bruno Cassirer. Berlin, 1923–1929.
11 Diese Höflichkeitsregel erfährt in den letzten Jahren eine Umwertung, weniger im normalen Alltag, dafür umso mehr nach den offensiven Öffentlichkeitskampagnen zu den Paralympics seit 2016 in den Medien und der veröffentlichten Meinung. In seinem Artikel »Anstarren erwünscht« fragt Burkhard Strassmann in der ZEIT: »Was bedeutet es, dass neuerdings ›Prothesendesigner‹ optisch auffällige, manchmal von innen beleuchtete Beinprothesen bauen?« – Burkhard Straßmann: Prothesen: Anstarren erwünscht, in: DIE ZEIT, 28.4.2016, S. 37f., hier: S. 37.
12 In menschlichen (und tierischen) Wahrnehmungsvollzügen ist offensichtlich die Tendenz enthalten, verstreute oder nicht unmittelbar verbundene Stücke vorstellungsmäßig zu verbinden und zusammenzufügen. Die empirischen Befunde hierzu wurden in der Gestaltpsychologie seit dem frühen 20. Jahrhundert ausführlich beforscht und systematisiert (Gesetz der Nähe, Gesetz der Ähnlichkeit, Gesetz der guten Gestalt, Gesetz der guten Fortsetzung oder der durchgehenden Linie, Gesetz der Geschlossenheit, Gesetz des gemeinsamen Schicksals). Was als ganzer Zusammenhang im Bewusstsein erscheint, ist fast immer aus mehr oder weniger eindeutigen Hinweisen während des Wahrungsprozesses erst zusammengesetzt worden. Offensichtlich sind Wahrnehmungsprozesse auf prägnante Ganzheit orientiert. – Weiterführend hierzu: Kurt Guss (Hg.): Berliner Schule. Gestalttheoretisches Kolloquium. Borgentreich 2018.
13 Johann Joachim Winckelmann: Gedanken ueber die Nachahmung der griechischen Werke in der Malerey und Bildhauerkunst. Dresden, Leipzig 1756, S. 16. – Zur Abstraktion und Umwandlung von visuellen Eindrücken nach der Natur in feststehende Schönheitsregeln und sprachgeleitete Begriffe, die Winckelmann nicht als seine Hinzufügung ausweist, sondern den alten Griechen zuschreibt: ebd., S. 8f.

14 Winckelmann 1756 (wie Anm. 13), S. 8.
15 Siehe den Beitrag in diesem Buch von Mirjam Elburn: Apparat trifft auf Leib: Prostitution und Pornografie im 19. Jahrhundert, S. 119–143.
16 Winckelmann 1756 (wie Anm. 13), S. 6.
17 Winckelmann 1756 (wie Anm. 13), S. 21.
18 An dieser Stelle mag der Schritt von Winckelmanns Klassizismus zu der ästhetikgeschichtlich ungleich schwerer einzuordnenden Dichtkunst Heinrich von Kleists unüblich erscheinen. Kunst- und literaturgeschichtliche Rekonstruktion der Fragmentdiskussion führen oft von Winckelmann zu Friedrich Schlegel und dem Umfeld der Frühromantiker, über deutsch-französische Zwischenstationen zu Auguste Rodin, schließlich über Rodins zeitweiligen Privatsekretär Rainer Maria Rilke (1875–1926) zur zentralen Bedeutung des Fragmentarischen für die Kunst des 20. Jahrhunderts; beispielsweise Neumann 1984 (wie Anm. 6). Hier jedoch folgt auf Winckelmann sozusagen als Abkürzung und direktester Weg zu bis heute aktuellen, das heißt unerledigten Fragen Heinrich von Kleist, dessen Marionettentheater-Aufsatz von 1810 verlebendigendes Fragmentdenken und entmenschlichendes Prothesendenken kurzschließt.
19 Dieses und sämtliche folgende Zitate aus der Erzählung »Über das Marionettentheater«, die nicht einzeln nachgewiesen werden, sind entnommen aus Heinrich von Kleist: Über das Marionettentheater, in: Klaus Müller-Salget (Hg.): Heinrich von Kleist. Sämtliche Werke und Briefe in vier Bänden. Bd. 3. Frankfurt a. M. 1990, S. 555–563.
20 Strassmann (wie Anm. 11), S. 37.
21 Strassmann (wie Anm. 11), S. 38.
22 »Das allgemeine vorzügliche Kennzeichen der griechischen Meisterstücke ist endlich eine edle Einfalt, und eine stille Größe, sowohl in der Stellung als im Ausdrucke. So wie die Tiefe des Meers allezeit ruhig bleibt, die Oberfläche mag noch so wüten, ebenso zeiget der Ausdruck in den Figuren der Griechen bei allen Leidenschaften eine große und gesetzte Seele.« – Winckelmann 1756 (wie Anm. 13), S. 21.
23 Im Anfangsmonolog des Schauspiels »Iphigenie auf Tauris« (1779) von Johann Wolfgang von Goethe beklagt Iphigenie ihre Gefangenschaft und empfindet tiefe Sehnsucht: »Das Land der Griechen mit der Seele suchend«. Die Wendung wurde zum geflügelten Wort in einer Zeitstimmung des Klassizismus, die auch in Goethes Schrift »Winckelmann und sein Jahrhundert« (1805) entsprechende Hinweise und Anregungen fand.
24 Winckelmann 1756 (wie Anm. 13), S. 21.
25 Winckelmann 1756 (wie Anm. 13), S. 8.
26 Von heute aus erscheint es fast so, als hätte Kleist Aspekte der Schrift »Das Spiegelstadium als Bildner der Ichfunktion« (1948) des französischen Psychoanalytikers Jacques Lacan (1901–1981) über das Spiegelstadium, also die Selbstentzweiung als entwicklungspsychologische Bedingung von Selbstwahrnehmung, antizipiert. – Zur methodischen Bezugnahme auf Jaques Lacan mit Blick auf Kleist in den Neueren Literaturtheorie siehe Helga Gallas: Das Textbegehren des Michael Kohlhaas. Die Sprache des Unbewussten und der Sinn der Literatur. Reinbek bei Hamburg 1981; dies.: Kleist. Gesetz – Begehren – Sexualität. Frankfurt a. M. 2005.
27 Heinrich von Kleist: Die Marquise von O.... In: Ders.: Erzählungen. Mit Einleitung, Nachwort und einem Verzeichnis der Setzfehler versehen und herausgegeben von Thomas Nehrlich. Nachdruck der Ausgabe Berlin 1810/11. Hildesheim 2011. 2 Bde. Bd. 1, S. 216–306; hier S. 306.

Heilgymnastische Übungen.

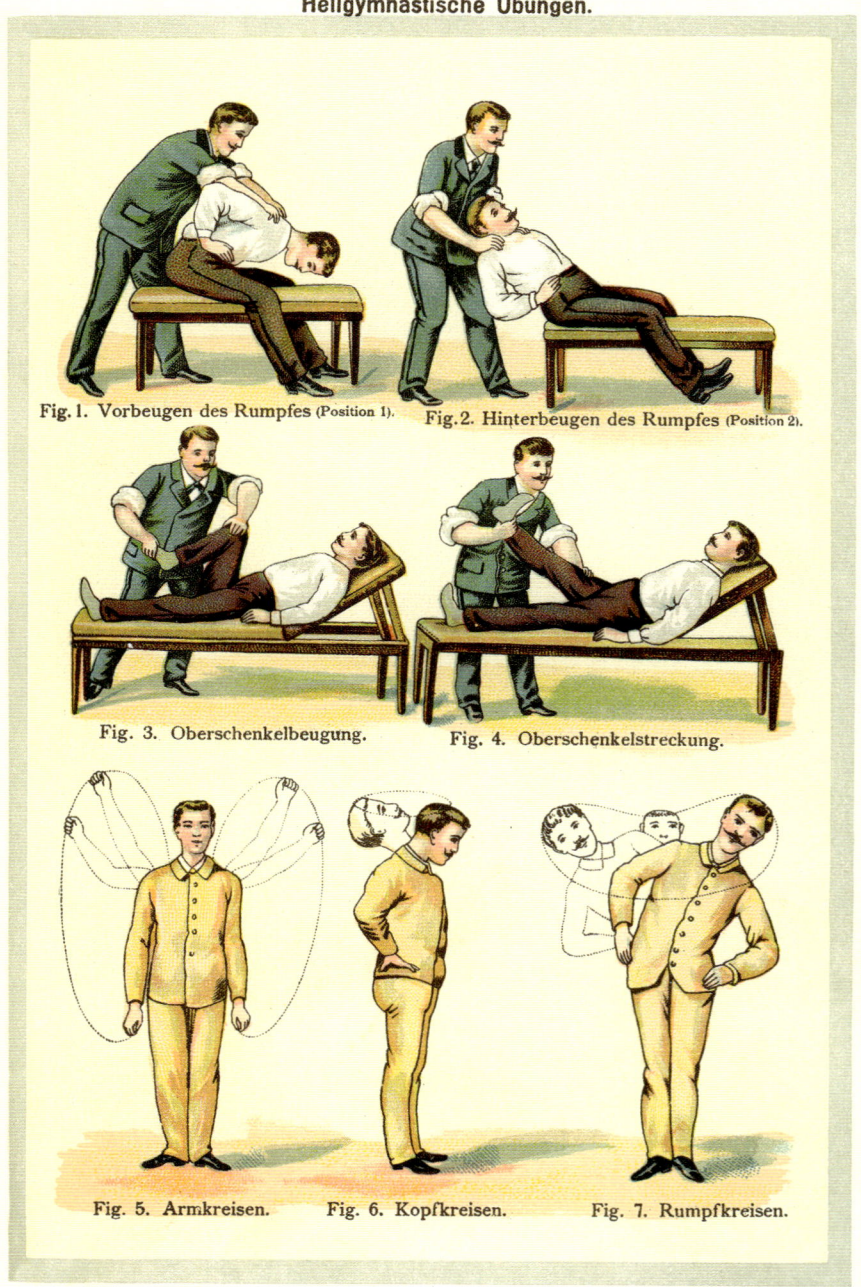

Fig. 1. Vorbeugen des Rumpfes (Position 1). Fig. 2. Hinterbeugen des Rumpfes (Position 2).

Fig. 3. Oberschenkelbeugung. Fig. 4. Oberschenkelstreckung.

Fig. 5. Armkreisen. Fig. 6. Kopfkreisen. Fig. 7. Rumpfkreisen.

Bilz' Naturheilverfahren.

»Ohne Fleiß kein Preis!«
Turnen, Schwimmen und erste Fitnessgeräte

Zeigte der Körper durch Ermüdungserscheinungen an, dass das Arbeitspensum des Tages nun erreicht war, dann gab man dem Ruhe- und Schlafbedürfnis nach. Doch das änderte sich mit der Industrialisierung, der Zeitmessung in der Fabrik und dem Einführen der Stechuhr als Barometer für Leistungsfähigkeit und Effizienz.

Gleichzeitig mit der Industriearbeit, die das Äußerste von Maschinenarbeitern abverlangte, kamen erste Leibesübungen auf. Dabei handelte es sich jedoch anfänglich nicht um Übungen, die mit den wettkampfähnlichen Bedingungen heutiger Fitness-Studios vergleichbar sind, sondern vielmehr um Gymnastik und Turnen im Freien.

Wettbewerbe im Gehen oder Fahrradfahren – das Rad war seit den 1860er Jahren die ideale Körpermaschine und beliebtes Wettbewerbsvehikel – fanden zahlreich und in allen Varianten unter anderem in London, Paris oder Berlin statt. Das Flanieren wurde abgelöst vom fokussierten Gehen mit erhobener Brust und zügigem Schritte, unterbrochen nur von immer wieder vorgenommenen Armbewegungen – Kreisen und Strecken. Mit dem Wettbewerb entstand das bis dato unbekannte *Training*, denn nur wer ausdauernd den Körper schulte, Muskeln und Kondition aufbaute, konnte als Sieger hervorgehen.

Seite 40
Heilgymnastische Übungen,
in: Friedrich Eduard Bilz:
Das neue Naturheilverfahren,
1926

Mit Turnvater Friedrich Ludwig Jahn (1778–1852), den Übungen mit orthopädischen Hilfsmitteln von Daniel Gottlob Moritz Schreber (1808–1861), aber auch mit dem Einzug der »schwedischen Heilgymnastik« sollte ein Wandel vollzogen werden, der den menschlichen Leib zu einem maschinenkompatiblen und leistungsoptimierten Körper formatierte.

Turnvater Jahn hatte insbesondere den männlichen Körper im Visier. Dessen Formung und Antrieb zu Höchstleistungen stand im Dienste einer nationalen Idee. Angestrebt wurde eine athletische Figur von andauernder, ausdauernder Leistungsfähigkeit. Drillschulen nach preußischem Vorbild wurden auch in Frankreich und England eingeführt. Die Disziplinierung und Formung des kindlichen Körpers, um der neuen industrialisierten Zeit schließlich als Erwachsener zu genügen, das hatte Moritz Schreber im Sinn. Die so genannte schwedische Heilgymnastik, von Pehr Henrik Ling (1776–1839) begründet, wurde bereits Mitte der 1840er Jahre auch in Deutschland als erste systematisierte gymnastische Heilmethode eingeführt. Allerdings stand ihre theoretische Grundlage in der Kritik, daran änderte auch die Weiterentwicklung durch den Arzt Albert Constantin Neumann (1803–1870) nichts – und sie verschwand nach anfänglicher Euphorie sehr schnell wieder. Denn insbesondere die starke Turnerbewegung mit ausgeprägtem Nationalbewusstsein machte es der ausländischen Methode unmöglich, Fuß zu fassen. Erst Mitte der 1880er Jahre wurde sie nochmals von deutschen Ärzten entdeckt und verdankt der apparativen Ergänzung ihren Erfolg. Bei der schwedischen Heilgymnastik

Abb. 1
Rumpfdrehstuhl nach Zander, 1880–1900, industriell gefertigt, 120 × 75 × 125 cm, Deutsches Medizinhistorisches Museum, Ingolstadt

Abb. 2–3/Seite 43
Unbekannter Fotograf

Mechanische Heilgymnastik in der Wandelhalle des Friedrichsbads, Baden-Baden, um 1880, Stadtmuseum/Stadtarchiv Baden-Baden

wurden alle Körperpartien beansprucht. Dementsprechend benötigte man für die unterschiedlichen Übungen verschiedenste Apparaturen – heilgymnastische Geräte, erste Widerstandsapparate oder Kraftmaschinen. Der schwedische Arzt und Physiotherapeut Gustav Zander (1835–1920) hatte diese entwickelt, 1864 eine Lehranstalt zur Erprobung der Geräte gegründet, die 1877 schon industriell gefertigt wurden und einen weltweiten Erfolg bedeuteten. Der von 1880 bis 1900 datierte *Rumpfdrehstuhl nach Zander* (→ Abb. 1) erinnert bereits an das Inventar heutiger Fitness-Studios und war wie auch die anderen Apparaturen um 1900 in Deutschland sehr beliebt. Hier sollte der Oberkörper nicht mehr nur bewegt werden, sondern seine Muskulatur bewusst gekräftigt und aufgebaut werden.

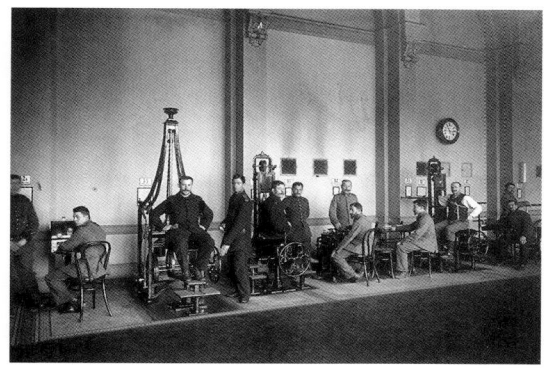

In der großen Wandelhalle des Baden-Badener Friedrichsbads waren seit den 1880er Jahren zahlreiche Geräte für die populäre mechanische Heilgymnastik installiert worden. Das Badehaus, das mit Eröffnung 1877 als das modernste Europas galt, verfügte nunmehr über ein Fitness-Center. Die apparategestützte Therapieform, auch als Mechanotherapie oder Medikomechanik bezeichnet, konnte hier, wie auf den zeitgenössischen Fotografien zu sehen, von vielen Gästen gleichzeitig ausgeübt werden (→ Abb. 2 und 3). Bereits zuvor hatte die Wandelhalle »vor Allem dem nicht badenden Publikum zu Trinkkuren und mit einem kleinen Buffet zu gesellschaftlichen Aufenthalten« gedient. Nun begegneten einem Herren in militärischer Kleidung oder in starrem Anzug, die so weit von heutigen modebewussten Trainings-Outfits entfernt sind, dass man sich kaum eine wirklich sportliche Betätigung an den Apparaturen vorstellen kann. Aber auch hier lässt sich erkennen, dass die Apparate sowohl einem medizinischen Zweck im Sinne einer Therapie als auch der »freizeitorientierten Körperertüchtigung« dienten. Denn »eine zum Teil im Boden verdeckt installierte, zentrale Mechanik ermöglichte an diesen Geräten nicht nur eine reine Übungsgymnastik für Gesunde, sondern auch die sog. passive Gymnastik für ganz oder teilweise bewegungsunfähige Patienten«.

Dem Wettbewerbsgedanken, einer körperlichen Tauglichkeit für Militär und/oder Kompatibilität für den Maschinendienst in der Fabrik stand die zum einen aus der sozialreformerischen Gegenbewegung resultierende Heil-, Kur- und Freiluftbewegung und zum anderen die aus der neuen bürgerlichen Freiheit gewonnene Idee von der Beherrschung des eigenen Körpers, der Körpermaschine

Abb. 4
**Honoré Daumier
(1808–1879)**

Da schau, die dicke Fifine!
Von der hätte man gedacht,
sie sei eine Venus! –
was für eine Enttäuschung!

Les baigneurs, Blatt 11,
1840/42, Lithografie,
26,2 × 20,3 cm, LD 771,
Sammlung Dieter Ante

Abb. 5
Honoré Daumier
(1808–1879)

Die Nayaden der Seine

Les baigneuses, Blatt 1, 1847, Lithografie, 24,2 × 19,3 cm, LD 1629, Sammlung Dieter Ante

entgegen – nur dann war Freiheit wirklich real, so glaubte man.

Für die Frauen beschränkte sich der Sport primär auf rhythmische Gymnastik und das Spiel – zumeist mit den Kindern, da die Kleidung und auch die bürgerliche Moral weithin an Sport nicht denken ließ. Der Radsport, der für die Bürgerin Autonomie bedeutete, stand immer wieder in der Diskussion, sei es aufgrund der instabilen Konstruktion der Räder und damit verbundener Verletzungsgefahr als auch aufgrund eines Mangels an geeigneter und schicklicher Kleidung. Die körperliche Ertüchtigung von Frauen hatte bei Jean-Jacques Rousseau (1712–1778) einzig den kräftigen Nachwuchs im Blick. Im 19. Jahrhundert hatte man im Gegensatz dazu Bedenken, dass Sport zur Unfruchtbarkeit führen könne. Dennoch sollte Ende des 19. Jahrhunderts in preußischen Mädchenschulen der Turnunterricht Pflicht werden. 1900 starteten elf Frauen, ausschließlich in den Disziplinen Golf und Tennis, bei Olympia in Paris.

Neben der Bewegung auf festem Grund wurde auch das Schwimmen in (öffentlichen) Badeanstalten salonfähig. Mit gut angeleiteter Bewegung im Wasser formte man den Körper. Der Besuch der Badeanstalt oder das Schwimmen im Meer, vorgenommen mit allerlei Hilfsmitteln, galt auch für Frauen nicht mehr als unschicklich, sondern wurde als gesundheitsfördernd empfohlen. Die Geschlechtertrennung wurde aber in den Badeanstalten streng eingehalten – wie zahlreiche britische und französische Karikaturen belegen. So zeigt Edmond Lavrate (1829–1888) in seiner lithografischen Serie *Le Musée comique* von 1879 die jeweiligen Eigenheiten im Damen- und Herrenbad (→ Abb. Seite 62–65). Da wird im Kaltwasserbecken geplanscht und gesprungen, mit den Schwimmblasen um den Bauch geschnürt ängstlich am Rand gewartet, geraucht und getrunken bei Damen und Herren von jeglicher Statur. Und manch ein Herr erhascht unauffällig einen Blick ins Frauenbecken. Auch Honoré Daumiers (1808–1879) Herren versuchen durch ein Loch in der Kabinenwand einen Blick auf die entkleideten Damen zu erspähen und sind enttäuscht von dem, was sie sehen (→ Abb. 4). Was die Korsett-Mode der Zeit kaschierte oder vortäuschte, dem konnte die Dame im Badeanzug nun nicht mehr entsprechen.

Mit der Verbreitung des Schwimmsports entwickelten sich verschiedene Schwimmtechniken, mit denen sich der Laie in zahlreichen Publikationen erst vertraut machen konnte, bevor er oder sie den Gang ins kalte Nass unter den kritischen Augen der Mitschwimmer wagte. Das erste maßgebliche Schwimmlehrbuch *L'art de nager démontré par figures* (→ Abb. Seite 82–85), 1696 ursprünglich für Marinesoldaten geschrieben, stammt von Melchisédec Thevenot (1620–1692). Diese ausführliche Abhandlung über das Badewesen inklusive dem orientalischen Bad enthält 23 Kupferstiche, auf denen verschiedene Bewegungsarten beziehungsweise Schwimmstile im Wasser illustriert sind. Die vierte Ausgabe von 1782 wurde um einen von dem französischen Physiker M. Le Roux entworfenen Plan, einem Grundriss für eine öffentliche Schwimmschule, und einer Beschreibung von Hilfsmitteln für den Schwimmer ergänzt. 1835 veröffentlichte Otto von Corvin (1812–1886) eine *Kurzgefasste und gründliche Anweisung zur Erlernung der Schwimmkunst: zum Selbstunterricht und zum Gebrauch für Schwimmschulen*.

Die populären Gesundheitsratgeber, die in nahezu jedem Haushalt zu finden waren, künden vom Nutzen dieses Sports und zeigen auf Bildtafeln anschaulich den Bewegungsablauf der unterschiedlichen Schwimmstile. Das heutige Kraulen hat seinen Vorläufer im 1873 von John Trudgen (1852–1902) in England eingeführten und nach ihm benannten »Trudgen« – auch »Hand-über-Hand-Schwimmen« genannt. Diesen Stil entwickelte Arthur Rowland Channel »Tums« Cavill (1877–1914) weiter und machte ihn mit einem neuen Weltrekord 1902 unter dem Namen »Australischer Crawl« bekannt. Das heutige Brustschwimmen geht auf den Gründer der ersten Militärschwimmschule 1910 in Prag, Ernst von Pfuel (1779–1866), zurück. Bereits 1896 ist Schwimmen als olympische Disziplin bei den Spielen in Athen zugelassen. Die Wettkämpfe fanden jedoch nicht in einem komfortablen Becken statt, sondern in der Bucht von Piräus im kalten Meereswasser und ohne weibliche Beteiligung. Erst 1912 in Stockholm durften dann auch Schwimmerinnen an den Start gehen.

Die ersten Schwimmversuche, das Auftreten der Badegäste sowie ihre Statur und die Bademoden waren vor allem bei Daumier und Grandville (Jean Ignace Isidore Gérard, 1803–1847) ein gern bearbeitetes Sujet. Das Thema der Badenden – egal, ob in den überfüllten Badeschiffen oder im Freien – scheint bei Daumier unerschöpflich. Von seinem Atelier am Quai d'Anjou aus konnte der versierte Beobachter das Treiben auf dem Badeschiff in der Seine tagtäglich beobachten und hatte direkten Blick auf die Najaden der Seine (→ Abb. 5).

Les Métamorphoses du jour, eine Folge von 72 farbigen Lithografien, bedeuteten den Durchbruch für den Lithografen Grandville. Er zeichnete Menschen mit Tierköpfen – mit menschlicher Körperhaltung und Verhaltensmustern.

In der *École de Natation* – der Schwimmschule – begegnen uns allzu menschliche Aspekte des Zusammenlebens: von der Kröte mit durchtrainiertem Oberkörper in geringelter Badehose über den lässig auf dem Rücken treibenden und rauchenden Frosch – ganz in seinem Element – bis hin zum Mensch mit Hundekopf, der an der Leine gesichert das Becken über eine Treppe verlässt (→ Abb. 6). Wie ein munterer Fisch im Wasser sieht der Mensch mit Fischkopf, der nach Luft schnappt, nicht aus. So bleibt hier am Ende die Frage offen, ob obgleich das Schwimmen bereits im Mittelalter zu den sieben ritterlichen Künsten gehörte, der Mensch sich hier im geeigneten Element befindet. (ME)

Literatur:
Hans Christoph Kreck: Die Medico-Mechanische Therapie Gustav Zanders in Deutschland. Ein Beitrag zur Geschichte der Krankengymnastik im Wilhelminischen Kaiserreich. Frankfurt a. M. 1987.

Noyan Dinçkal: Zander-Gerät auf der Webseite des Deutschen Medizinhistorischen Museums unter: Objektgeschichten – November 2019. http://www.dmm-ingolstadt.de/aktuell/objektgeschichten/november-2011.html (abgerufen am 4.12.2019).

Beate Rüttimann: Die Orthopädie der Maschinen und Privatinstitute, in: Medita 6 (1980), S. 2–15.

Noyan Dinçkal: Medikomechanik. Maschinengymnastik zwischen orthopädischer Apparatebehandlung und geselligem Muskeltraining, in: Technikgeschichte 74. Baden-Baden 2007, S. 227–250.

Karlfriedrich Ohr: Das Friedrichsbad in Baden-Baden – ein Denkmal der Badekultur des 19. Jahrhunderts, in: Denkmalpflege in Baden-Württemberg. Bd. 25 Nr. 1. Stuttgart 1996, S. 79–88.

Les Métamorphoses du Jour

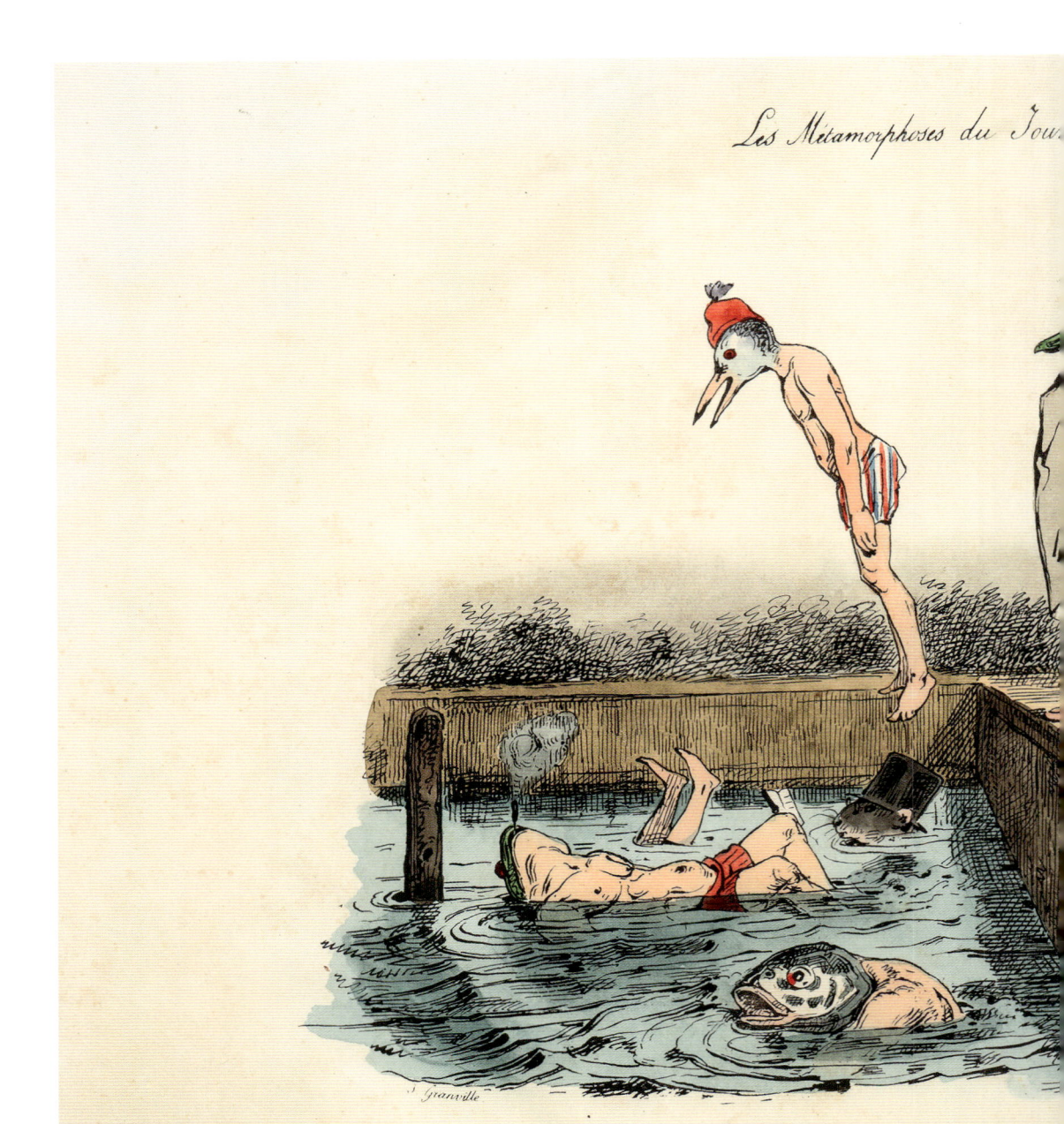

École de natation.   Swim

Abb. 6
**Grandville
(1803–1847)**

L'École de natation
(Die Schwimmschule), in:
*Les métamorphoses
du jour,* 1829, Sammlung
Dieter Ante

Heilgymnastik an dem Apparat »Sanitas« zur Heilung des habituellen Schiefseins, in: Friedrich Eduard Bilz: *Das neue Naturheilverfahren*, 1926

Heilgymnastik. (Steige-Bewegung an dem Apparat »Sanitas«), in: Friedrich Eduard Bilz: *Das neue Naturheilverfahren*, 1926

Heilgymnastik. (Stemmen an dem Apparat „Sanitas".)
Kranke mögen diese Übung mäßig ausführen

Heilgymnastik. (Stemmen an dem Apparat »Sanitas«), in: Friedrich Eduard Bilz: *Das neue Naturheilverfahren,* 1926

Gymnastische Übungen, Zwischenblatt in: Friedrich Eduard Bilz: *Das neue Naturheilverfahren*, 1926

Atmungsstuhl in Anwendung.

Atmungsstuhl in Anwendung, in: Friedrich Eduard Bilz: *Das neue Naturheilverfahren*, 1926

Seite 54
Massierapparate zum Selbstmassieren, in: Friedrich Eduard Bilz: *Das neue Naturheilverfahren*, 1926

Seite 55
Massage und Gymnastik, in: Friedrich Eduard Bilz: *Das neue Naturheilverfahren*, 1926

Massieren des Rückens mittelst Massierkugelkette.

Massieren des Fußes mittelst Massierkugelkette.

Massieren des Armes mittelst Massierkugelkette.

Massieren des Beines mittelst Massierkugelkette.

Massage und Gymnastik.

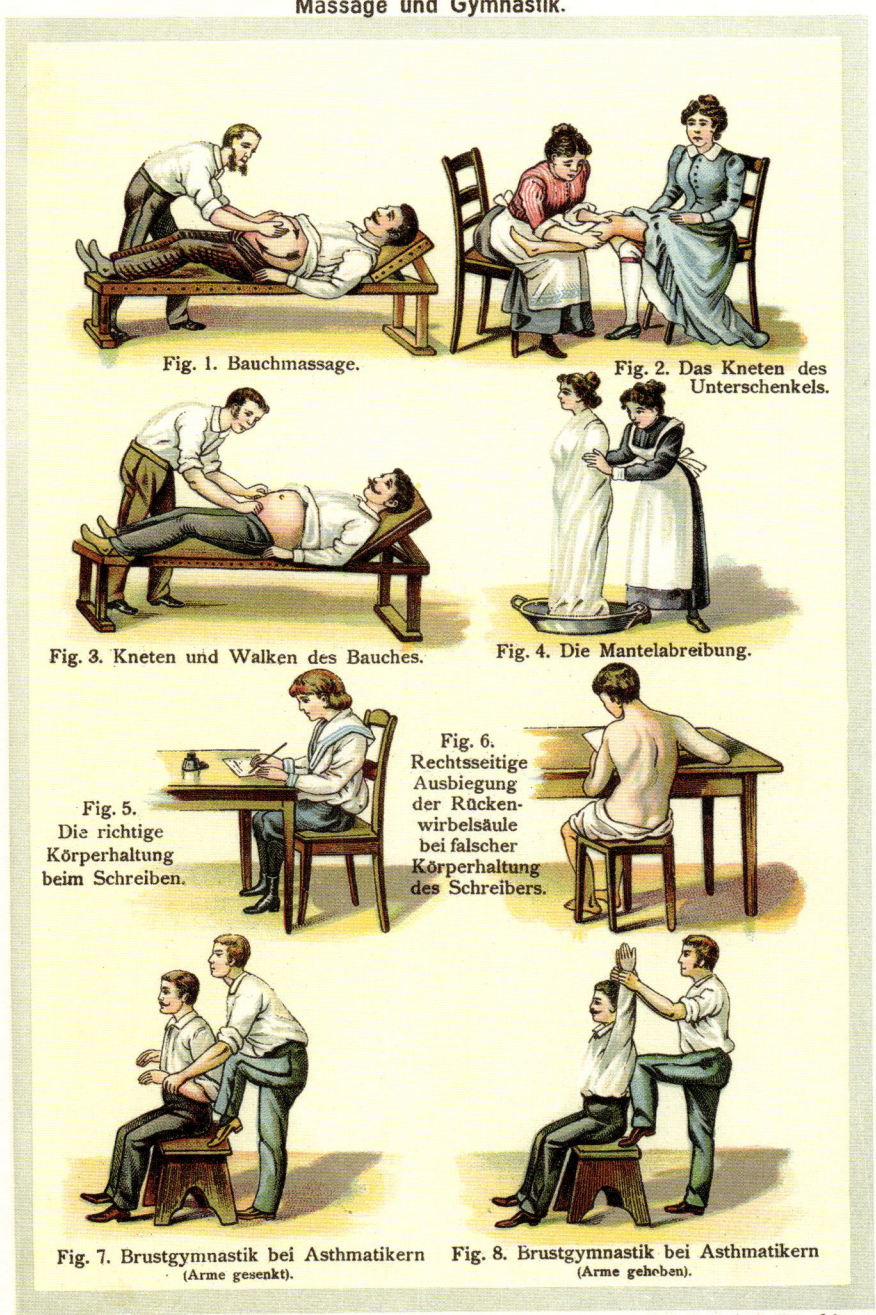

Fig. 1. Bauchmassage.

Fig. 2. Das Kneten des Unterschenkels.

Fig. 3. Kneten und Walken des Bauches.

Fig. 4. Die Mantelabreibung.

Fig. 5. Die richtige Körperhaltung beim Schreiben.

Fig. 6. Rechtsseitige Ausbiegung der Rückenwirbelsäule bei falscher Körperhaltung des Schreibers.

Fig. 7. Brustgymnastik bei Asthmatikern (Arme gesenkt).

Fig. 8. Brustgymnastik bei Asthmatikern (Arme gehoben).

Bilz' Naturheilverfahren.

Schwimmübungen der Beine.
Der Lernende liegt im Wasser auf dem Rücken.

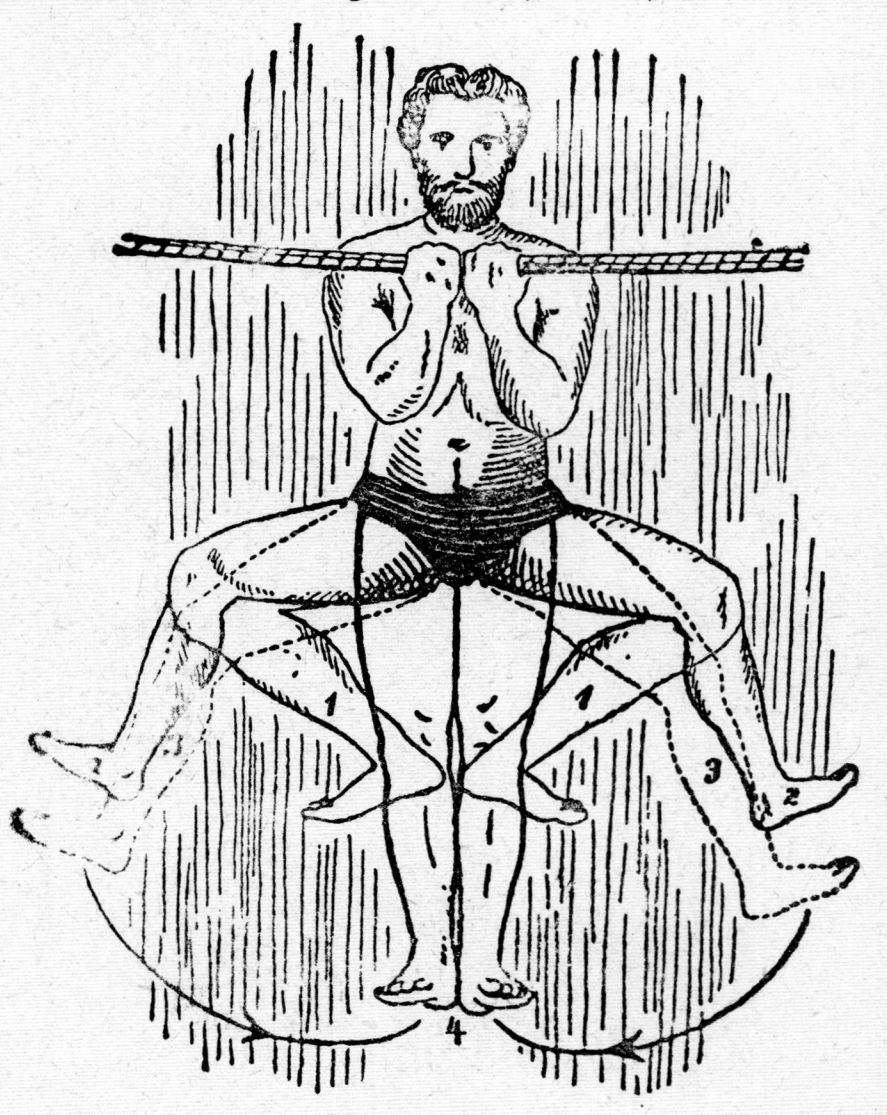

Schwimmübungen der Arme und Beine.

Vorübungen zum Schwimmenlernen auf dem Lande.

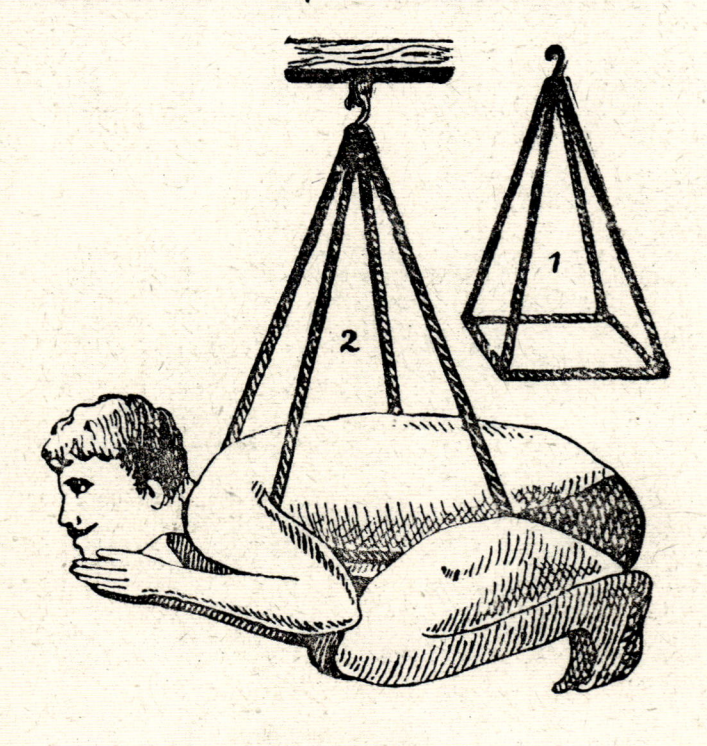

Seite 56
Schwimmübungen der Beine, in: Friedrich Eduard Bilz: *Das neue Naturheilverfahren*, 1926

Seite 57
Schwimmübungen der Arme und Beine, in: Friedrich Eduard Bilz: *Das neue Naturheilverfahren*, 1926

Vorübungen zum Schwimmenlernen auf dem Lande, in: Friedrich Eduard Bilz: *Das neue Naturheilverfahren*, 1926

Die richtige Schwimmlage im Wasser.

Die richtige Schwimmlage im Wasser, in: Friedrich Eduard Bilz: *Das neue Naturheilverfahren*, 1926

Seite 61
Bauchschwimmen und *Rückenschwimmen,* in: Friedrich Eduard Bilz: *Das neue Naturheilverfahren*, 1910

Seite 62/63
Edmond Lavrate (1829–1888)

Les bains froids des Mesdames, in: *Le Musée comique,* 1879, Sammlung Dieter Ante

Seite 64/65
Edmond Lavrate (1829–1888)

Les bains froids des Messieurs, in: *Le Musée comique,* 1879, Sammlung Dieter Ante

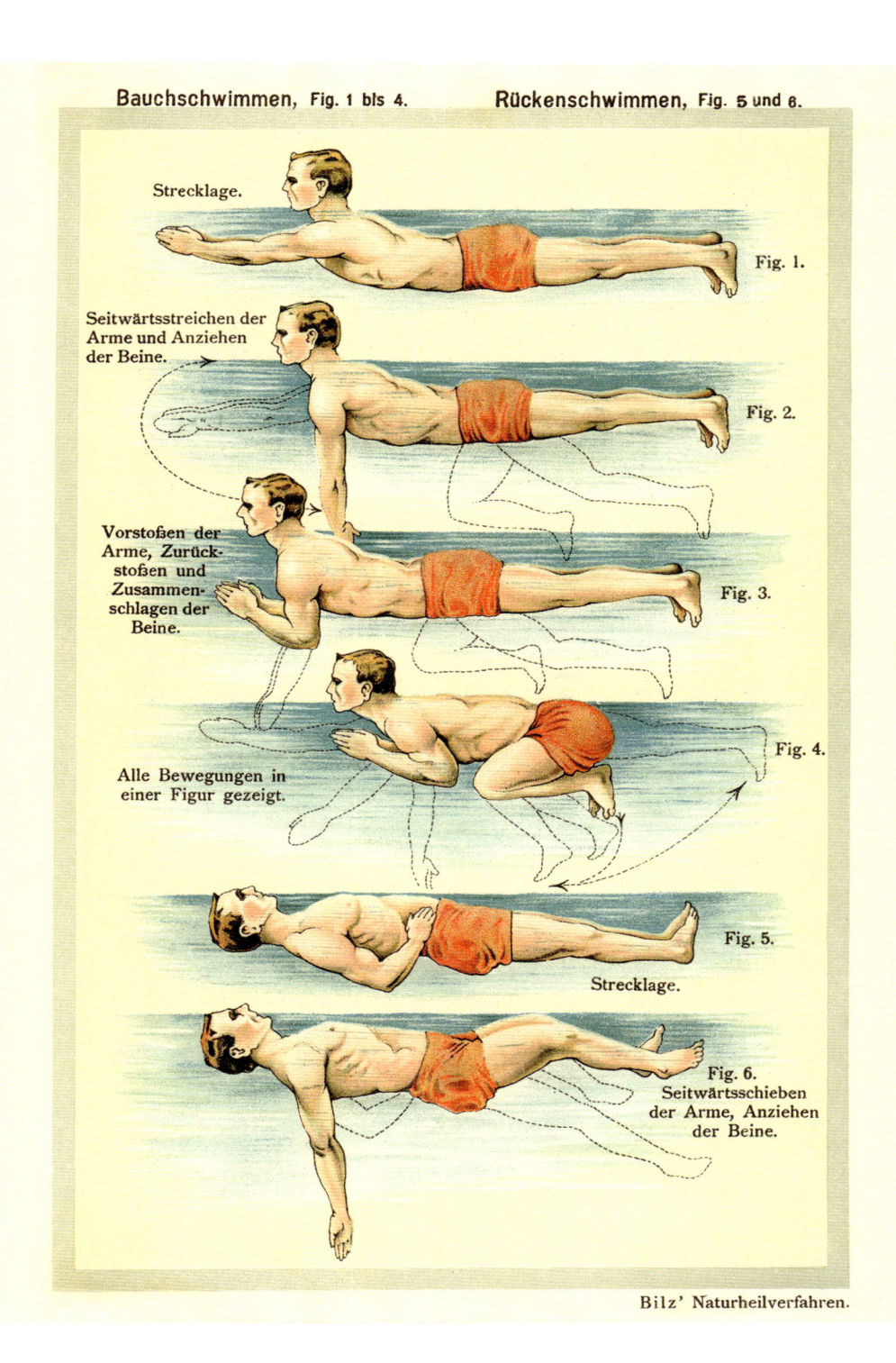

Bauchschwimmen, Fig. 1 bis 4. Rückenschwimmen, Fig. 5 und 6.

Strecklage.

Fig. 1.

Seitwärtsstreichen der Arme und Anziehen der Beine.

Fig. 2.

Vorstoßen der Arme, Zurückstoßen und Zusammenschlagen der Beine.

Fig. 3.

Alle Bewegungen in einer Figur gezeigt.

Fig. 4.

Fig. 5.

Strecklage.

Fig. 6.
Seitwärtsschieben der Arme, Anziehen der Beine.

Bilz' Naturheilverfahren.

— Mlle Pattenlair à la pêche d'une baleine.

LES BAIN
ces da

— Prenez votre temps, ma p'tite mère, j'suis pas pressé !

— Uy pédicure est attaché à l'établissement.

— Je suis artiste pédicure des corps de l'État faire extirper

LES BA[INS]
les

S'il boit un coup c'est la faute à ...lé, ça lui est bien égal c'est pas lui qui paie !

Seite 67
**Mars
(Maurice (de) Bonvoisin)
(1849–1912)**

Ohne Titel, aus: *Aux bains de mer d'Ostende,* 1885, Sammlung Dieter Ante

Unes ! Deuss !! Troisss !!! Et quatre !

Le premier bain.

Seite 68
**Honoré Daumier
(1808–1879)**

Das erste Bad.

Croquis d'été, Blatt 13, 1853–59/1865, Farblithografie, 20,1 × 23,2 cm, LD 3454, Sammlung Dieter Ante

Honoré Daumier
(1808–1879)

TROCKENUNTERRICHT.
Nach drei Monaten ununterbrochenen Trockentrainings glaubt man sich zum Fisch verwandelt. Auch der Ängstlichste kann nun ohne Scheu ins … chinesische Bad gehen.

Les baigneurs, Blatt 19, 1840/42, Lithografie, 25,1 × 20,9 cm, LD 779, Sammlung Dieter Ante

LES BAIGNEURS.

LA LEÇON À SEC.

ou, on se trouve réduit à l'état de poisson, et l'être le plus timide, peut se présenter

Honoré Daumier
(1808–1879)

– Hören Sie Vater Drouillet, so dick wie Sie sind, werden Sie wohl wie ein Delphin im Wasser schwimmen …
– Ja, und dafür ist Ihre Figur das perfekte Schwimmbrett.

Les baigneurs, Blatt 18, 1840/42, Lithografie, 25,8 × 21,5 cm, LD 778, Sammlung Dieter Ante

Honoré Daumier
(1808–1879)

GEGENSEITIGER SCHWIMMUNTERRICHT. Komm schon, Alter … die Schwimmblasen sind keine Laternen; sie gehören ins Wasser!

Les baigneurs, Blatt 29, 1840/42, Lithografie, 26,2 × 20,6 cm, LD 789, Sammlung Dieter Ante

Honoré Daumier
(1808–1879)

Vorsichtige
Schwimmerinnen.

Les baigneuses, Blatt 8,
1847, Lithografie,
23,9 × 19,4 cm, LD 768,
Sammlung Dieter Ante

Honoré Daumier
(1808–1879)

An der Bar.

Les baigneuses, Blatt 13, 1847. Lithografie, 25,2 × 19,2 cm, LD 1641, Sammlung Dieter Ante

CROQUIS D'ÉTÉ

Scène de famill[e]

Honoré Daumier
(1808–1879)

Familienszene.

Croquis d'été, Blatt 37, 1858, Lithografie, 25,8 × 20,2 cm, LD 2872, Sammlung Dieter Ante

CROQUIS D'ÉTÉ   3

— Je voudrais bien savoir quel est le farceur qui a dit le premier que l'homme était le roi de la création.

Honoré Daumier
(1808–1879)

Ich frage mich nur, wer wohl dieser Spaßvogel war, der behauptet hat, der Mensch sei die Krone der Schöpfung.

Croquis d'été, Blatt 3, 1865, Lithografie, 25,8 × 20,2 cm, LD 3449, Sammlung Dieter Ante

CROQUIS D'ÉTÉ par DAUMIER

N'allant aux bains froids que pour avoir occasion de développer son biceps.

Honoré Daumier (1808–1879)

Man geht ins Schwimmbad vor allem, um seine Muskeln zu stählen.

Croquis d'été par Daumier, Blatt 8, 1865, Lithografie, 20,4 × 24,3 cm, LD 3452, Sammlung Dieter Ante

Honoré Daumier
(1808–1879)

Mein Sohn, die Schwimmblasen wurden dem Menschen gegeben, damit er die Wellen beherrschen kann.

Croquis Aquatiques,
1854, Lithografie,
27 × 20,6 cm, LD 2591,
Sammlung Dieter Ante

— Mon fils, la ves

CROQUIS AQUATIQUES

donnée à l'homme, pour affronter les flots!....

28 XXII

Seite 82
Charles Moette
(Lebensdaten unbekannt)

Tafel 28, XXII, in:
Melchisédec Thevenot:
L'art de nager démontré par figures, (EA 1696), 1782,
Sammlung Dieter Ante

Charles Moette
(Lebensdaten unbekannt)

Tafel 26, XXI, in:
Melchisédec Thevenot:
L'art de nager démontré par figures, (EA 1696), 1782,
Sammlung Dieter Ante

24

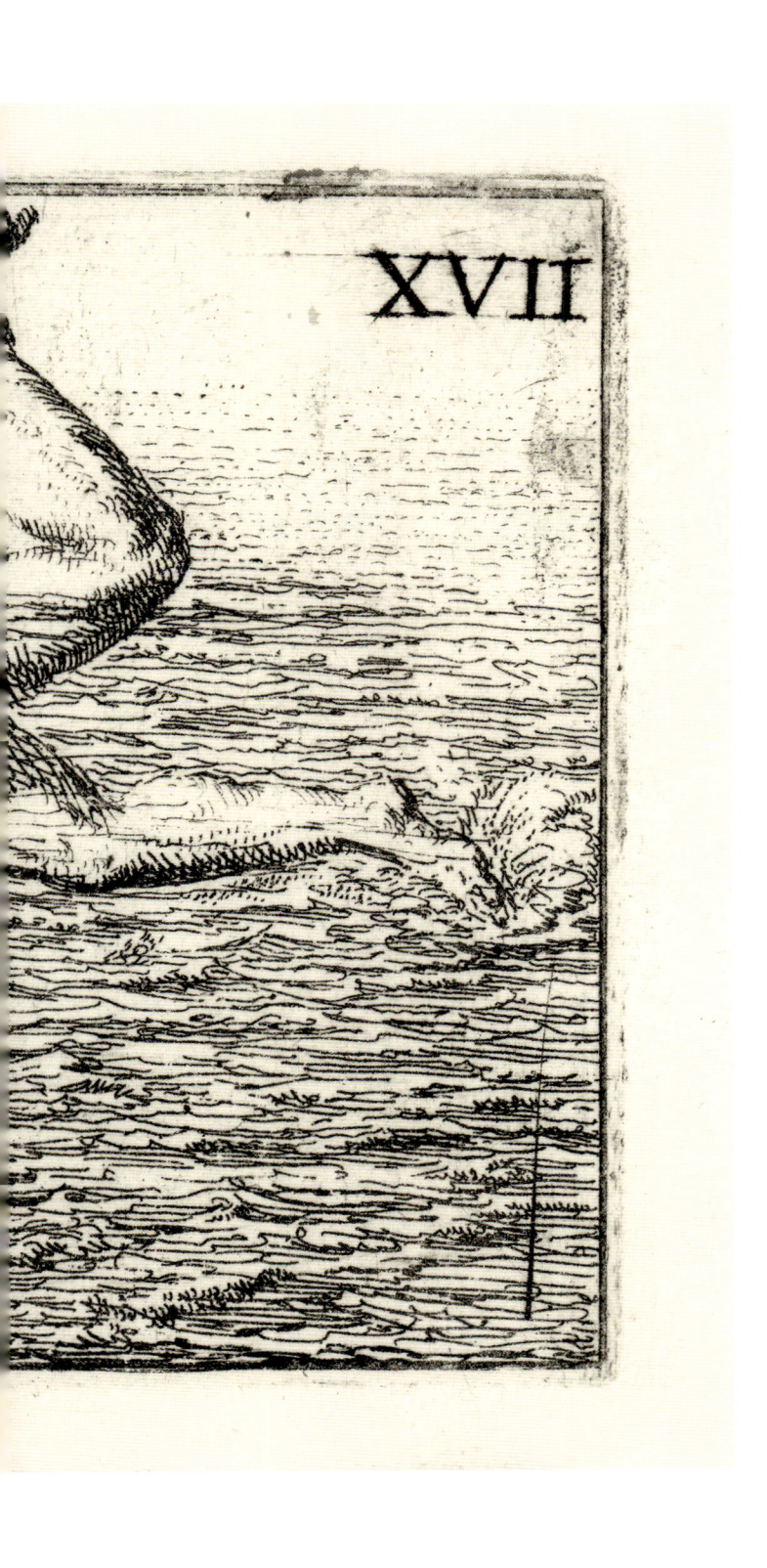

Charles Moette
(Lebensdaten unbekannt)

Tafel 24, XVII, in:
Melchisédec Thevenot:
L'art de nager démontré par figures, (EA 1696), 1782,
Sammlung Dieter Ante

Albert Wiese
(1889–1974)

Wenningstedt auf Sylt,
Albert Wiese mit Ehefrau
und weiterer junger
Frau in zeitgenössischer
Badebekleidung am Strand,
1912, SLUB Dresden/
Deutsche Fotothek

Oswald Lübeck
(1883–1935)

Hochseepassagierdampfer (wohl Imperator-Klasse) der Hapag Hamburg (Hamburg-Amerika-Linie). Schwimmbad mit Badegästen und Gruppe von Passagieren auf der Treppenanlage, 1912/13, SLUB Dresden/ Deutsche Fotothek

Walter Hahn
(1889–1968)

Wellenbad mit Badenden, 1905/1913, Bilz-Bad in Radebeul, SLUB Dresden/ Deutsche Fotothek

89

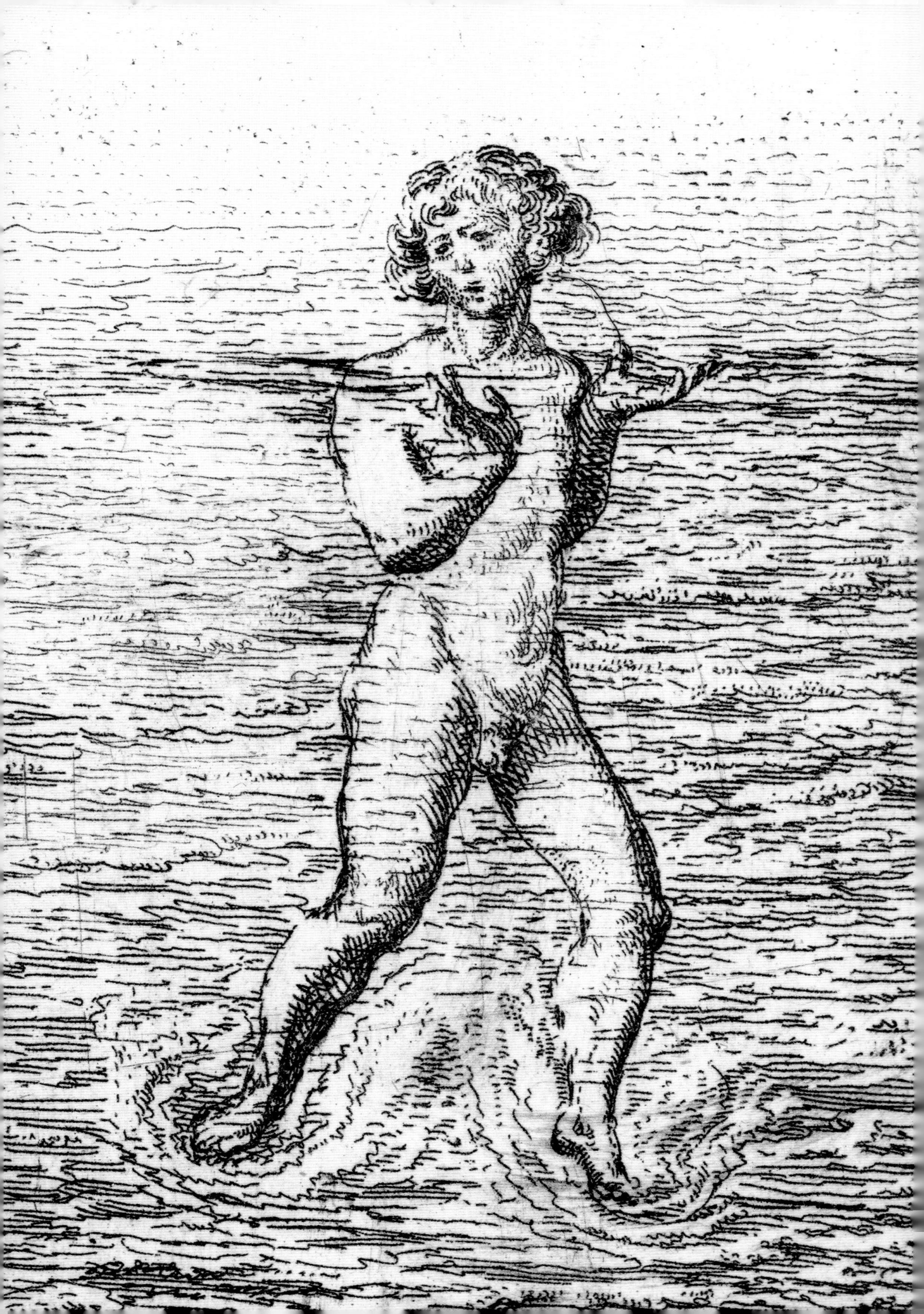

Prothesen als *missing link* zwischen Schönheit und Optimierung

Cornelius Borck

Besser, schöner, effizienter: Wir sind ständig dabei uns zu optimieren. Dieser Gedanke entsteht im 19. Jahrhundert, in dem sich der technische Fortschritt in den menschlichen Körper verlagert. Da kann eine Prothese schon mal zu einer Karriere als Organist verhelfen und eine Kuranstalt zum Fitness-Studio werden.

Auf den ersten Blick scheinen Prothesen nur schlecht in ein Ausstellungsprojekt *Baden in Schönheit* zu passen. Heutzutage mag Prothesenträgerinnen und Prothesenträgern auch eine Karriere als Model offenstehen, aber die sich darin manifestierende gesellschaftliche Anerkennung lässt sich kaum von voyeuristischer Vermarktung trennen, wie sie in den Freak Shows eine traurige Geschichte hat.[1] Ein Brückenschlag von Prothesen zu Schönheit läuft leicht Gefahr als zynisch zu erscheinen. Der folgende Beitrag will diese Differenz und Distanz nicht verschleifen, sondern er geht von der These aus, dass sich die Prothese als Schlüsselfigur nehmen lässt, um eine Sequenz von Transformationsprozessen aufzuzeigen, an deren Ende heute Schönheit ins Dispositiv der Selbstoptimierung getreten ist: Die großen gesellschaftlichen und kulturellen Veränderungen im langen 19. Jahrhundert – von Aufklärung und Französischer Revolution über die Industrialisierung und die naturwissenschaftliche Wende in der Medizin bis zur Katastrophe des Ersten Weltkriegs – ließen Prothesen vom Einzelding zum Massenprodukt werden. Parallel führte dieser Aufstieg der Prothese dazu, dass an die Stelle einer bis in die Antike zurückreichenden kosmetischen Pflege von Schönheit ihre gezielte und technische Optimierung trat. Der Mensch erlebte sich als *homo faber*, der die Welt in einem historisch vorbildlosen Maße veränderte – und dabei vor sich selbst nicht Halt machte. Prothesen waren dabei weder Auslöser, noch Hebel oder gar das Produkt dieser grundlegenden Veränderungen. Kulturhistorische und archäologische Zeugnisse belegen, dass Menschen schon sehr lange mit teils einfachen, teils raffinierten Hilfsmitteln verlorene Gliedmaßen ersetzt haben. Aus dem alten Ägypten ist z. B. eine Fuß-Teilprothese überliefert, die verlorene Zehen ersetzen und so ihrem Träger erlauben sollte, wieder frei mit abrollendem Fuß zu gehen. Berühmt ist auch die *Eiserne Hand* von Götz von Berlichingen (1480–1562), die sogar bewegliche Finger hatte und auf den engen Zusammenhang von Prothesen und Krieg verweist. Denn im Krieg verloren und verlieren typischerweise junge und gesunde Männer

Seite 90
Charles Moette
(Lebensdaten unbekannt)
Tafel 30, XXIII, in:
Melchisédec Thevenot:
L'art de nager démontré par figures, (EA 1696), 1782,
Sammlung Dieter Ante

Gliedmaßen oder andere Körperteile und setzen damit den Kriegsherren unter Druck, für funktionalen Ersatz oder eine angemessene Kompensation zu sorgen.

Die These vom »missing link«, die hier in aller Kürze als kulturgeschichtliche Entwicklungslinie skizziert werden soll, zielt vielmehr auf ein sich im 19. Jahrhundert neu herausbildendes Selbst- und Naturverhältnis, in dessen Folge der menschliche Körper zum technisch objektivierten und damit optimierbaren Gegenüber wurde. Im Zuge seiner naturwissenschaftlichen und experimentellen Erforschung ließ sich der menschliche Körper immer besser als funktionales System beschreiben, dessen Teile und Organe sich wie technische Dinge erklären ließen. Ein wesentlicher Effekt dieser technischen Beschreibung des menschlichen Körpers bestand und besteht darin, dass technische Dinge – und damit jetzt auch der menschliche Körper – quasi automatisch ins Register von Verbesserbarkeit und Optimierung fallen. Denn fundamentales Charakteristikum aller technischen Vorrichtungen ist es, dass sie auch anders konstruiert und verbessert werden könnten. Augenscheinlich ist eine Prothese ein technischer Ersatz für ein verlorenes Körperteil am absoluten Maßstab des natürlichen Vorbilds. Aber infolge der neuen technischen Erforschung der Natur verliert sich diese Vorbildlichkeit und das biologische Ding wird zu einer möglichen Lösung neben anderen: Warum sollte ein an den Beinen amputierter Mensch nicht mit seinen Prothesen wenigstens schneller laufen oder höher springen können, wenn er schon auf seine natürlichen Beine verzichten muss?

Das Seebad als unvermuteter Ausgangspunkt
Überraschenderweise bietet die moderne Bäderkultur unvermutet einen passenden Ausgangspunkt für die Rekonstruktion dieser gesellschaftlichen und wissenschaftlich-theoretischen Neubestimmung des menschlichen Körpers seit 1800. Denn um die Wende vom 18. ins 19. Jahrhundert – also parallel zum Startpunkt dieses umfassenden Transformationsprozesses – wurde in Deutschland (das dabei eine gewisse Pionierrolle einnahm) das Baden im Meer als medizinische beziehungsweise gesundheitserhaltende Maßnahme entdeckt. Das Baden zu medizinischen Zwecken hat selbstverständlich eine viel längere Geschichte, die an Orten wie Baden-Baden bis in die römische Antike zurückreicht, und kultisch-religiöse Reinigungen gehören ohnehin zu den ältesten Ritualen vieler Kulturen weltweit. Aber um 1800 – vielleicht im Zuge des Rousseauismus oder infolge einer Wiederbelebung antiker Konzepte der Diätetik, man denke nur an Christoph Wilhelm Hufelands (1762–1836) Bestseller *Die Kunst das menschliche Leben zu verlängern*[2] – wurde das offene Meer mit seinem kalten Wasser als belebendes und stärkendes Prinzip entdeckt.

Abb. 1
Georg Friedrich Engel (um 1775–1859)
Die Seebadeanstalt, 1822/27, Gouache, 63 × 88 cm, St. Annen-Museum Hansestadt Lübeck

In Heiligendamm bei Doberan und in Lauterbach bei Putbus auf Rügen hatten die regionalen Adelshöfe diesen Trend schon vor 1800 begründet, Travemünde bei Lübeck zog als bürgerliches Seebad wenig später nach (→ Abb. 1). Heinrich Wilhelm Danzmann (1759–1843), der Lübecker Physikus – also der Stadtarzt, der auch für die städtische Gesundheitsfürsorge zuständig war – ernannte sich zum Fürsprecher und propagierte in seinen *Annalen des Seebads Travemünde* die neue Sache.[3] Der alte Fischerort an der Hafeneinfahrt nach Lübeck mit seinen kleinen Häusern und Häuschen entlang der Flussmündung wurde nun quer dazu am Meeresstrand entlang mit großen Parkanlagen und einer großzügigen, quasi-aristokratischen Bebauung speziell für diesen neuen Zweck vergrößert. Die ungewöhnliche und ortsuntypische Bebauung ist ein Hinweis darauf, wie wenig selbstverständlich dem Ort seine neue Funktion als Seebad war und wie künstlich die Sache zunächst blieb.[4] Mit seinen traditionellen Funktionen war Travemünde am Flussufer entstanden, das Seebad erzwang nun die Öffnung zum Meer – und die Künstlichkeit der Erschließung des Seeufers spiegelt nur zu gut die anfängliche Künstlichkeit der Sache selbst. Denn hinter der Idee, im Meer zu baden, stand eine neue, künstliche Distanz zu dessen Natürlichkeit als Fischgrund und Gefahr.

Seebäder wie Travemünde und die nun zu *Kurorten* im Landesinnern an mineralischen oder heißen Quellen ausgebauten Bäder durchliefen einen so steilen Aufstieg im 19. Jahrhundert, dass die wichtigsten von ihnen sich heute im 21. Jahrhundert als Weltkulturerbe zu positionieren suchen.[5] Mit ihrer so effektvoll inszenierten elitären Künstlichkeit, die von Spielkasinos, Theatern und Musikbühnen noch unterstrichen wurde, darf man diese Heilbäder wohl zu den Vorbildern und Vorläufern moderner Marketing-Kampagnen zählen. Aber zum volkswirtschaftlichen Selbstläufer konnten sie im 19. Jahrhundert nur aufgrund fundamentaler gesellschaftlicher Transformationsprozesse werden. Erst im Zuge der Industrialisierung setzten sich neue, moderne Zeitregime durch, die letztlich am Arbeitstakt von Maschinen ausgerichtet waren und genau damit die Idee einer Erholung von diesem Takt des neuen Arbeitslebens freisetzten. Und auch diese neuen Zeitregime der frühen Industrialisierung standen in einem noch größeren Umbruchszusammenhang, weil nicht nur Zeitrelationen des Arbeitslebens neugeordnet wurden, sondern die westlichen Gesellschaften insgesamt in ein neues Verhältnis zur historischen Zeit eintraten, wie Reinhart Koselleck (1923–2006) in seinen Studien zur Verzeitlichung der Natur und zur »Sattelzeit« herausgearbeitet hat.[6] Zeit wurde von einer rhythmischen Struktur regelmäßig wiederkehrender Einheiten zu einem gerichteten und beschleunigten Prozess, der *Fortschritt* wurde erfunden und fortan als individuelle wie kollektive Herausforderung erlebt. Die Idee einer Auszeit zur Erholung von dieser beschleunigten Anspannung konnte deshalb zum selbstverständlichen Imperativ aufsteigen, den jeder sich leisten sollte, der dies finanziell und familiär auch konnte.

Lübecks erstem Nobelpreisträger, der sich mit den *Buddenbrooks* einen Namen als Chronist dieser neuen gesellschaftlichen Verhältnisse und ihrer kulturellen Herausforderungen gemacht hat, verdanken wir dabei auch eine Beschreibung dieser neuen Form der Sommerfrische am Meer. Mit der für ihn typischen feinen Ironie verarbeitete Thomas Mann (1875–1955) dabei durchaus Erfahrungen aus seiner eigenen Jugend, gehörte seine Familie doch auch zu den regelmäßigen Gästen in Travemünde. Aber auf die allgemein erhofften gesundheitlichen Effekte ging er in den *Buddenbrooks* anhand der Erlebnisse seines jungen Helden Hanno ein. Nach den langen Sommerferien am nahen Meer lässt er den kleinen Hanno zwar braungebrannt, aber letztlich in seiner degenerativen Konstitution unverändert nach Hause zurückkehren, wie der zum Kontrollbesuch einbestellte Hausarzt nüchtern konstatieren sollte:

»Sommerferien an der See! Begriff wohl irgend jemand weit und breit, was für ein Glück das bedeutete? Nach dem schwerflüssigen und sorgenvollen Einerlei unzähliger Schultage vier Wochen lang eine friedliche und kummerlose Abgeschiedenheit, erfüllt von Tanggeruch und dem Rauschen der sanften Brandung. [...] Und was folgte, war alles frei und leicht geordnet, ein wunderbar müßiges und pflegsames Wohlleben, das ungestört und kummerlos verging: der Vormittag am Strande, […] dieses zärtliche und träumerische Spielen mit dem weichen Sande, der nicht beschmutzt. […] Drei oder vier Tage nach der Rückkehr in die Stadt erschien der Hausarzt Doktor Langhals in der Fischergrube, um die Wirkungen des Bades festzustellen. […] Er untersuchte Hannos spärliche Muskulatur, die Breite seiner Brust und die Funktion seines Herzens, ließ sich über alle seine Lebensäußerungen Bericht erstatten […], und schien im allgemeinen wieder nicht recht befriedigt.«[7]

Zu einer solchen zuvor unbekannten Erholungsbedürftigkeit insbesondere derer, die es sich leisten konnten, war es in kollektivem Maßstab gekommen, weil am Ende des 19. Jahrhunderts auch die bürgerlichen Schichten von jenen Umwandlungsprozessen erfasst worden waren, die an dessen Beginn als Industrialisierung gestartet waren und eine neue Schicht einfacher Arbeiter hatte entstehen lassen, die als Proletariat zu Tausenden zu den neuen Arbeitsstätten der industriellen Produktion ziehen mussten.

Technik als Entfremdung, Neugierde und Versprechen

Erst im Zuge dieser Industrialisierung setzte sich die heute üblich gewordene Denkweise durch, dass die technische Zivilisation, ja Technik überhaupt letztlich den Menschen und der menschlichen Natur fremd sei, als befremdlich erlebt werde und entfremdend wirke. Die These, dass Technik die Menschen unterdrücke und sie ihrem Diktat unterwerfe, war das nur zu greifbare Resultat gewaltiger Umbruchprozesse, in deren Folge z. B. nicht mehr der Sonnenstand mit der Länge der Tage oder die Kirche mit der Abfolge ihrer Feiertage den Rhythmus des Lebens vorgab, sondern nun der Takt der Pfeife auf dem Schornstein der Fabrik den Beginn und das Ende der einander rund um die Uhr monoton abwechselnden Arbeitsschichten anzeige. Weil obendrein die neuen Fabriken nicht dort lagen, wo die Menschen herkamen, sondern sie den Arbeitsplätzen nachfolgen mussten, entfremdeten diese Umbruchprozesse die Betroffenen notwendigerweise von ihren gewohnten Umgebungen.

Allerdings darf aus dieser nachträglich so dominant gewordenen Perspektive heraus nicht vergessen werden, dass Technik zuvor in der Frühen Neuzeit eine ganz andere Bedeutung erfahren hatte, weil sie im Zuge der Aufwertung der *curiositas,* der Neugierde, aus dem engen Korsett einer Nachahmung von Natur befreit worden war.[8] Denn erst diese Freisetzung der Neugierde konnte den einmaligen Siegeszug der technisch-industriellen Zivilisation in Gang setzen. An der Wendestelle in der Frühen Neuzeit wurde Technik zum Ausdruck eines kreativen Vermögens des Menschen, der als Ingenieur und *homo faber* vorbildlose technische Funktionen zu erfinden und materiell zu realisieren in der Lage war – die Automaten.

Uhrmacher und Feinmechaniker nahmen die neue philosophische These von der Technik als kreativer Tätigkeit zur Parole für die Fabrikation künstlicher Automaten in Form von Puppen und Tiermaschinen. Jacques de Vaucansons (1709–1782) legendäre Ente von 1739 konnte Futter fressen und auch wieder ausscheiden. Seine menschlichen Figuren hingegen, wie auch die berühmten Automaten der Genfer Uhrmacherfamilie Jaquet-Droz, ahmten gerade keine natürlichen Vorgänge nach, sondern simulierten spezifisch menschliche Kulturleistungen wie das Spielen von Musikinstrumenten, das Zeichnen oder das Schreiben eines Briefes (→ Abb. 2). Selbstverständlich war schon den Zeitgenossen klar, dass solche Automaten allenfalls ein begrenztes Repertoire an Funktionen ausführen konnten, also z. B. genau einen Brief und immer wieder denselben Brief schreiben konnten, und dass diese Figuren deshalb noch lange nicht zu menschlicher Kommunikation per Musik oder Brief in der Lage waren. Gleichwohl leisteten diese Figuren mehr, als dass sie nur die Kunstfertigkeit ihrer Hersteller feierten, sie demonstrierten jenes philosophische Programm, das der radikal materialistische Philosoph Julien Offray de la Mettrie (1709–1751) in seinem Pamphlet 1747 auf den Punkt gebracht hatte: *L'Homme machine* – Der Mensch ist eine Maschine. Das war eine für den intellektuellen Philosophen-Diskurs zugespitzte These, aber sie fasste prägnant den Kern eines neuen Argumentationsprogramms zusammen, das schon im folgenden Jahrhundert als Forschungsrahmen handlungsleitend werden sollte. Denn im 19. Jahrhundert setzte mit der Wende zur naturwissenschaftlichen Medizin eine

Abb. 2
Pierre Jaquet-Droz (1721–1790)

Schreiber, Organistin und Zeichner, 1770, Automatenfiguren, Musée d'art et d'histoire de Neuchâtel, Schweiz

Experimentalisierung des Lebens ein, die in den neuen Laboren die philosophische These der Mensch-Maschine zu einer Anthropologie ausarbeiteten sollte.

Wie der menschliche Körper in diesem Programm zur Darstellung gebracht wurde, zeigen auf exemplarische Weise die Visualisierungen von Fritz Kahn (1888–1968) aus den Jahren der Weimarer Republik. Kahn hatte selbst Medizin studiert und dann parallel zu seiner Tätigkeit als Hausarzt und Gynäkologe als bald populärer Wissenschaftsautor begonnen. Seine anschauliche Darstellungsweise, die auch heikle, gesellschaftlich relevante Themen wie Ernährung und Sexualität ansprach, kombinierte er mit sachlich-technischen Illustrationen, die ihn schnell bekannt machten und ihm eine internationale Karriere eröffneten, mit der er vor dem Holocaust emigrieren konnte.[9] Gewissermaßen die Summa dieses Visualisierungsprogramms war die Wandtafel *Der Mensch als Industriepalast.* Dieses Schaubild (→ Abb. 3) spielt zwar schon mit seinem Oxymoron *Industriepalast* im Titel mit der Ambivalenz von Technik, aber letztlich lancierte Kahn hier – wie auch sonst in seinen Schriften – Technik als humanistisches Programm zur Selbsterforschung und Autonomie des Menschen. Denn das zentrale Element dieses pädagogischen Programms war die These, dass der Körper des Menschen deshalb verstanden und erklärt werden konnte, weil er sich als technisches Ensemble zur Darstellung bringen ließ: Das Herz war nicht nur als Pumpe gezeichnet, sondern über dieses Modell erschloss sich die Funktion des Organs. Ähnlich die Filteranlage an der Stelle der Nieren, die chemische Fabrik dort, wo die Leber saß oder das Radiogerät für den Empfang elektromagnetischer Wellen im Auge: Immer erschloss die visualisierte technische Funktion die biologische Aufgabe des Organs. Selbstverständlich bedeutete das einen hohen Grad der Abstraktion von der morphologischen Gestalt der Organe – aber umso bemerkenswerter ist die anatomische Genauigkeit in der Visualisierung (etwa in dem Detail, dass das Herz *nicht* in der Mitte positioniert ist).

Selbstverständlich hatte diese Visualisierungsstrategie als Erklärungsprogramm ihre Grenzen. So ordnete sie z. B. jedem Organ grundsätzlich nur ein technisches Prinzip und damit auch nur eine biologische Funktion zu, was schon in den 1920er Jahren längst nicht mehr dem medizinischen Wissensstand entsprach. Obendrein scheint die Abbildung allzu realistisch, fast noch wie in einem Genre-Bild, auch noch die Arbeiter an den Maschinen mit in Szene gesetzt zu haben. Gemäß der Bildlogik könnte man deshalb vermuten, dass in diesen Arbeitern das Erklärungsprogramm nicht konsequent zu Ende gedacht wurde, weil

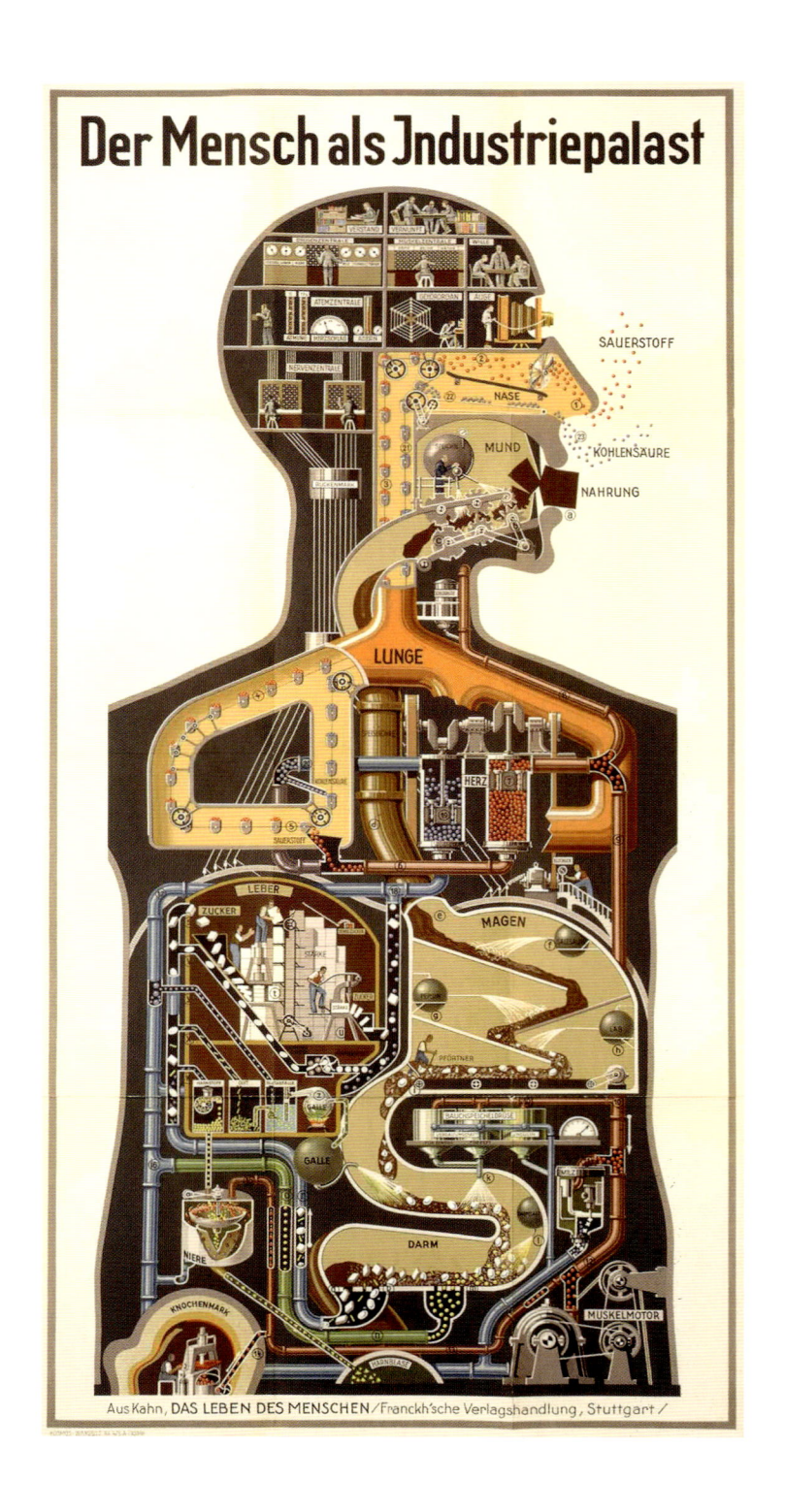

Der Mensch als Industriepalast

Aus Kahn, DAS LEBEN DES MENSCHEN / Franckh'sche Verlagshandlung, Stuttgart /

die Arbeiter an den Maschinen offenbar für eine noch nicht als technische Funktion realisierbare Regelungsaufgabe stehen. Dieser Rückgriff auf menschliche Assistenten im Industriepalast wird in der Chefetage eklatant, wo mehr Menschen als Maschinen gezeigt werden. Bei kritischer Analyse hingegen veranschaulicht die Abbildung präzise das zentrale Problem dieses Erklärungsprogramms, philosophisch gesprochen das so genannte Homunkulus-Problem: Wie andere Theorien zur vermeintlichen Lösung des Leib-Seele-Problems muss auch Kahns Maschinentheorie immer da auf Miniaturmenschen zurückgreifen, wo komplexere Regulations- und Entscheidungsaufgaben zu bewältigen sind. Letztlich unterstreicht noch die damit veranschaulichte Grenze des Bildprogramms dessen humanistische Grundintention: Fritz Kahn offerierte seinen Leserinnen und Lesern eine Vision der Durchschaubarkeit technischer Modelle zur Erklärung des menschlichen Körpers, die dank der Unterordnung dieser Maschinen unter die sie kontrollierenden Menschen nie Gefahr lief, Menschen den Automaten zu unterwerfen. Ausgerechnet in den Jahren unmittelbar nach dem Ersten Weltkrieg, als Giftkrieg, Maschinengewehre und Panzer die mörderische und menschenverachtende Seite moderner Technik in einem bis dahin ungekannten Ausmaß und globalen Maßstab demonstriert hatten, entwarf Kahn eine utopische Harmonie von Mensch und Maschine: Hier greifen alle Systeme perfekt ineinander, es gibt weder Verschleiß, noch Lecks oder Störungen. Dieser Aspekt von Kahns Visualisierungsprogramm war umso erstaunlicher, als er in so krassem Widerspruch zur Erfahrungswirklichkeit der Industrialisierung seit ihren Anfängen in den Kohlebergwerken und der Eisenverarbeitung in den britischen *Midlands* stand, die schon um 1800 Städte wie Birmingham oder Wolverhampton zu Orten einer dramatischen Umweltverschmutzung gemacht hatten. Während die Erfahrung einer entfremdenden Versklavung des Menschen durch Maschinen vermutlich erst mit den »Maschinenstürmern« in die Welt kam, als Weber gegen ihre Ersetzung durch automatisierte Webstühle protestierten, stellte Umweltzerstörung keineswegs erst ein modernes Problem der Zeit nach dem Zweiten Weltkrieg dar. Aber von dieser schmutzigen Seite einer keineswegs perfekten, sondern zerstörerischen Ausbeutung der Natur erzählen Kahns Bilder nicht.

Prothesen als soziale Reparaturtechnik

Kahns Bilder blendeten noch einen weiteren zeitgenössischen Erfahrungshorizont aus. Denn in einem bis dahin nie dagewesenem Maßstab waren menschliche Körper damals zu Rädchen in einer gigantischen Kriegsmaschinerie umgeformt worden. Die meisten Rekruten dürften sich dabei kaum als voll funktionsfähige Teile übergreifender Apparaturen

Abb. 3/Seite 98
Fritz Kahn
(1888–1968)

Der Mensch als Industriepalast, 1931, Farbdruck, 96 × 48 cm

erlebt haben, denn sie mussten in den Schützengräben hilflos darauf warten, dass sie zu Opfern einer industriell perfektionierten Kriegsmaschinerie wurden. Weil gleichzeitig die Medizin große Fortschritte bei der Versorgung akut verstümmelter Körper gemacht hatte, überlebten Soldaten nun auch viel gravierendere Verletzungen. Vermutlich hatten Medizin und Krieg schon immer in einem engen Wechselverhältnis gestanden, aber im Ersten Weltkrieg manifestierte sich dessen Ambivalenz in neuen Dimensionen. Denn die artifizielle Distanz zum menschlichen Körper, wie sie in der zweiten Hälfte des 19. Jahrhunderts so erfolgreich zum Ausgangspunkt seiner technisch-experimentellen Erforschung geworden war, wurde nun zum Motor neuer, technisch inspirierter Eingriffe in den menschlichen Körper. Nach dem Ersten Weltkrieg standen Medizin und Technik nicht nur bereit, um versehrte Körper in industriellem Maßstab mit Prothesen zu versorgen, sondern die Prothesentechnik schlug dabei neue Wege einer technischen Optimierung jenseits biologischer Vorbilder ein.

Ein prägnantes Beispiel für diesen neuen Ansatz liefert der so genannte *Sauerbruch-Arm,* mit dem der damals noch junge Chirurg und Feldarzt Ferdinand Sauerbruch (1875–1951) seinen Aufstieg und zukünftigen Ruhm sichern konnte. Schon Götz von Berlichingen (1480–1562) hatte sich einen eisernen Kunstarm mit beweglichen Fingern anfertigen lassen, aber diese Finger konnte er kaum gebrauchen, weil sie sich nur von außen passiv bewegen ließen. Seine Prothese war ein Feierstück handwerklicher Fertigungskunst wie die Automaten von Jaquet-Droz. Auch Sauerbruch konnte die mit dem amputierten Arm verlorenen Muskeln nicht ersetzen, aber er operierte strikt im Rahmen der Techno-Logik einer Optimierung des vorhandenen Restes. Sauerbruch verfolgte konsequent die pragmatische Idee, dass auch ein versehrter Oberarmstumpf weiter wie ein technisches Ding funktioniert. Die dort noch vorhandenen Muskeln konnten zwar nicht mehr Unterarm und Hand bewegen, aber damit mussten sie nicht funktionslos bleiben, sondern konnten per Seilzug eine bewegliche Prothese steuern, wenn der verstümmelte Soldat umlernte. Über einen in den Muskelstumpf implantierten Elfenbeinstab konnten die noch funktionsfähigen Muskeln im Oberarm nun beim Unterarm- und Hand-Amputierten die Finger einer Kunsthand zum Greifen anleiten. Das illustrierte Sauerbruch bereits in seiner frühen Monografie aus der Kriegszeit bezeichnenderweise nicht als Wiederherstellung einer lebenswichtigen Funktion, sondern als wahre Kulturtechnik, wenn er den Versehrten ein zerbrechliches Weinglas ergreifen und zum Mund führen ließ (→ Abb. 4). In der berühmten Verfilmung seiner Autobiografie *Das war mein Leben* nach der noch viel größeren Katastrophe des Zweiten

Abb. 4
Sauerbruch-Prothese, in: Ferdinand Sauerbruch: *Die willkürlich bewegbare künstliche Hand,* 1916

Weltkriegs wurde daraus eine Apotheose seiner chirurgischen Tätigkeit, durch die Sauerbruch sich von seinem aktiven Berufsleben versöhnt verabschieden konnte: Seine Ehefrau hatte die Wiederbegegnung mit einem Kriegsversehrten arrangiert, der durch den *Sauerbruch-Arm* neuen Lebenssinn als Organist gefunden hatte und dem berühmten Chirurgen nun mit seiner Prothese einen Bach-Choral vorspielte. Ähnlich wie Kahns *Industriepalast* nach dem Ersten Weltkrieg, suggerierte der Film eine Versöhnung von Mensch und Maschine durch die Prothese, nach deren Entzweiung im Weltkrieg.

Präzise dieses Heilsversprechen war freilich schon von kritischen Zeitgenossen nicht unwidersprochen hingenommen worden. Denn die Logik des technischen Ersatzes widersprach nicht nur dem Pazifismus z. B. der Dadaisten, sondern sie reagierten hellhörig auch auf den Zynismus einer Optimierung des menschlichen Körpers für die Zwecke von Ökonomie und Kriegsführung. Beispielhaft sei hierfür der satirische Text *Prothesenwirtschaft* zitiert, den Raoul Hausmann (1886–1971) 1920 in *Die Aktion* publizierte:

»Was 'ne Prothese is, weiß jedes Kind. Für den gemeinen Mann so notwendig heute wie früher Berliner Weißbier. So'n Proletenarm oder Bein wirkt erst vornehm, wenn 'ne Prothese dransitzt. Der Prothetiker ist also ein besserer Mensch, sozusagen durch das Verdienst des Weltkriegs klassengehoben. [...] Ja, so'n brandenburger Kunstarm. Das könnte jedem passen. Was kann man mit dem alles machen. Zum Beispiel kochendes Wasser draufgießen, ohne sich zu verbrühen. Hält das etwa'n gesunder Arm aus? Der brandenburger Kunstarm ist das größte Wunder der Technik und eine große Gnade. Auch Schüsse gehen schmerzlos durch.«[10]

Hausmanns schonungslos satirischer Text entlarvte dabei nicht nur die Verwertungslogik der Kriegsführung, sondern auch noch die vermeintlich wohlmeinenden sozialpolitischen Imperative einer Reintegration der Versehrten in die Gesellschaft.

Mit einem *Sauerbruch-Arm* ließ sich bei entsprechendem Training vielleicht ein Weinglas zum Mund führen, aber für die tägliche Arbeit als Versehrter in der industriellen Produktion brauchte es robustere Apparaturen. Die in der Zwischenkriegszeit entwickelten Prothesen mit ihrer großen Zahl an Spezialanpassungen an die dabei jeweils zu bedienenden Apparate und Maschinen zeigten die neue Techno-Logik noch viel deutlicher als Sauerbruchs Kulturprothese: Hier wurde keine biologische

Funktion wiederhergestellt, sondern der verkrüppelte Körper passungsfähig für die Maschinen gemacht.[11] Die Prothese führte das technische Forschungsprogramm der Experimentalisierung des Lebens auf seinen epistemologischen Kern: Körperteile und Organe waren fortan technische Dinge und als solche sollten sie sich auch technisch optimieren lassen, ob zur besseren Kriegsführung mit temperatur-unempfindlichen und schuss-resistenten Prothesen oder mit neuen künstlichen Sinnesorganen zur Überwindung der »organischen Minderwertigkeit« des Menschen, wofür sich Hausmann interessierte, denn auch die zeitkritischen Dadaisten verstanden sich als Teil einer technokulturellen Avantgarde.[12]

Technisches Turnen als Trainingsgrund der Optimierung

Die optimierende Prothesenlogik der Medizintechnologen wie Sauerbruch oder der technischen Utopisten wie Hausmann konnte dabei auf ein reich bestelltes Feld von Alltagserfahrungen im Umgang mit therapeutischen Techniken zurückgreifen. Denn im Zuge der technisch-industriellen Revolution waren selbstverständlich auch das Badewesen und das System der Kuranstalten längst auf die therapeutischen Potenziale von Technik aufmerksam geworden. Die neuen Regime der industriellen Produktion und neue technische Infrastrukturen wie künstliches Licht rund um die Uhr aus der Gas-Anstalt oder ein elektrischer Eisenbahnverkehr im Untergrund der neuen Metropolen mögen zwar als weitere Faktoren von Entfremdung und Beschleunigung wahrgenommen worden sein, aber paradoxerweise schien gleichwohl nur die neueste Technik geeignete Gegenmittel gegen die dadurch ausgelösten Überforderungs- und Erschöpfungssyndrome bereitzuhalten. Vor allem im letzten Drittel des 19. Jahrhunderts begannen Kuranstalten und Heilbäder mit einer technischen Aufrüstung, um ihre therapeutischen Prinzipien physikalischer Kräfte fortan in technisch avanciertester Form anbieten zu können – von raffinierten Spritz- und Strahl-Apparaturen für Wasserkuren bis zur verwirrenden Vielfalt der damals neuen Anwendungsformen von elektrischem Strom.

Das vielleicht eindrucksvollste, sicher aber schönste Beispiel für diese Rekursion von Technikentwicklung auf den menschlichen Körper waren die kunstvollen Apparate einer technisch innovativen Form von Gymnastik des schwedischen Arztes und Physiotherapeuten Gustav Zander (1835–1920). Für seine medikomechanische Therapie konstruierte er eine Vielzahl von kunstfertigen Bewegungsapparaten. Ihr Sinn lag nun nicht mehr in einer maschinellen Nachahmung künstlerischer Fertigkeiten wie bei den frühneuzeitlichen Automaten von Jaquet-Droz, sondern ihr Zweck bestand nun darin, spezielle Kulturtechniken vom Nutzer zur Ertüchtigung von dessen menschlichen Körper systematisch abzurufen und auf diese Weise zu trainieren (→ Abb. 5). Auch diese Apparate dienten zur Nachahmung menschlicher Bewegungen und Fertigkeiten, aber sie waren die gebaute Einladung zum maschinellen Training, zur Optimierung des biologischen Körpers.

Wenn die Industrialisierung mit ihren neuen Zeit- und Bewegungsregimen zur Erschöpfung des traditionellen menschlichen Körpers geführt hatte, so konnte auch nur in neuen Techniken ein Wundermittel dagegen gefunden werden – idealerweise in Maschinen für die künstliche Bewegung ihrer menschlichen Bediener. In der Rückschau von heute mögen Zanders Apparate moderne Fitness-Studios vorwegnehmen, aber in ihrer eigenen Zeit, im langen 19. Jahrhundert, bahnten sie den Weg für eine Verlängerung und Verlagerung des technischen Fortschritts in den menschlichen Körper. Damit lässt sich der weitere Weg rekonstruieren. Die ertüchtigende Kopplung von Mensch und Maschine am zanderschen Apparat etablierte eine Praxis, die nach dem Ersten Weltkrieg als technologische Einpassung versehrter Körper in den Wirtschaftsprozess ausgestaltet wurde und die heutzutage als Optimierung des individuellen Körpers im Hinblick auf die gesellschaftlich vorherrschenden Ideale verfolgt wird.

Abb. 5
Rumpfdrehstuhl nach Zander, 1880–1900, industriell gefertigt, 120 × 75 × 125 cm, Deutsches Medizinhistorisches Museum, Ingolstadt (siehe auch → Abb. Seite 42)

1   Robert Bogdan: Freak show: Presenting Human Oddities for Amusement and Profit. Chicago 1988.
2   Christoph Wilhelm Hufeland: Makrobiotik oder die Kunst das menschliche Leben zu verlängern. Jena 1797.
3   Heinrich Wilhelm Danzmann: Annalen des Travemünder Seebades. Lübeck 1818.
4   Friedrich Lieboldt: Travemünde und die Seebade-Anstalt daselbst topographisch und geschichtlich dargestellt. Lübeck 1841.
5   Vladimír Křížek: Kulturgeschichte des Heilbades. Stuttgart 1990. Vgl. die »Great Spas of Europe«-Initiative, https://www.baden-baden.de/stadtportrait/stadt/welterbe/antrag-als-unesco-welterbe/great-spas-of-europe-die-mitglieder/ (abgerufen am 19.11.2019).
6   Reinhart Koselleck: Zeitschichten. Studien zur Historik. Frankfurt a. M. 2000.
7   Thomas Mann: Buddenbrooks. Verfall einer Familie. Berlin 1901, Teil X, Kap. 3.
8   Hierzu weiterhin grundlegend Hans Blumenberg: Der Prozeß der theoretischen Neugierde. Frankfurt a. M. 1973.
9   Vgl. Cornelius Borck: Der industrialisierte Mensch. Fritz Kahns Visualisierungen des Körpers als Interferenzzonen von Medizin, Technik und Kultur, in: Werkstatt-Geschichte 47. Essen 2008, S. 7–22.
10 Raoul Hausmann: Prothesenwirtschaft, in: Michael Erlhoff (Hg.): Texte bis 1933, Bd. 1: Bilanz der Feierlichkeit. München 1982, S. 137f. (zuerst Die Aktion 10 (1920) 47/48, S. 669–670).
11 Vgl. Karin Harrasser: Prothesen. Figuren einer lädierten Moderne. Berlin 2016.
12 Cornelius Borck: Blindness, Seeing, and Envisioning Prosthesis: The Optophone between Science, Technology and Art, in: Dieter Daniels und Barbara Ulrike Schmidt (Hgg.): Artists as Inventors – Inventors as Artists. Ostfildern 2008, S. 108–129.

The Edison KINETOGRAM

VOL. 2   MARCH 15, 1910   No. 4

SCENE FROM
FRANKENSTEIN
FILM No. 6604

Elektrisieren ist gesund! … und kann tote menschliche Materie zum Leben erwecken

So wollen Versandhauskataloge im 19. Jahrhundert und die spätere filmische Adaption des Romans *Frankenstein – oder Der moderne Prometheus* von Mary Wollstonecraft Shelley (1797–1851) Glauben machen. Der Typus des *mad scientist* – des wahnsinnigen Wissenschaftlers, der zugunsten seiner Forschung jegliche ethischen Bedenken vergisst – hat nicht von ungefähr seine Wurzeln im 19. Jahrhundert – und taucht in den Verfilmungen von *Frankenstein* ab 1910 ebenso auf wie in Fritz Langs *Metropolis* (1927). Mittels Elektrizität gelingt es den irdischen Schöpfern, einen Körper zu revitalisieren – sowohl den Roboter Maria in *Metropolis* als auch die Kreatur in *Frankenstein*. Gottgleich schaffen ihre Erfinder einen neuen Menschen.

Das namenlose Monster, als *creature* oder *daemon* bezeichnet, wird von Viktor Frankenstein im Ingolstadt des 19. Jahrhunderts zum Leben erweckt. In Shelleys anfangs anonym publizierter Romanvorlage *Frankenstein oder Der moderne Prometheus* – im Sommer ohne Sonne 1816 als Gruselgeschichte für Mitreisende am Genfer See entstanden – versucht Frankenstein die aneinander genähten Leichenteile unterschiedlichster Herkunft durch nicht näher bezeichnete Strahlen zum Leben zu erwecken. Die Kreatur lebt und der Wissenschaftler fühlt sich kurzzeitig Gott gleich, ist jedoch beim Anblick seiner Schöpfung, die sich alsbald seiner Kontrolle entzieht, geschockt.

Abb. 1/Seite 104
Frankenstein – Filmplakat des Films von Thomas Alva Edison: *The Edison Kinetogram, Frankenstein, Vol. 2, March 15, 1910*

Die Erzählung um eine menschengeschaffene, verlassene Existenz verbindet Erfindungen, gesellschaftliche Entwicklungen und Utopien des 18. und 19. Jahrhunderts und ist ein Spiegel des Zeitalters der Elektrizität, der medizinischen Forschungen und der Punktzeit. Es ist *die* Grunderzählung des 19. Jahrhunderts. So findet unter anderem neben den Werken von Alchemisten die galvanische Energie – basierend auf dem Froschschenkel-Experiment des Arztes Luigi Galvani (1737–1789) –, die medizinische Verwendung von Elektrizität sowie ein sozialer und politischer Vegetarismus Erwähnung.

Mary Wollstonecraft Shelley – aufgewachsen in einem politischen und sozial-reformerischen Elternhaus – kam bereits früh in Berührung mit politischen Schriften, sozialen Utopien und wissenschaftlich-technischen Theorien und Errungenschaften. Ihre Mutter war die Feministin Mary Wollstonecraft (1759–1797), die 1792 mit *Verteidigung der Rechte der Frau* die grundlegende Schrift der Frauenrechtsbewegung verfasste, und ihr Vater war der Sozialphilosoph und Begründer des politischen Anarchismus William Godwin (1756–1836), so dass auch das Infragestellen von Sexualität, der Institution Ehe und von Geschlechterrollen per se eine selbstverständliche Erfahrung der Heranwachsenden war.

Später hatte die Schriftstellerin durch die Gesellschaft zahlreicher Dichter, Intellektueller und Wissenschaftler – und nicht zuletzt im Austausch mit ihrem Ehemann und Dichter Percy Bysshe Shelley (1792–1822) ganz konkreten Zugang zu aktuellen technischen und geistigen Errungenschaften. So schreibt Percy Shelley 1813 in *Queen Mab* von einem erstrebenswerten »vegetarischen Zustand der Gesellschaft«. Das Ehepaar Shelley gehörte ebenso wie auch der beständig anwesende Freund des Paares Lord Byron (1788–1824) dem sozialkritischen Vegetarismus an – und so lässt die Autorin auch das Monster von seinem Schöpfer eine Gefährtin fordern, die nicht tötet, um ihren Hunger zu stillen.

Findet sich in der ersten Romanfassung die Erwähnung von Leichenteilen hingerichteter Straftäter zur Kreation des Monsters nicht, sondern ist dort vielmehr die Rede von Schlachtabfällen, so tauchen in zahlreichen späteren Verfilmungen des literarischen Materials Varianten auf und verweben historische Ereignisse mit dem literarischen Stoff – so geschehen in der legendären Filmadaption von 1931 mit Boris Karloff (1887–1969) als Kreatur. Dennoch ist davon auszugehen, dass Mary Shelley die ungewöhnlichen Experimente Giovanni Aldinis (1762–1834), eines Neffen Galvanis, kannte. Am Leichnam des 1803 in London hingerichteten Doppelmörders George Forster rief Aldini heftige Muskelreaktionen durch elektrische Ströme hervor und erschreckte die Anwesenden. Ähnliche Experimente führte der schottische Mediziner Andrew Ure (1778–1857) durch, der in der Literatur meist als Mary Shelleys Inspirationsquelle gilt.

Die erste Verfilmung von Shelleys Roman stammt bereits aus den Anfängen des bewegten Bildes – 1910 verfilmt diesen niemand Geringeres als Thomas Alva Edison (1847–1931) in seinen New Yorker Edison Studios mit großem Erfolg (→ Abb. 1). Hier ist der Wissenschaftler jedoch Alchemist und braut die Kreatur zusammen, ganz ohne den Einsatz von Elektrizität. Lange Zeit galt diese erste Verfilmung als verschollen, wurde durch einen Zufall jedoch in den 1970er Jahren wiederentdeckt und schließlich, nochmals dreißig Jahre später, wieder zugänglich.

Der therapeutischen Wirksamkeit elektrischen Stroms war man sich bereits seit der Entwicklung der ersten Elektrisier-Maschinen um 1660 durch den Physiker Otto von Guericke (1602–1686) bewusst und verwendete diese im 18. Jahrhundert dann in der aufkommenden Elektromedizin. Als erster Arzt nutzte Christian Gottlieb Kratzenstein (1726–1790) 1741 eine Elektrisiermaschine zur medizinischen Therapie und beschrieb in seinem Buch *Abhandlungen von den Nutzen der Elektrizität in der Arzneiwissenschaft* 1745 deren Einsatz. Zwei Jahre zuvor hatte der Arzt Johann Gottlieb Krüger (1715–1759) einen Aufsatz über die so genannte »medicina sine medicamento« – die Medizin ohne Medikamente – geschrieben. Krüger war wie einige seiner forschenden Kollegen der Meinung, dass eine Vielzahl von Gesundheitsbeschwerden auf ein Ungleichgewicht körpereigener Ströme zurückzuführen sei. 1752 veröffentlicht der Mediziner Johann Gottlieb Schäffer (1720–1795) seine Forschungen unter dem Titel *medicina electrica.*

Mitte des 19. Jahrhunderts gelang schließlich Guillaume-Benjamin Duchenne (1806–1875) ein Durchbruch mit der Entwicklung von Elektroden, die es ermöglichten, den Stromfluss auf bestimmte Körperstellen zu konzentrieren. Mithilfe eines Tesla-Generators konnte man hochfrequente Wechselströme erzeugen und die Elektroden zum Leuchten bringen. Die Elektrotherapie ermöglichte es nun, mit Hochfrequenz-Reizstrom-Apparaten bestimmte Muskeln zu stimulieren, indem die Elektroden mit mildem Druck über beeinträchtigte Körperpartien geführt wurden.

Jedoch erst mit der alltäglichen Verfügbarkeit der Elektrizität wurden Elektrisier-Apparate zu Alltagsprodukten und fanden sich alsbald an Bahnsteigen, um die Reisenden fit für die Weiterfahrt zu machen oder zum Wohle der Gesundheit in nahezu allen bürgerlichen Haushalten. 1912 konnten sie in jeglicher Größe und mit luxuriöser Zusatzausstattung aus dem Versandhauskatalog Stukenbrok bestellt werden. Elektrizität sollte Verspannungen lösen, Nervenleiden lindern oder auch gegen Rheuma helfen. Nach dem Ersten Weltkrieg versuchte man die so genannten »Kriegszitterer«, die von den Fronterlebnissen traumatisiert waren, mit Hilfe von Elektrizität zu kurieren. Die so genannte *Kaufmann'sche Methode* bedeutete aber für die unter Strom gesetzten Patienten oft stundenlange Schmerzen, Todesopfer wurden in Kauf genommen.

Auch heute noch werden Reizstromgeräte bei länger andauernden Verletzungen medizinisch eingesetzt. Und auch gegenwärtig träumen Männer und Frauen von einem anstrengungslos erreichbaren, durchtrainierten Körper und glauben gerne der Werbung, die elektrische Muskelstimulations-Fitnessgeräte wie den Abgymnic-Gürtel anpreist. Denn durch das Tragen eines breiten Gürtels, der schwache Stromschläge abgibt, sollen hier Bauchmuskeln zum Wachstum angeregt und Bauchfett zum Schmelzen gebracht werden. Leider stellen sich hier aber ebenso wenig Erfolge ein wie bei manch revolutionärer Therapie des 19. Jahrhunderts.

Das vom Balneologen und Karlsbader Arzt Karl Emil Schnée (1836–1906) entwickelte Vierzellenbad verband die Wirkung des Karlsbader Wassers mit der des elektrischen Stroms (→ Abb. Seite 109–111). Schnée nutzte die elektrische Leitfähigkeit von Wasser. Das hydroelektrische Bad besteht aus je zwei Arm- und Fußwannen, in die ein oder zwei, gegen unmittelbare Berührung durch den Patienten geschützte Elektroden eingelassen sind, und einem Behandlungsstuhl. Die therapeutische Stromzufuhr ist variabel und die Körperextremitäten können gleichzeitig oder individuell und gleichmäßig durchflossen werden. Schnée praktizierte fünfzig verschiedene Anwendungen. Neben der heilenden Wirkung des Stroms sollte auch die thermische Wirkung des Badewassers bei etwa 36 Grad Celsius wohltuend auf den Körper einwirken. Die elektrogalvanische Heilbehandlung mit dem populären Vierzellenbad leistete sich um 1910 die gesundheitsbewusste Oberschicht. (ME)

Literatur:
Rainer Gernet: Zur technischen Entwicklung der medizinischen Elektrisierapparate und Reizstromgeräte bis Ende des 19. Jahrhunderts: Realienkundliche Studie zu einem Sonderbestand des Deutschen Medizinhistorischen Museums Ingolstadt. München 1992.

Magdalena Oldenburg: Kleine Methodik der physikalischen Therapie und Diagnostik. Berlin 1954, S. 23f.

Percy Bysshe Shelley: A Vindication of Natural Diet. Vorwort in: Queen Map. London 1884 (Erste private Auflage 1813) unter: http://www.gutenberg.org/files/38727/38727-h/38727-h.htm (abgerufen am 27.11.2019 um 13:20 Uhr).

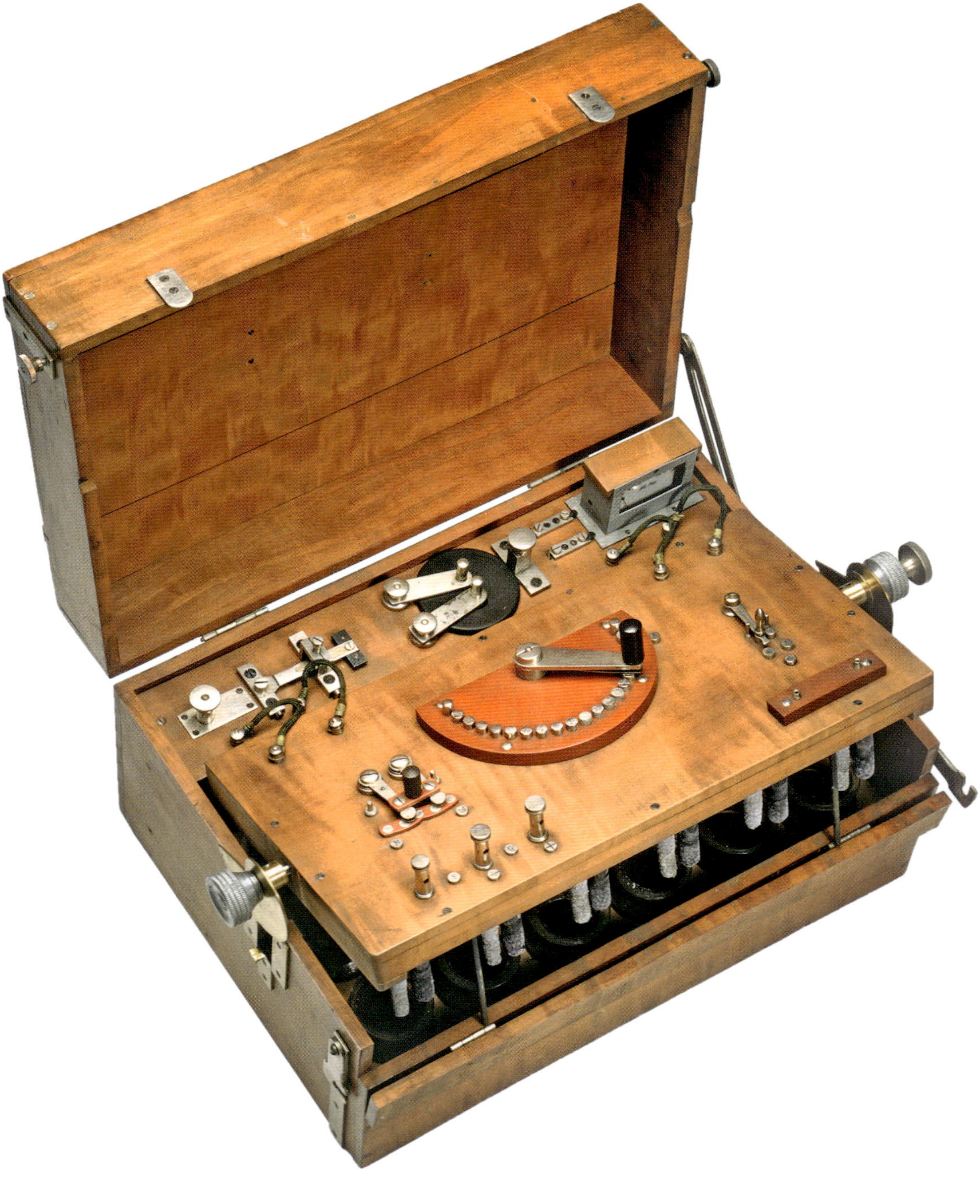

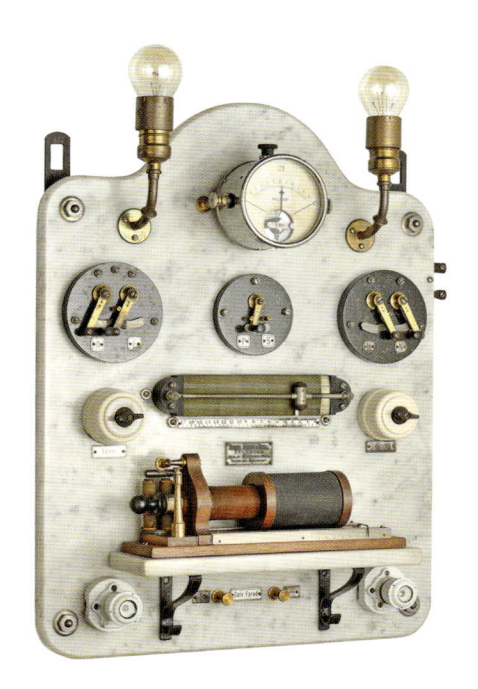

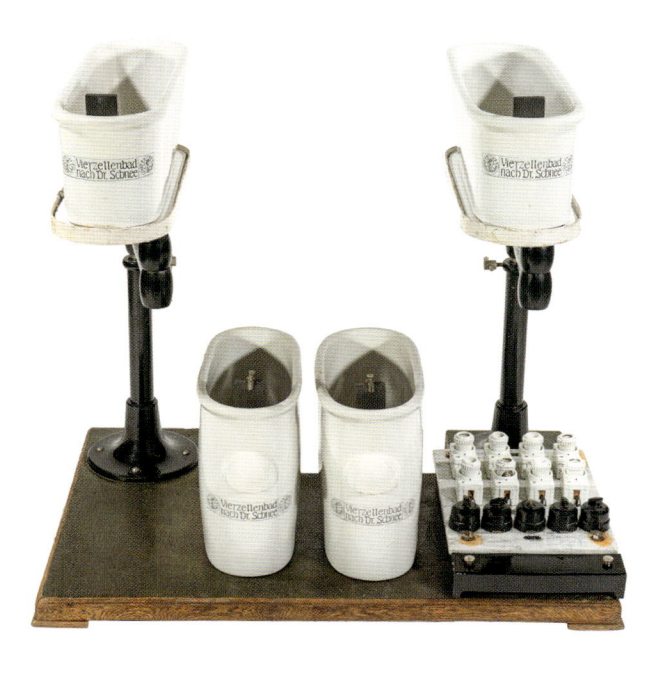

Seite 108
Elektrisierkoffer, 1900,
Technoseum Mannheim

Elektrisierautomat,
Reiniger, Gebbert & Schall,
Erlangen 1900,
Technoseum Mannheim

Vierzellenbad nach
Dr. Schnée, Galvani-
sationsgerät, 1901–1915,
Metall, Porzellan,
Holz, 104 × 74 × 98 cm,
Deutsches Medizin-
historisches Museum,
Ingolstadt

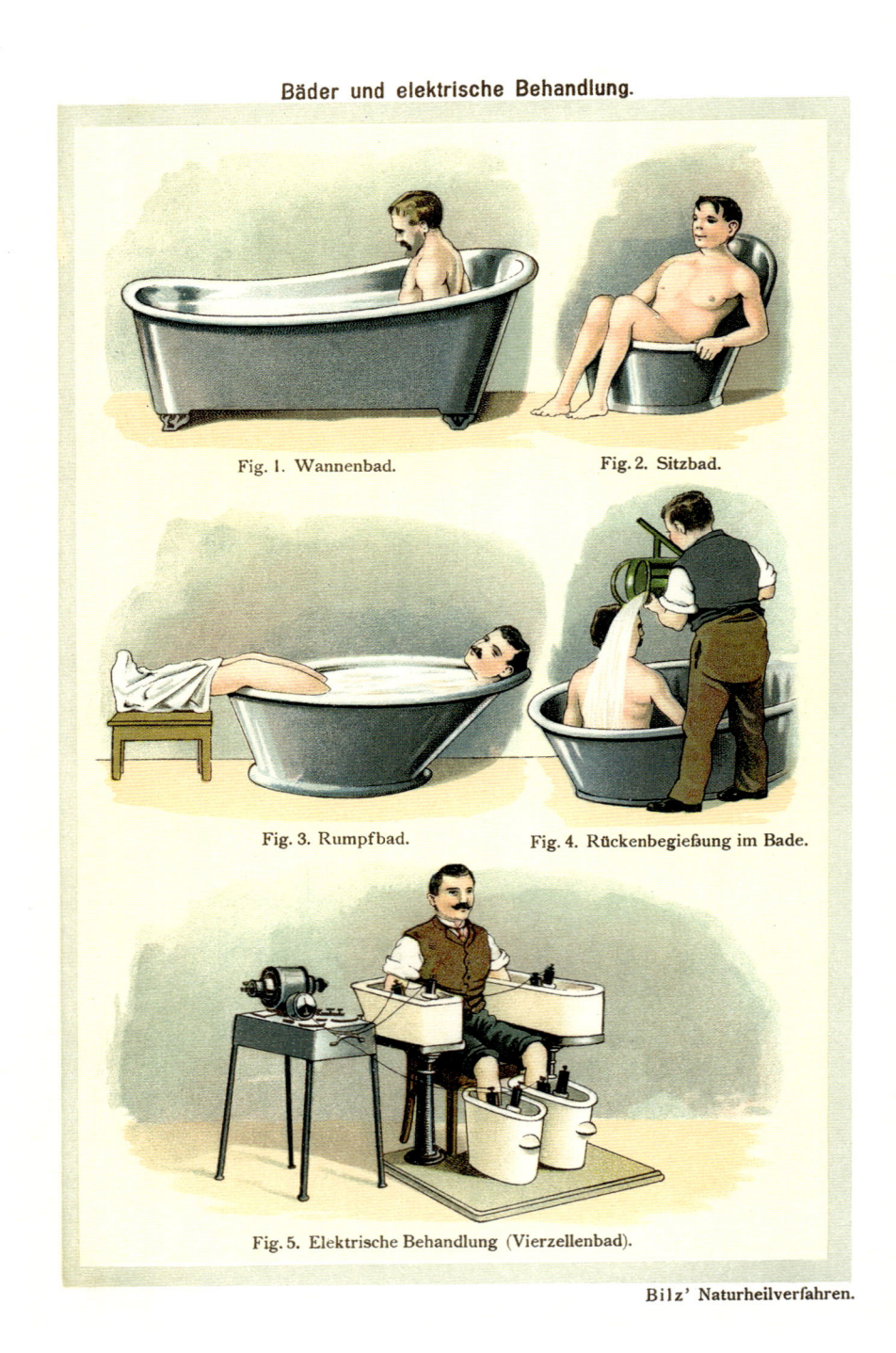

Bäder und elektrische Behandlung.

Fig. 1. Wannenbad.

Fig. 2. Sitzbad.

Fig. 3. Rumpfbad.

Fig. 4. Rückenbegießung im Bade.

Fig. 5. Elektrische Behandlung (Vierzellenbad).

Bilz' Naturheilverfahren.

Seite 110
Bäder und Elektrische Behandlung, in: Friedrich Eduard Bilz: *Das neue Naturheilverfahren*, 1910

Vierzellenbad, in: Friedrich Eduard Bilz: *Das neue Naturheilverfahren*, 1910

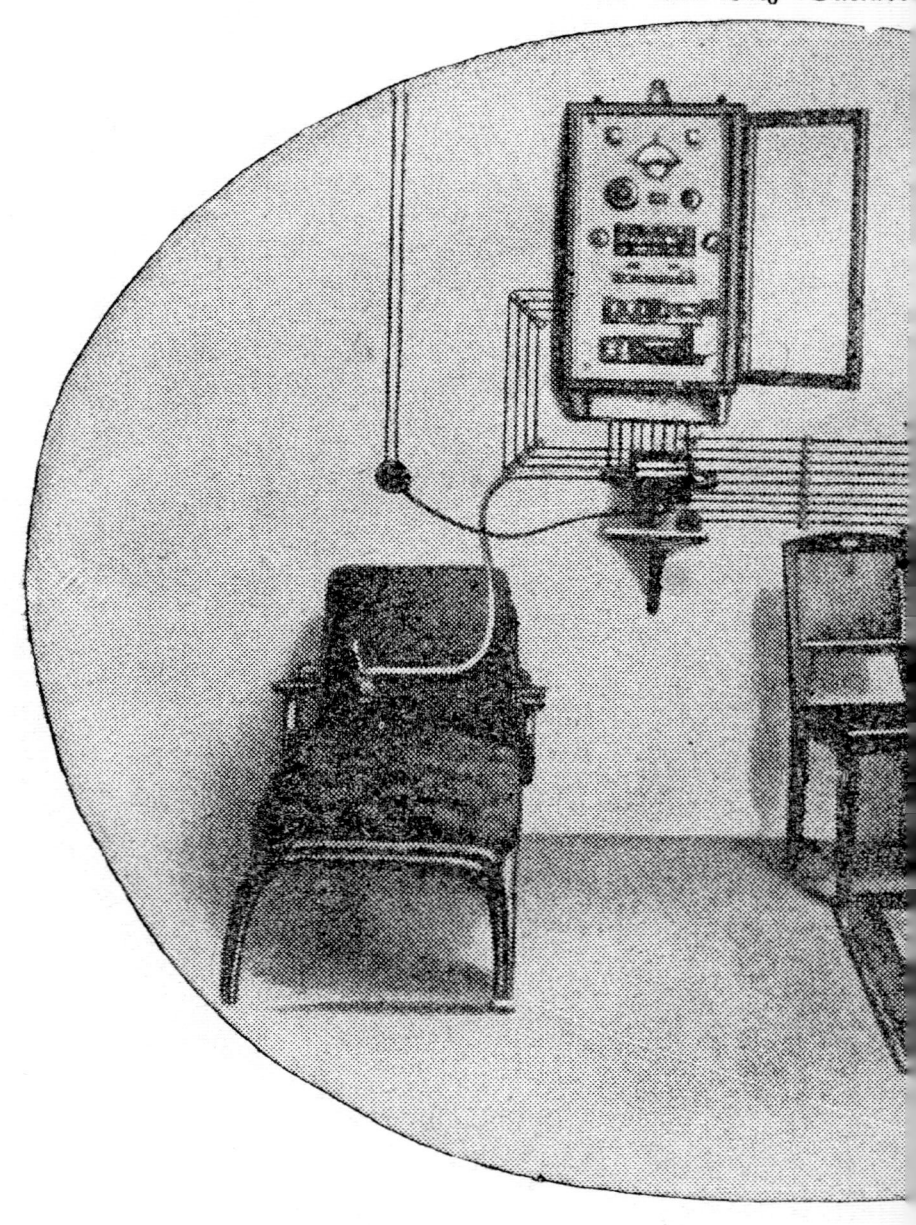

Elektrisches Wa...
Aus Bilz' Sanato...

Elektrisches Wasserbad, in: Friedrich Eduard Bilz: *Das neue Naturheilverfahren*, 1910

Elektrisches Lichtbad für Intensivbestrahlung.

Elektrisches Lichtbad für Intensivbestrahlung, in: Friedrich Eduard Bilz: *Das neue Naturheilverfahren*, 1910

Seite 115
Elektrische Lichtbäder, in: Friedrich Eduard Bilz: *Das neue Naturheilverfahren*, 1910

Elektrische Lichtbäder.

Franklinsche Kataphorese.

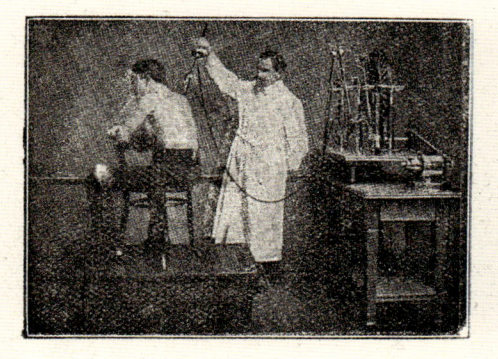

Büschel-Entladungen.

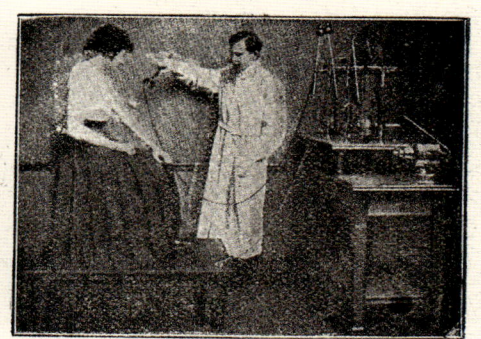

Franklinsche Kopfdusche.

Ozon-Erzeugung.

Funken-Entladungen.

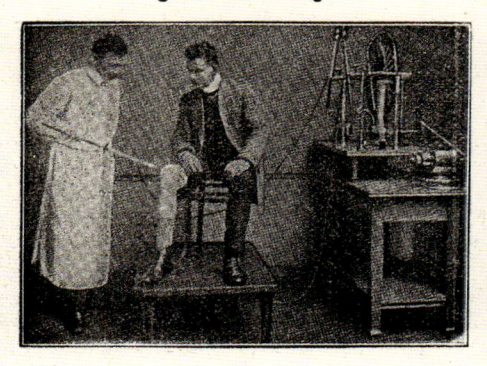

Mortonsche Ströme.

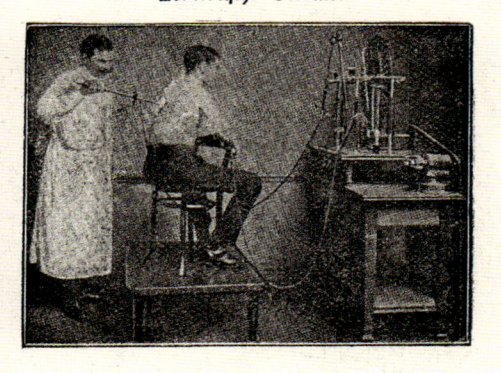

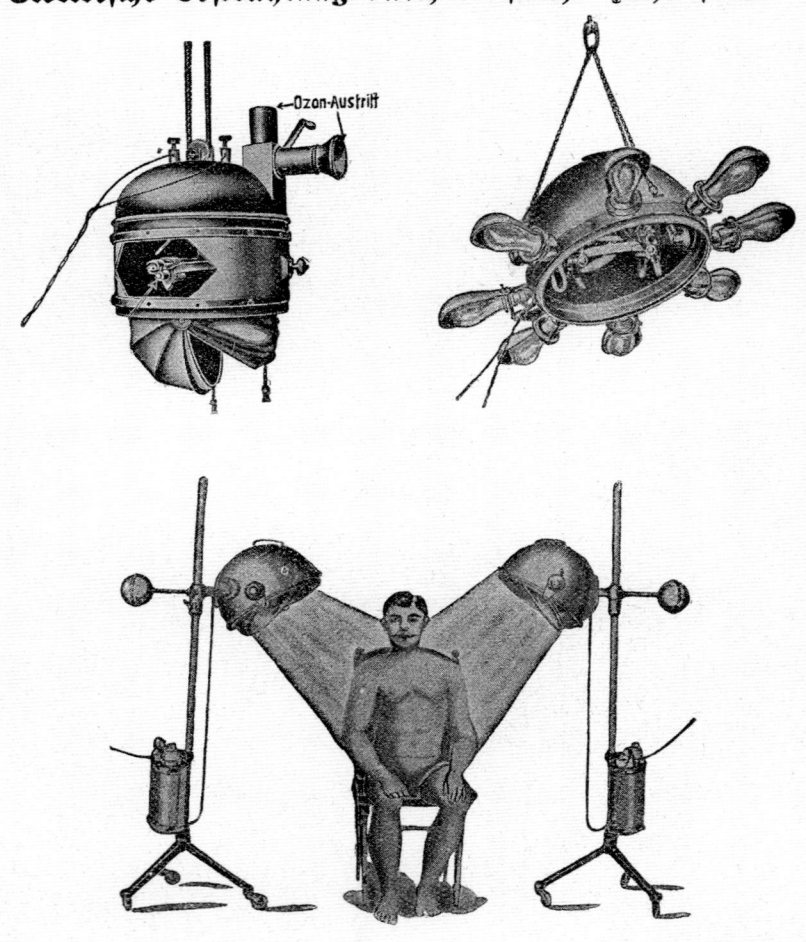

Elektrische Bestrahlung durch künstliche Höhensonne, in: Friedrich Eduard Bilz: *Das neue Naturheilverfahren*, 1910

Franz Stoedtner
(1870–1946)

Lichtapparat, Elektromedizinische Apparate, 1900/1940, SLUB Dresden/ Deutsche Fotothek

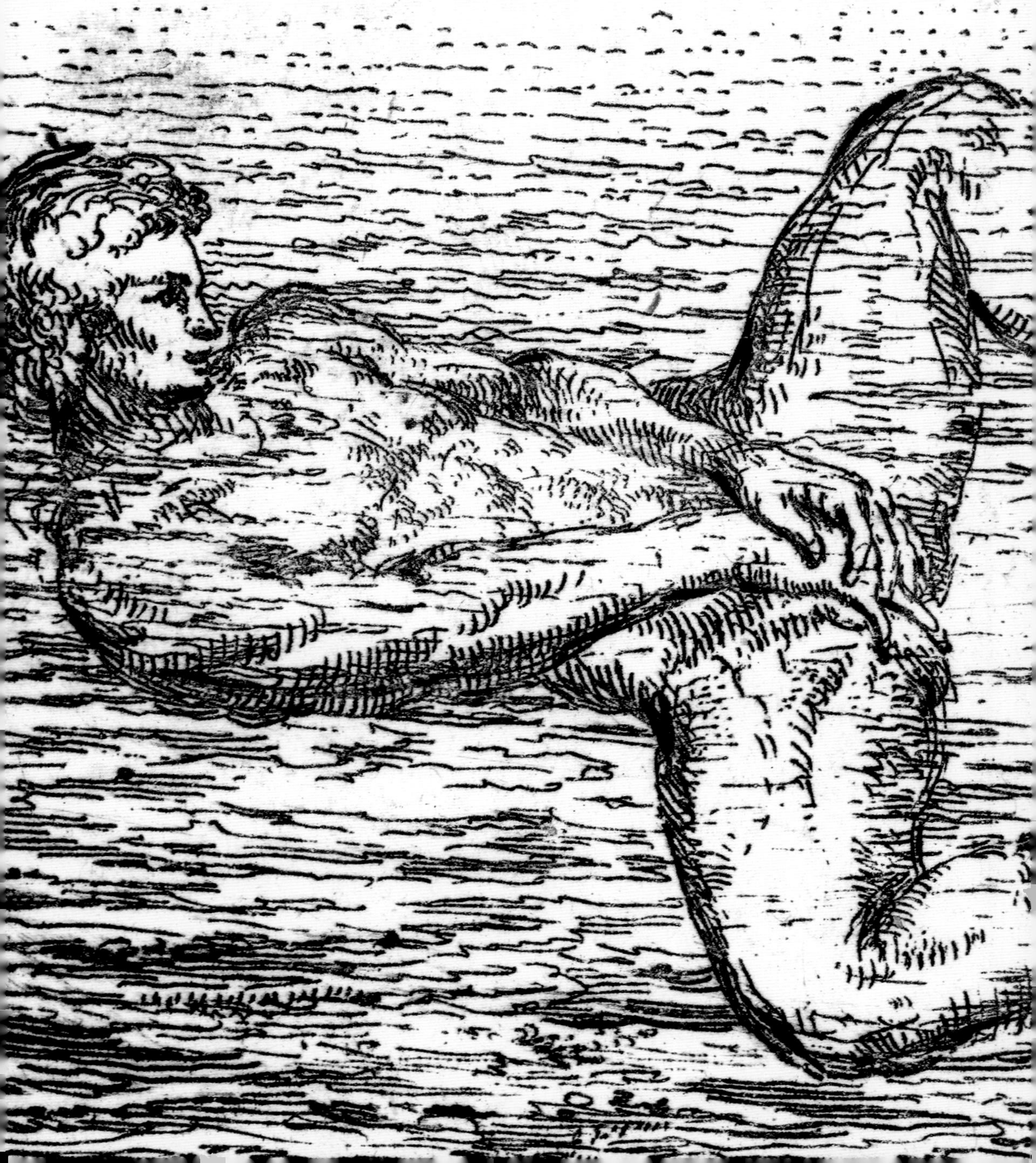

Apparat trifft auf Leib: Prostitution und Pornografie im 19. Jahrhundert
Mirjam Elburn

Sex war im 19. Jahrhundert der Akt zur Familiengründung. Lust und Fantasie lebt der verklemmte Bürger in der Heimlichkeit aus, durch Prostitution und Fotografie. Ein kleiner Apparat verändert unser Verständnis von Körper und Sexualität.

»Es gab das ›zarteste Fleisch‹ bei ihr
Und immer ›junges Gemüse‹.«[1]

So kündet eine Zeile aus *Frau Hartert,* einem Dirnenlied, geschrieben von Hans Hyan (1868–1944). Was populäre Dirnenlieder derb verbreiten, beschreibt einen Wandel in der Betrachtung des (weiblichen) Körpers, bedingt durch den strukturellen Wandel zur bürgerlichen Gesellschaft[2] und den technischen Fortschritt im Zeitalter der Industrialisierung.

Der folgende Text beschränkt sich auf den Blickwandel in Bezug auf den weiblichen Körper in Malerei und Fotografie. Nichtsdestotrotz tauchen Ende des 19. Jahrhunderts und verstärkt zu Beginn des 20. Jahrhunderts Darstellungen nackter Jünglinge – ohne allegorischen oder mythologischen Kontext – in der Malerei und dann auch im neuen Medium Fotografie auf. Neben den Gemälden des britischen Malers Henry Scott Tuke (1858–1928), die nackte Jungen beim Fischen oder am Strand zeigen (→ Abb. 1) und verstärkt homosexuelle Männer ansprachen, entstanden im skandinavischen Raum zahlreiche Strandszenen mit Gruppen mehr oder minder bekleideter männlicher Heranwachsender.[3] Auch auf den Leinwänden von Ludwig von Hofmann (1861–1945) (→ Abb. 2), Sascha Schneider (1870–1927) oder Christian Landenberg (1862–1927) tummeln sich schwimmende, sich sonnende, zwischen den Klippen kletternde oder Boot fahrende Nackte. Die Genitalien der männlichen Modelle werden fast nie gezeigt, kaum berühren sich die Akteure, Sexualität ist, wenn überhaupt, nur angedeutet oder durch phallische Attribute in der Landschaft verbildlicht.

Dass Technik und Sexualität in »ein enges Wechselverhältnis getreten«[4] sind – wie Blum und Wieland[5] dem 20. Jahrhundert attestieren – hat seinen Ursprung in den technischen Erfindungen und deren rasanter Verbreitung im 19. Jahrhundert. Um 1900 wird Sexualität daher auch für ökonomische Zwecke u. a. in der Werbung zur Vermarktung der neuen

Seite 118
Charles Moette
(Lebensdaten unbekannt)
Tafel 6, IV, in: Melchisédec Thevenot: *L'art de nager démontré par figures,* (EA 1696), 1782, Sammlung Dieter Ante

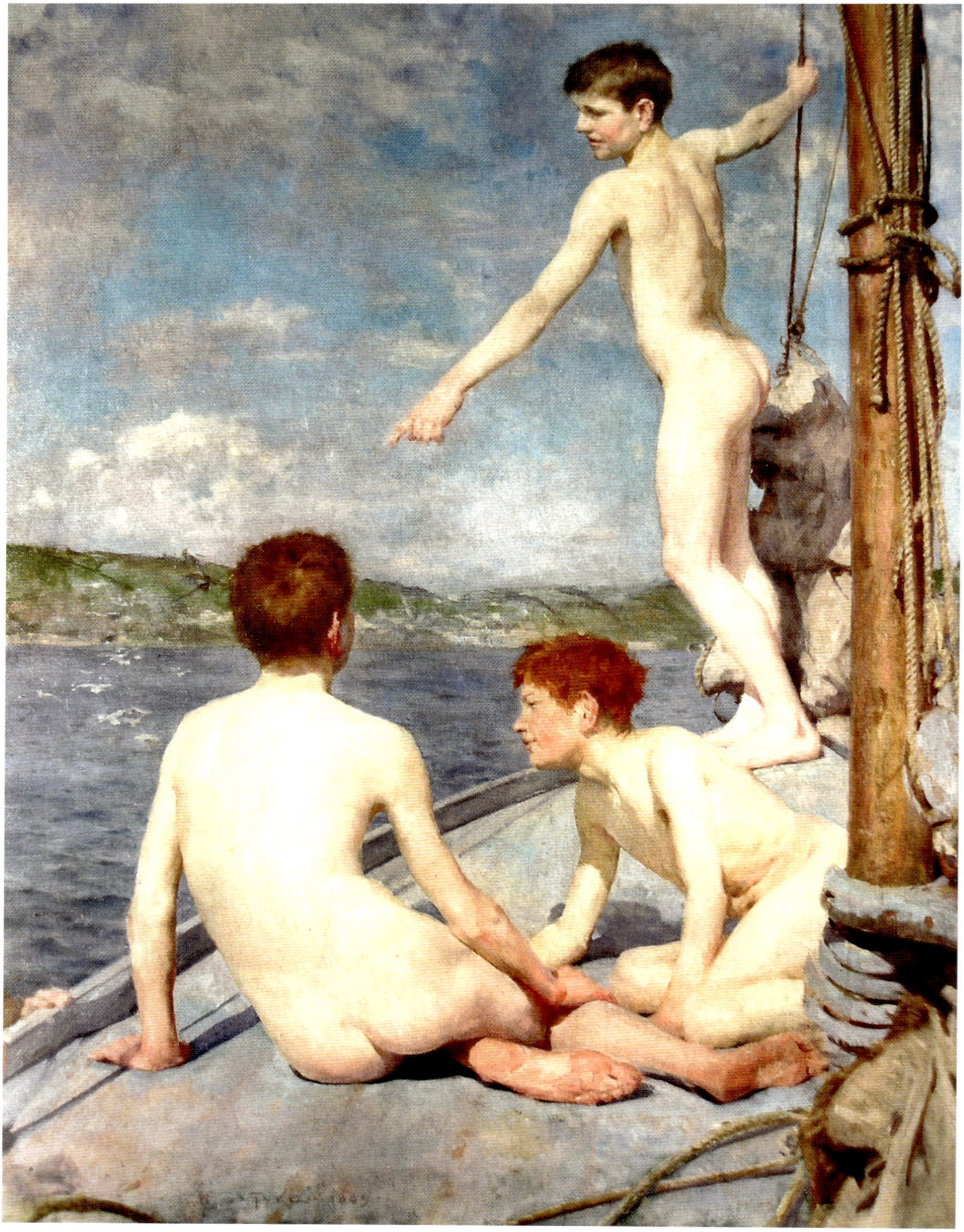

Abb. 1/Seite 120
Henry Scott Tuke
(1858–1928)

Die Badenden, 1889, Öl auf Leinwand, 116,8 × 86,3 cm, Leeds Art Gallery

Abb. 2
Ludwig von Hofmann
(1861–1945)

Brandung, 1910, Öl auf Leinwand, 53 × 65 cm, Alfons Niedhart, Zürich

technischen Errungenschaften funktionalisiert. So wird die Attraktivität des Automobils der Firma Dürkopp durch eine – wenn auch als Holzschnitt ausgeführte – Nackte unterstrichen (→ Abb. 3).[6]

Neben der neuen Technik der Fotografie – der sicher eine zentrale Rolle in Bezug auf die Wahrnehmung des Körpers zukommt – verändern u. a. auch die Entdeckung der Röntgenstrahlen (1895), die Erfindung des elektrischen Vibrators (1883)[7] (→ Abb. 4), des Büstenhalters (1860) oder des nahtlosen Gummikondoms (1850) die Wahrnehmung des menschlichen Körpers und damit der Sexualität. Damit verbunden war eine gewandelte (sexuelle) Ästhetik und ein Körper, der schließlich auch der (technischen) Gestaltung unterlag. Der Formung des weiblichen Körpers durch Korsette folgten erste Fitnessgeräte, Fastenkuren, öffentlich verhandelte Schönheitsideale – so z. B. in der Schönheitengalerie König Ludwigs I.[8] – und schließlich Schönheitsoperationen[9].

»Technik [...] öffnet mittelbar und unmittelbar den Blick ins Innere, sie produziert Körper, beschreibt, interpretiert und normiert [...], verändert und modifiziert den Körper«[10] und verändert damit auch die gelebte Sexualität.[11] Denn menschliche »Sexualität ist immer kulturell überformt [...], unser sexuelles Begehren [...] wird geprägt von der Gesellschaft«[12].

Abb. 3
Werbeanzeige der DÜRKOPP & Co. A. G. BIELEFELD, D. R. Patent No. 139419

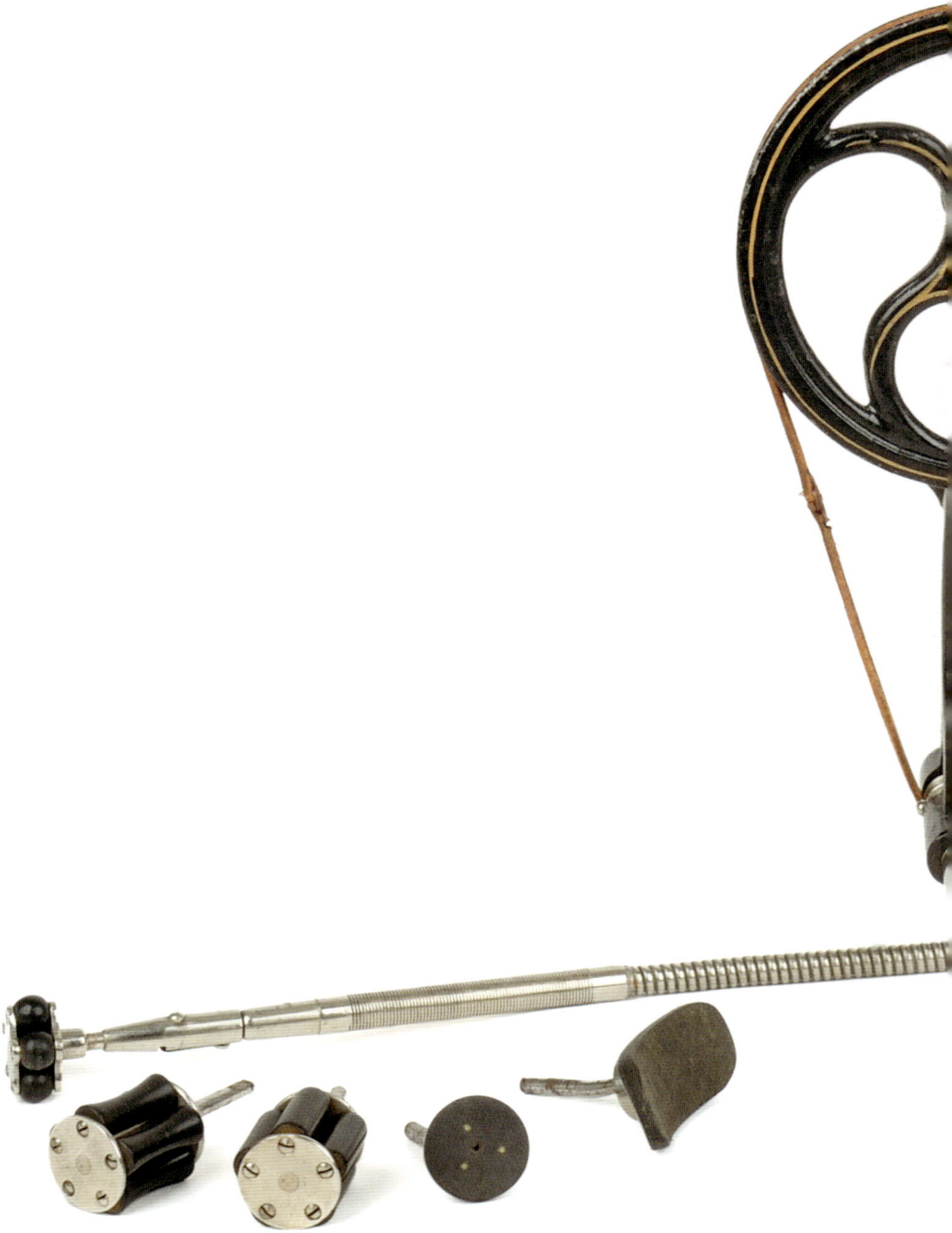

Abb. 4
Heinrich Buchheim
(Lebensdaten unbekannt)

Massagegerät Concussor,
1906–1945, Deutsches
Medizinhistorisches
Museum, Ingolstadt

Die Erfindung der Fotografie wirkte sich folgenreich auf die bildende Kunst und ihre Motive aus – und damit auf die Einbildungskraft des Menschen. Natürlich sah man nacktes Fleisch lange schon in Malerei und Skulptur. Nackte Frauenkörper baden, verführen, tanzen oder agieren anderweitig auf den Leinwänden der Maler durch die Jahrhunderte – allerdings tauchen Nacktheit, Laszivität und Sexualität immer im allegorischen, mythischen oder biblischen Kontext auf. Göttliche (weibliche) Gestalten mussten quasi nackt sein. Motive wie die Darstellung der Geburt der Venus, der Verführung des Königs David durch die badende Bathseba, der Susanna im Bade (→ Abb. 5) oder der Chariten, der so genannten *Drei Grazien* erfreuten sich großer, lang andauernder Beliebtheit.

Bereits im 18. Jahrhundert wurden anzügliche Bilder produziert und rezipiert. Doch fand vor dem vermeintlich objektiven Medium Fotografie die Erotik mehr im Kopf statt. Geschriebenes, wortreich detailliert und handfest geschilderte Erotik wie bei Marquis de Sade (1740–1814) beflügelte die Fantasie. Gemaltes, Gezeichnetes oder Gedrucktes entbehrte aber der fotografischen Direktheit oder der von Oliver Wendell Holmes (1809–1894) attestierten erschreckenden Detailfülle.[13] Mit der Erfindung von Louis Daguerre (1787–1851) wurden die Darstellungen nackter Schönheiten immer variantenreicher, direkter und gewagter – aber auch flacher.

Abb. 5
Jacopo Tintoretto (1518/19–1594)

Susanna und die Alten, 1555/56, Öl auf Leinwand, 146 × 193,6 cm, Kunsthistorisches Museum, Wien

Abb. 6
Keisai Eisen
(1790–1848)
Shunga, um 1825

Hatte die Entdeckung japanischer Shungas[14] (→ Abb. 6) 1815 in London schockiert und zur Verbrennung der Bücher geführt,[15] fanden während der Pariser Weltausstellung 1855 zahlreiche erotische Fotografien als Souvenirs reißenden Absatz[16], die auch auf dem britischen Markt verbreitet und kopiert wurden.

Die bildliche sexuelle Darstellung ist in Europa eng mit dem »ältesten Gewerbe der Welt«, der Prostitution, verbunden. Da sowohl hinter der Pornografie als auch bei der Prostitution ökonomische Interessen liegen, lassen sich in diesem Diskursfeld oftmals die Begriffe nicht strikt voneinander trennen. Der Begriff Pornografie wurde erstmals innerhalb einer Debatte um Prostitution erwähnt.[17]

Das »älteste Gewerbe« unter neuen Gesichtspunkten

Durch alle Kulturen und Zeiten hatte man immer wieder versucht, die »käufliche Liebe« durch Verbote und Bestrafungen einzudämmen. Alle Bedenken um den Erhalt von Sitte und Moral und die daraus resultierenden Restriktionen führten jedoch einzig dazu, die Prostitution in die Heimlichkeit zu verdrängen.

Durch den mit der Industrialisierung einhergehenden strukturellen Wandel von der ständischen zur bürgerlichen Gesellschaft verschoben sich die Sphären. Der bürgerliche Moralkodex beschränkte die Bürgerin auf ihre Rolle als Ehefrau und Mutter: Sie sollte heiraten, Kinder gebären, diese aufziehen und innerhalb des Hauses tätig sein, dabei musste sie positiv auf das Verhalten ihres Ehegatten wirken. Die Ehefrau war weitestgehend *ent*-sexualisiert. Sie war verpflichtet, den Mann beim Erreichen des bürgerlichen Ideals des treuen, gewissenhaften und erfolgreichen Ehemanns zu unterstützen. Dies beinhaltete auch die Intimsphäre. So hatte die Frau durch ihre eigene Lustabsenz dafür Sorge zu tragen, dass des Gatten Begehren zielgerichtet auf den häuslichen Rahmen beschränkt blieb, idealiter auf die Zeugung ausgerichtet. Diese Einschränkungen, die bürgerlichen Frauen widerfuhren, hatten eine völlige Abhängigkeit vom Gatten zur Folge. Nach einer Scheidung hatte sie nicht nur soziale Isolation zu fürchten, sondern häufig auch Mittellosigkeit. Erst 1870 wurde ein Gesetz verabschiedet, das Frauen einen gewissen Teil am ehelichen Vermögen zusicherte.

Die wirtschaftliche Situation im Zuge der industriellen Lohnarbeit hatte großen Einfluss auf die Familiengründungen, insbesondere bei den schlecht bezahlten Arbeitern. Männer wollten vor einer Heirat erst eine finanzielle Sicherheit aufbauen. Frauen mussten sich in sexueller Geduld üben, da sie selbst den Zeitpunkt einer Eheschließung nicht treffen konnten. Sexuelle Kontakte bargen für sie Risiken einer ungewollten Schwangerschaft, die ihre Aussichten auf eine legitime Familiengründung quasi ausschlossen. Dabei erwies sich die Prostitution als ein möglicher Ausweg – für beide Seiten: Der ledige oder sexuell unausgelastete Mann konnte seine Fantasien in die Tat umsetzen. Für verheiratete Arbeiterfrauen und Dienstmädchen war der Gang auf die Straße der letzte Weg, für das wirtschaftliche Überleben der Familie oder für sich selbst zu sorgen. Mit der Industrialisierung stieg die Zahl der Prostituierten an. Frauen griffen auf das Letztverfügbare zurück: den eigenen Körper. Veränderte Lebens- und Arbeitsbedingungen hatten viele Frauen in eine prekäre Situation gebracht. Die zunehmende Erwerbstätigkeit von Frauen war Resultat einer wirtschaftlichen Notlage. Sollte diese Tätigkeit ursprünglich nur bis zur Heirat andauern, wurde sie oftmals nicht endende Lebensrealität. Unter diesen Bedingungen entstand die bis dato nicht gekannte Gruppe der Gelegenheitsprostituierten.[18]

Aber die »Lust in Kleingeld zu verwandeln wird doch niemals leicht«, wusste schon Nan(n)a in Bertolt Brechts Dirnenlied.[19] Mangelnde ärztliche Versorgung war aufgrund der heimlichen Ausübung des Gewerbes an der Tagesordnung. Die Verbreitung von Geschlechtskrankheiten beim Militär hatte zur Folge, dass in England der *Contagious Diseases Act* (1864) Polizeibeamten gestattete, Frauen, die unter dem Verdacht der Prostitution standen, festzunehmen und einer gynäkologischen Untersuchung zuzuführen. Die Reglementierung, die zur Eindämmung der

Verbreitung von Geschlechtskrankheiten entstanden war, erschwerte es den Frauen ihrem Gewerbe nachzugehen.

Im Falle von Édouard Manets *Olympia* (→ Abb. 7) diente das neue Medium der Fotografie als Kronzeuge der Anklage – so identifizierte und kategorisierte im Zuge anthropologischer Forschungen Cesare Lombroso (1835–1909)[20] hier den Verbrecherstatus der Prostituierten anhand der hässlichen Körperoberfläche.[21] Im zeitgenössischen Diskurs waren sowohl das gelbliche oder kranke Inkarnat als auch die Formlosigkeit des Fleisches Indiz für den »Konnex von Prostitution und Krankheit«[22]. An der *Olympia* entzündete sich ein Diskurs über Weiblichkeit und deren Repräsentation, denn sie bedeutete einen Bruch mit den Konventionen idealer Weiblichkeit – moralisch und körperlich.[23]

Auch im Deutschen Reich verfügte das Reichsstrafgesetzbuch 1871 die Einschreibung von Prostituierten.[24] Zwangsuntersuchungen waren an der Tagesordnung, auch für Frauen, die nicht dem Gewerbe nachgingen, aber auf der Straße einen verdächtigen Anschein erweckten. Feministinnen engagierten sich für gesellschaftliche Hygiene und Eugenik, propagierten das Enthaltsamkeitsideal und versuchten, eine rigide Sexualmoral umzusetzen.[25]

1885 wurden in England die Erlasse nach vehementen Protesten aus der weiblichen Bevölkerung aufgehoben. Denn die Erlasse kriminalisierten nicht nur die Frauen, sondern auch deren Kunden. Der Gang zur

Abb. 7
**Édouard Manet
(1832–1883)**

Olympia, 1863, Öl auf Leinwand, 130,5 × 190 cm, Musée d'Orsay, Paris

Prostituierten, so die zeitgenössische Vorstellung, war für die ledigen Männer eine gängige Lösung. Das Verhalten der Männer galt daher als tolerabel und unterstrich deren Männlichkeit. Mit den Protesten der Suffragetten kamen erstmals auch die Lebensbedingungen der Frauen und die sexuelle Doppelmoral an die Öffentlichkeit und wurden diskutiert. Die bürgerliche Gesellschaft hatte sich bemüht, der Verelendung von Frauen und dem sittlichen Verfall einen strikten Moralkodex und Leibfeindschaft entgegenzusetzen. Diese rigiden Moralvorstellungen waren »Angstreaktionen des Mittelstandes«[26]. Sie dienten der Abgrenzung gegen das Proletariat.[27] Aber auffällig ist eine zunehmende Verbreitung der Prostitution in der Zeit der viktorianischen Strenge, einer Zeit, die sich jegliche Wollust verbot und Selbstbeherrschung predigte.[28] Wirft man einen Blick in die zeitgenössische Literatur, könnte man meinen, das 19. Jahrhundert wäre besessen von der Prostitution im Wechselbad von verstohlener Bewunderung und öffentlicher Diffamierung. Bereits 1750 war der Roman *Fanny Hill. Memoiren eines Freudenmädchens* von John Cleland (1709–1789) erschienen. Cleland schildert erstmalig das Bild der glücklichen Hure. Darauf folgen im 19. Jahrhundert unzählige Prostituierte als zentrale Romanfiguren. Die Hure wurde sowohl romantisch besetzt, war Symbol für Schmerz und Lust.[29] So entstand der literarische Topos der Prostituierten als *venus vulgivaga* – eine Erhöhung der dienstbaren Frauen als umherschweifende Venus, als Freudenmädchen.[30] Im Wien des beginnenden 20. Jahrhunderts fand Fanny Hill ihre Fortsetzung in dem anonym publizierten Roman *Josefine Mutzenbacher oder Die Geschichte einer Wienerischen Dirne von ihr selbst erzählt* (1906). Der Roman galt als Meisterstück erotischer Literatur. Die Protagonistin schildert ihre sexuellen Kindheitserlebnisse und schließlich ihr Dasein als Prostituierte – die Freiwilligkeit der variantenreich geschilderten Handlungen wird mehrfach betont.

Pornografie – Bilder von Prostituierten?

Der Begriff Pornografie ist aus den zwei griechischen Worten »porneia« (= Hure, Unzucht, Hurerei) und »grapho-« (= beschreiben) zusammengesetzt und nimmt damit etymologischen Bezug auf die Prostitution selbst. Erstmals taucht der Begriff der Pornografie in einer gelehrten Abhandlung über Prostitution auf.[31] Verbreitung findet er dann mit der Entdeckung der Fresken von Pompeji. Diese Darstellungen wurden in der Populärwissenschaft um 1800 als *pornografisch* bezeichnet[32] und waren in einem neapolitanischen Geheimkabinett nur auserwählten Betrachtern zugänglich.[33]

Nicolas Restif de la Bretonne (1734–1806) wird im Allgemeinen mit gleich zwei Publikationen, seinem Roman *L'Anti-Justine ou Les Delices de*

L'Amour aus dem Jahr 1798 und der Schrift *Le pornographe,* einer Abhandlung über die Prostitution, als Erfinder der literarischen Pornografie bezeichnet.[34]

Die Definition der Pornografie ist jedoch nicht statisch. Sie entwickelte sich weiter mit den Veränderungen gesellschaftlicher Konventionen, der Aufweichung moralischer Grenzen, den (technischen) Neuerungen und den Möglichkeiten bildlicher Darstellungen. »Pornografie entsteht zusammen mit der Vorstellung, es sei verboten, den Sex darzustellen. Diese Vorstellung bringt es jedoch auch mit sich, dass man jede Darstellung von Sex für verbotene Pornografie hält«[35], so die Sprach- und Literaturwissenschaftlerin Marion Herz. Entdeckungen und Erfindungen des 19. Jahrhunderts haben zur Entstehung der Pornografie geführt. Sie taucht im Spiegel des neuen Fachbereichs der Hygiene im Kontext biomedizinischer Untersuchungen zur Prostitution auf.[36] Die Ausstellung eines antiken Geheimnisses[37], den wiederentdeckten Fresken mit erotischen Darstellungen sowie die neuen technischen Möglichkeiten der objektiven Darstellung durch das Medium Fotografie verstärkten den Diskurs.

Inwiefern die Fotografie, der technische Apparat, den Blick auf den Leib, das biologische und das soziale Geschlecht verändert hat, zeigt sich bei genauerer Betrachtung erotischer Daguerreotypien und Fotografien. Nackte menschliche Körper gab es schon mit den ersten gestalterischen Zeugnissen der Menschheit. Mit der Darstellung von Adam und Eva fand die Nacktheit sogar Einzug in den sakralen Raum. Akte, in Pose gebrachte menschliche, unbekleidete Körper, dienten den Malern und Bildhauern als Möglichkeit, anatomische Studien anzufertigen. In der Malerei traten vorwiegend nackte weibliche Körper auf. Ihre Blöße ergab sich immer folgerichtig aus dem narrativen Kontext – so will uns die Ikonografie dies jedenfalls begründen. Es ging also vornehmlich nicht um die anregende oder gar sexuell erregende Qualität der Bilder. Die Darstellung nackter Körper galt als schlüssiges Resultat der fraglichen Szene, wie zahlreiche Beispiele der biblischen Geschichte um die Susanna beim Bade (→ Abb. 5) belegen. Dabei wird der Betrachter Zeuge einer eigentlich intimen Situation und damit zum Voyeur.

Die narrative Rechtfertigung ist auch 1894 Grundlage des ersten Striptease der Geschichte in Paris – vor 125 Jahren. Denn Yvette, so der Name der Bühnenfigur, pantomimisch dargestellt von Blanche Cavelli (1875–1954), konnte ja unmöglich in Straßenkleidern zu Bett gehen. Sie entkleidet sich daher Stück für Stück, um schließlich auf der Bühne unter der Decke des Bettes zu verschwinden: *Le Coucher d'Yvette.*[38]

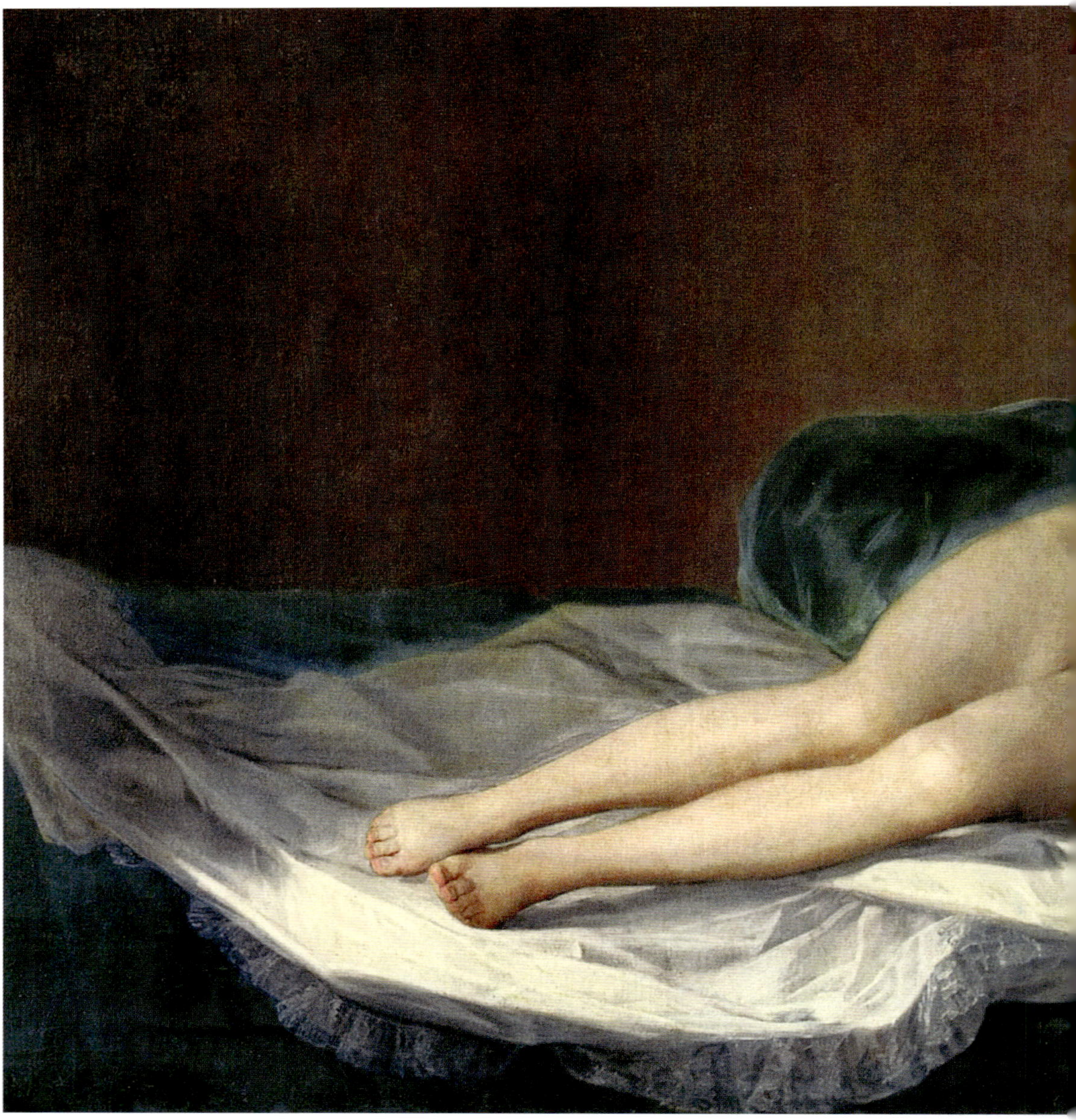

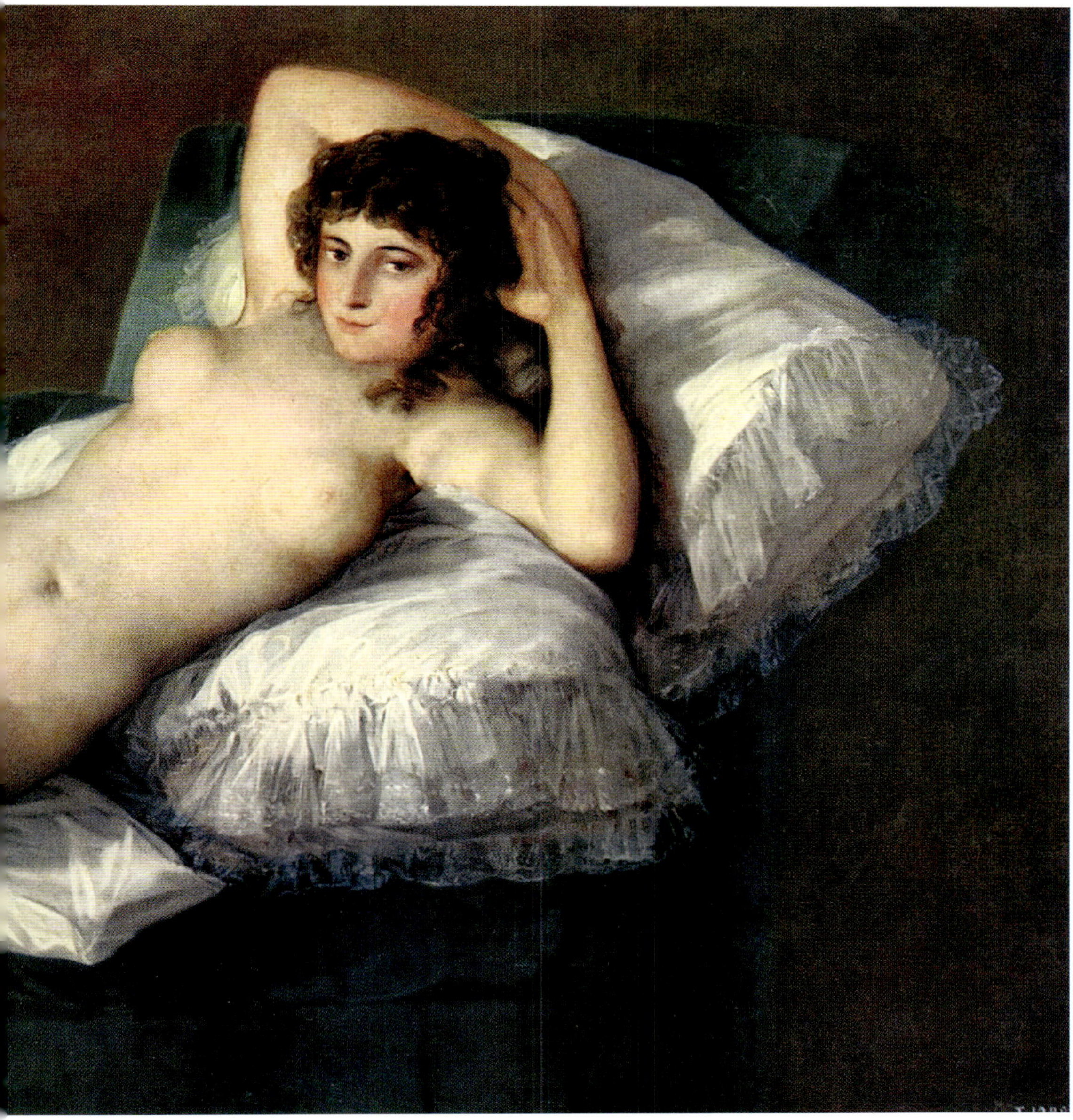

Abb. 8/Seite 130/131
Francisco de Goya
(1746–1828)

Die nackte Maya, 1795–1800, Öl auf Leinwand, 97 × 190 cm, Museo del Prado, Madrid

Bei Francisco de Goyas (1746–1828) 1789 entstandenem Gemälde *Die nackte Maya* (→ Abb. 8) liegt die Protagonistin in einer lasziven Pose auf dem Diwan, schaut den Betrachter bar jeder Scham an, ist sich ihrer Reize bewusst. Mit der *nackten Schönen,* wird das erste Mal eine wirkliche, namentlich bekannte Frau entkleidet gezeigt. Sie ist keine Allegorie, keine Venus, Hera, Aphrodite – und schon folgt die Anklage. Der nackte weibliche Körper hat damit seine Unschuld endgültig verloren. Das *obszöne* Bild führte zur Entlassung Goyas als spanischer Hofmaler.

Mit den bürgerlich rigiden Moralvorstellungen entwickelten sich im 19. Jahrhundert vermehrt neue Formen der Darstellung von (nackten) Frauen. Der bürgerlichen Moral wurde eine antibürgerliche Ästhetik

Abb. 9
Jean-Léon Gérôme
(1824–1904)

Das Bad, 1880–1885, Öl auf Leinwand, California Palace of the Legion of Honor, San Francisco

Abb. 10

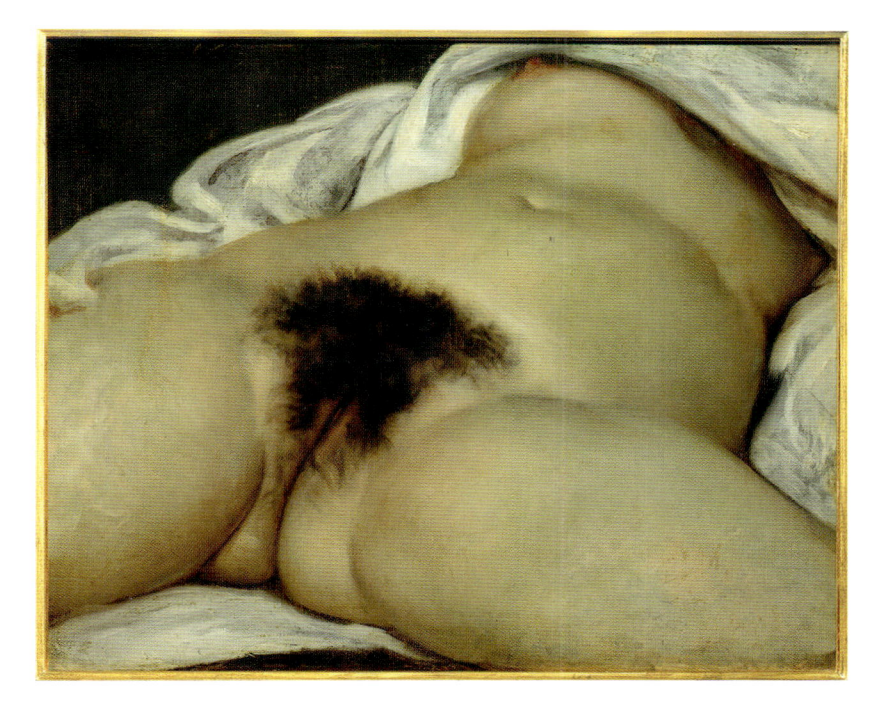

Gustave Courbet
(1819–1877)

L'origine du monde, 1866,
Öl auf Leinwand, 46 × 55 cm,
Musée d'Orsay, Paris

gegenübergestellt, »die zur Umgestaltung des Weiblichkeitsbildes in der Kunst und zum Trend der Darstellung der Frau als Dirne, Femme fatale, Vampirin und Vamp führen.«[39] Mit dem um sich greifenden Orientalismus und Exotismus lassen leichtbekleidete Haremsdamen – badend, tanzend oder im Boudoir eine wahre Flut an Bildern entstehen (→ Abb. 9). Die massenhafte Darstellung verstärkte sich schließlich unter dem Einfluss des neuen Mediums der Daguerreotypie. So wäre Gustave Courbets (1819–1877) *L'origine du monde* (→ Abb. 10), unter den Zeitgenossen heiß diskutiert, nicht denkbar ohne die erotischen Bilder der neuen technischen Errungenschaft. Die »Aktdarstellung war selbstverständlicher Bestandteil der Kunst«[40], aber die Fototechnik veränderte den Blick des Malers auf den nackten Körper. Gleichzeitig machten sich Daguerreotypisten und später die Fotografen die Tradition der Aktdarstellungen zu eigen. Man komponierte vor der Kamera tradierte, aus der Malerei hinlänglich bekannte Sujets: eine Frau im Boudoir, eine Badende oder Ähnliches. Man stellte malerische oder skulpturale Vorbilder nach. Die Zitate aus der Malerei sind in der Fotografie zahlreich auszumachen (→ Abb. 11). Damit lieferten sie pro forma die Rechtfertigung für Nacktheit. Kombiniert wurden die Zitate oftmals mit aktuellen Sujets.[41] Man versuchte sich an immer neuen Darstellungsformen, die heute mitunter nur zum Schmunzeln, denn zur Erregung führen (→ Abb. 12). Aber damit

Abb. 11
Unbekannter Künstler
Ohne Titel, Daguerreotypie, um 1890, Privatsammlung

wird deutlich, dass ein Bedürfnis beziehungsweise ein Markt für immer neue und genau solche Bilder vorhanden war.

Bereits vor der Erfindung der Daguerreotypie bot die Lithografie die Möglichkeit, Bilder in größerer Menge zu vervielfältigen. Lithografien mit erotischem Inhalt wurden zahlreich vertrieben. Viele der Daguerreotypisten waren zuvor als Künstler tätig. Sie hatten bereits mit erotischen Lithografien ihr Geld verdient und nun ihre Kunst mit dem technischen Fortschritt weiterentwickelt. Den technischen Neuerungen gegenüber offen, entdeckten sie die Möglichkeit, mit den erotischen Lichtbildern schnelleres Geld zu verdienen. Sie eröffneten Ateliers, in denen sie die neuen fototechnischen Gerätschaften anpriesen, in denen gleichzeitig aber auch die erotischen Bilder reißenden Absatz fanden. »F. Jacques Moulin war einer der ersten Daguerreotypisten, der sich auf erotische

Abb. 12
Unbekannter Künstler

Ohne Titel, Daguerreotypie, um 1890, Privatsammlung

Bilder aller Art spezialisierte und dies vor niemandem verheimlichte«[42], sondern ganz im Gegenteil in der Fotografiezeitschrift *La Lumière* annoncierte. *La Beauté* schließlich war das erste Magazin, das erotische Fotografien publizierte. Die ersten Bilder wurden öffentlich angeboten und kamen unter dem Deckmantel der Wissenschaftlichkeit daher.[43] Förderlich für den Vertrieb war sicherlich die »rein männliche Atmosphäre«[44] der Ateliers. Ihren Ursprung nahmen die als Postkarte verkauften erotischen Bilder in Paris.[45] Dass solche Postkarten nicht versandt werden konnten, verstand sich von selbst. Trotzdem fanden sie ihren Weg auf andere europäische und sogar amerikanische Märkte. »Einige dieser Bilder deuten an, andere zeigen alles, manche sind physisch abstoßend, manche strahlen eine fast übersinnliche Schönheit aus«[46], schreibt Grant B. Romer aus heutiger Perspektive. Aber wie wurden die erotischen Bilder während der Zeit ihrer Entstehung eingeschätzt?

Pornografie entsteht – so Marion Herz – erst mit der Erfindung der Fotografie.[47] Die (visuelle) Pornografie gibt es erst mit diesem vermeintlich objektiven Medium, das es ermöglicht, alles zu zeigen. »Das neue Medium Fotografie scheint geeignet zu sein, alle Schamschranken zu überwinden.«[48] Anders als bei den Bildern des indischen Lehrwerks über Erotik – dem *Kamasutra*[49], den raffinierten erotischen höfischen Darstellungen des 17. und 18. Jahrhunderts oder den zahlreichen humorigen Radierungen aus der Feder englischer Künstler, die alle von großer Offenheit und Direktheit sind, generiert die Fotografie eine neue Annäherung und Verwertung des Bildes und damit auch dem Subjekt vor der Kamera.

Abb. 13
Unbekannter Künstler

Ohne Titel, Daguerreotypie, um 1890, Privatsammlung

Die eine oder andere Fotografie wirkt aus heutiger historischer Distanz fast hilflos. Das Entblößen und die Zurschaustellung der Genitalien, resultierend aus einem Kopfstand auf einem mit Spitzentuch bedeckten Sessel (→ Abb. 13), scheint aus heutiger Sicht wohl eher harmlos. Das Bild stammt aus einer Serie von Einzelbildern mit »extremer sexueller Aggressivität«[50], denn die Vulva und der Anus der Kopfstehenden präsentieren sich im Bildzentrum in aller fotografischer Genauigkeit in einer Zeit, in der die entblößte Wade einer bürgerlichen Frau bereits zu Entsetzensäußerungen führte. Und noch hatte die Sexualaufklärung nicht zur tatsächlichen biologischen Kenntnis der weiblichen Geschlechtsorgane bei Mann oder Frau geführt – davon zeugt die fehlgeleitete Hysterie-Debatte.

Ganz anders erscheint der fotografische Blick auf ein Paar (→ Abb. 14). Hier wird der Betrachter zum Voyeur – ähnlich dem im 19. Jahrhundert gängigen, erotisch aufgeladenen Sujet »What the Butler saw«, dem guten und stillen Diener im bürgerlichen Hause, der alles Intime auch durchs Schlüsselloch miterlebte. Bei der Daguerreotypie bemühte sich Pierre-Ambroise Richebourg (1810–1875), Schüler von Daguerre, um die Einhaltung von Ästhetik und Animation der Szenerie.

»Per Fotografie wird [im 19. Jahrhundert] eine Schlüsselloch-Perspektive etabliert, die ein allgemein gefordertes Schamgefühl voraussetzt, dessen Verletzung und Übertretung als unanständiges Vergnügen zum Geschäft gemacht wird.«[51]

Seit den ersten erotischen fotografischen Bildern, die einem exklusiven, weil solventen Publikum vorbehalten waren, fand in großen Schritten eine Veränderung in Kultur und Gesellschaft statt. Die massenhafte Verbreitung und stetige Variation der Themen der Bilder nahm parallel mit den technischen Möglichkeiten zu. Waren die Daguerreotypien noch Unikate und ihre Herstellung teuer, so grenzte dies die Käuferschicht auf ein zahlungsfähiges Publikum der bürgerlichen Oberschicht ein. Erst mit der Weiterentwicklung der Fotografie war die Vervielfältigung zunehmend leichter. Auch durch die kostengünstigere Herstellung konnten nun neue Käuferschichten erschlossen werden. Unter der Vermassung litt jedoch gleichzeitig auch die darstellerische Qualität der Bilder. Die ästhetischen und bildnerischen Gesichtspunkte der malerischen Vorlagen fielen weg. Anleihen an populäre Gemälde oder Skulpturen oder geschickt inszenierte Badeszenen wichen dem Offerieren der Geschlechtsteile und Darstellung des Geschlechtsaktes. »Jeder Fortschritt in der Phototechnologie und jede neue moralische Einengung trug dazu bei, dass diese

Abb. 14
Unbekannter Künstler
Ohne Titel, Daguerreotypie, um 1890, Privatsammlung

Produkte banaler, gewöhnlicher, kitschiger und hässlicher wurden«[52], schreibt Grant B. Romer. »Seit dem 19. Jahrhundert wird die[se] Verkettung von unabsehbaren Profiten [...] dank der Vermittlung von Medizin, Psychiatrie, Prostitution und Pornographie«[53] gesichert, so Michel Foucault.

Die meisten der erotischen Daguerreotypien sind Stereoskopien, d. h. sie setzen einen Betrachtungsapparat voraus und haben die intime Betrachtung zur Folge. Der Apparat verhindert das gemeinsame Betrachten, wie dies etwa sonst bei Fotografien möglich ist. Stereoskopien entfalten vor den Augen des Betrachters eine räumliche Wirkung – weit über die der Malerei hinausreichend – und suggerieren eine uneingeschränkte Verfügbarkeit des plastisch wirkenden Körpers. »Frauen aller Schichten«[54] wurden gezeigt und damit alle nur denkbaren männlichen

Fantasien befriedigt. Der intime Blick richtete sich auf ganz unterschiedliche Frauentypen, die in allen erdenklichen Posen, mit und ohne Dessous oder Kleidung gezeigt wurden. Die »Exklusivität«, die durch den Betrachtungsapparat der Stereoskopie und durch den Unikatstatus der Daguerreotypie entstand, »ist ein Teil ihrer erotischen Ausstrahlung«.[55]

»Die private Erfahrung, das Alleinsein des Betrachters mit dem Gegenstand der Betrachtung, die visuelle Illusion und der psychologische Eindruck von Aktualität verstärken den Eindruck erotischer Darstellungen mittels der Daguerreotypie um ein Vielfaches.«[56]

Mitunter versuchten staatliche Stellen durch Inhaftierung des Händlers oder des Fotografen, den Handel mit »Bildern extremster Obszönität«[57] zu verhindern. Die Bilder wurden konfisziert. Dies war jedoch eher ein ökonomisch motiviertes Einschreiten des Staates qua Regulierung des Handels. Damit wurde ein Markt für ein ausgewähltes Publikum geschaffen.[58] Der Staat reagierte auf die Masse von erotischen Bildern mit Restriktionen.[59] Aber die Obszönitätsgesetze des 19. Jahrhunderts[60] ermöglichten es, dass die Pornografie, »auf den vom Gesetz vorgegebenen Betriebswegen zu einem wirtschaftlichen Erfolgsprodukt«[61] wurde.« So bedingten sich Vermassung, ästhetischer Qualitätsverlust, verbesserte technische Möglichkeiten und eine stärkere gesetzliche Reglementierung quasi gegenseitig.

Im 19. Jahrhundert ist »der Topos letztlich bedauernswerter weiblicher Schamlosigkeit in der Literatur wie in der Bilderwelt in der sich entwickelnden bürgerlichen Kultur weit verbreitet.«[62] Von einer »Ökonomie der Entblößung«[63] ist die Rede. So bedarf es der Schamlosigkeit und der ökonomischen Verzweiflung, sich als Modell für die pornografischen Bilder herzugeben. Da bei der Hure »Schamlosigkeit zum Berufsbild gehört«[64], war diese auch gern bezahltes Modell für die Darstellung erotischer Fotografien.

Bei der Betrachtung der erotischen Fotografien ist der körperliche Reiz auf die Augen, die Macht des Blicks, des Visuellen, beschränkt. Die »Scham als wichtiges Regulativ«[65] greift daher nur eingeschränkt. Der voyeuristische Blick schafft bei all seinen Macht- und Verfügbarkeitsfantasien erst einmal (körperliche) Distanz. Der apparative Abstand beherbergt aber gleichzeitig die Möglichkeit zu betrachten.[66] Gerade das »Stereoskop ermöglicht es, aus der Körperlichkeit des Sehens einen Geschlechtsakt zu machen.«[67] Und zwar nicht, wie Jonathan Crary in seiner Abhandlung über die Techniken des Betrachters schreibt, aufgrund der Aufhebung des szenischen Bezugs zwischen Betrachter und Objekt,[68] sondern vielmehr, weil es die Verbotsmauer zwischen Betrachter und Objekt aufhebt.[69] Der Körper wird bei den optischen Apparaten des 19. Jahrhunderts Teil des »bilderproduzierenden Ensembles«[70].

Die in der pädagogischen Literatur des 19. Jahrhunderts über die Gefahren der Sexualität erwähnten körperlichen Reaktionen beziehungsweise Gesten, die auf Scham verweisen, tauchen auch in den erotischen Abbildungen auf. Möglicherweise sind sie Relikt aus Aktdarstellungen, die ausschließlich Studiencharakter hatten. Die entblößte Frau verdeckt schamvoll ihr Antlitz. Die scheinbar ertappte Nackte errötet, schlägt die Augen nieder oder senkt das Haupt. Diese scheinbar widersprüchlichen Verhaltensmuster verstärken den erotischen, sexuellen Reiz einer vermeintlichen Unschuld. Die »errötende Wange der schamhaften Jungfrau ist eine ›Warnungsstimme vor nahender Gefahr‹«[71] und ebendiese Gefahr stellt der Betrachter dar. Das Subjekt vor der Kamera verwandelt sich zum Objekt.[72] Die Frau ist Objekt der Begierde, Projektionsfläche männlicher Sexualfantasien. Hier bestätigt sich die »initiale Eignung der Fotografie und Pornografie füreinander«[73].

Die pornografischen Abbildungen setzten einen mit »körperlichen Besitzfantasien besetzten Gebrauch von Fotografie«[74] voraus. Die Objektivität der Fotografie – sie leuchtet den letzten Winkel aus – ist unausweichlich verbunden mit einer freudschen, verdunkelten Subjektivität.[75] Die Frau als Lustobjekt animiert den Betrachter durch Verhüllen und Posieren,[76] der Fantasie ist damit alles gestattet. Aber das bedeutet, dass nicht die Pornografie Sexualität, Sexualfantasien oder -praktiken erzeugt, sondern vielmehr zeigt sie, was möglich, also da ist. »Pornography names an argument not a thing«[77], so fasst Walter Kendrick zusammen.

Für die Pornografie gilt, dass in einer »sexuell repressiven Kultur […] jegliche Darstellung von Sexualität ungewöhnlich«[78] ist, daher interessant und selbst begehrtes Objekt und »Bestätigung sexueller Wunschvorstellungen«[79]. »Was darstellbar war, war auch lebbar.«[80] Das rein wissenschaftliche Interesse an Sexualität und ihrer Darstellungsform der Pornografie transportiert die Sexualität vom Privaten ins Öffentliche. So muss die Pornografie im 19. Jahrhundert zwangsläufig mit einem Verbot belegt werden, obgleich sie nur darstellt und nicht herstellt.[81] »Der Sex wurde vor 1800 weit weniger thematisiert, […] nicht, weil seine Darstellung verboten war, sondern weil das Interesse der vormodernen Gesellschaft an ihm geringer war.«[82] Der strukturelle Wandel, die Vergeschlechtlichung im 19. Jahrhundert, Sexualforschung, Psychologie und die technische Erfindung Fotografie hatten, ausgehend von einem wissenschaftlichen Erforschen, ein neues Interesse am biologischen Geschlecht zur Folge. So schreibt Foucault, dass die Erfindung der Sexualität vom Bürgertum ausgeht.[83] Eine Neugier und Sehnsucht entstand mit und durch die technischen Neuerungen, die Apparaturen und neuen Erkenntnisse. »Pornografie ist eine Darstellungsform, die verspricht das Geschlechtliche zu enthüllen und dieses doch durch ent-bergende Bewegung erst herstellt.«[84]

Eine erste Fassung dieses Beitrags erscheint 2020 unter dem Titel: Gegenstände und Apparaturen, in: Johannes Bilstein, Matthias Winzen u. Jörg Zirfas (Hgg.): Pädagogische Anthropologie der Technik. Praktiken, Gegenstände und Lebensformen. Berlin/Wiesbaden 2020.

1 Aus: Hans Hyan: Frau Hartert, in: Roger Stein: Das deutsche Dirnenlied. Literarisches Kabarett von Bruant bis Brecht. Köln, Weimar, Wien 2006, S. 206.
2 Vgl.: Jürgen Habermas: Strukturwandel der Öffentlichkeit. Untersuchungen zur Kategorie der bürgerlichen Gesellschaft. Neuwied, Berlin 1962.
3 Vgl. hierzu: Lill-Ann Körber: Badende Männer. Der nackte Körper in der skandinavischen Malerei und Fotografie des frühen 20. Jahrhunderts. Wetzlar 2002 (Diss.).
4 Martina Blum und Thomas Wieland: Technisierte Begierden, Technik und Sexualität im 20. Jahrhundert, in: Dresdner Beiträge zur Geschichte der Technikwissenschaften, Nr. 29 (2004), S. 69–89, hier: S. 85.
5 Blum/Wieland 2004 (wie Anm. 4), ebd.
6 Blum/Wieland 2004 (wie Anm. 4), S. 78.
7 Vgl. hierzu: Blum/Wieland 2004 (wie Anm. 4), S. 71f.; Rachel P. Maines: The Technology of Orgasm. ‚Hysteria', the Vibrator, and Women's Sexual Satisfaction. Baltimore 1999; Mary Lydia Hastings und Arnold Snow: Mechanical Vibration and Its Therapeutic Application. New York 1904.
8 Anm.: Die Schönheitengalerie König Ludwigs I. im Schloss Nymphenburg umfasste 38 Porträtmalereien von Münchner Frauen, gemalt von Joseph Karl Stieler zwischen 1827 und 1850.
9 Vgl. Eduard Zeis: Handbuch der plastischen Chirurgie. Dresden 1838.
10 Ortrun Riha: Die Technisierung von Körper und Körperfunktionen in der Medizin des 19. und 20. Jahrhunderts, in: Dresdner Beiträge zur Geschichte der Technikwissenschaften, Nr. 29 (2004), S. 21–43, hier: S. 21.

11 Blum/Wieland 2004 (wie Anm. 4), S. 69.
12 Blum/Wieland, 2004 (wie Anm. 4), S. 69.
13 Oliver Wendell Holmes: The Stereoscope and the Stereograph, in: The Atlantic Monthly 1859, Vol. III, S. 738–749.
14 Anm.: »Shunga« heißt im Japanischen Frühlingsbild. Der Frühling ist ein Euphemismus für Sex. Bei den Shungas handelt es sich um deutlich erotische Darstellungen, gefertigt zwischen dem 16. und 19. Jahrhundert – als Gemälde, Druck aber auch Fotografie, wobei die Mehrzahl als Farbholzschnitt ausgeführt wurde. Ihr Verkauf war mit Verboten belegt, war aber unter dem Ladentisch möglich. Ab 1910 waren Herstellung und Vertrieb unter Strafe gestellt, denn sie galten als obszön. Mehr hierzu bei: Hannelore Dreves: Der erotische Körper – wirklich nackt?, in: Nils Jockel und Wilhelm Hornbostel (Hgg.): Nackt. Die Ästhetik der Blöße. München u. a. 2002, S. 114–123.
15 Dreves 2002 (wie Anm. 14), S. 114.
16 Grant B. Romer: Einleitung, in: Rainer Wick (Hg.): Die erotische Daguerreotypie, Sammlung Uwe Scheid. Weingarten 1989, S. 14.
17 Marion Herz: PornoGRAPHIE. Eine Geschichte. München 2005 (Diss.), S. 47: »Genau in der funktionstüchtigen Gewinnabschöpfung liegt ihre Nähe (die der Pornografie) zur Prostitution.«
18 Petra Schmackpfeffer: Frauenbewegungen und Prostitution. Über das Verhältnis der alten und der neuen deutschen Frauenbewegung zur Prostitution. Oldenburg 1999, S. 15.
19 Bertolt Brecht, Kurt Weill: Nan(n)as Lied, unter: https://dirnenlied.de/dirnenlieder/page35/page35.html (abgerufen am 29.08.2019 um 16 Uhr).
20 Vgl. auch: Cesare Lombroso: Der Verbrecher (Homo delinquens) in anthropologischer, ärztlicher und juristischer Beziehung. Hamburg 1894; Stephen Jay Gould: Der falsch vermessene Mensch. Basel 1983.
21 Anja Zimmermann: Ästhetik der Objektivität. Genres und Funktion eines wissenschaftlichen und künstlerischen Stils im 19. Jahrhunderts, in: Sigrid Schade und Silke Wenk (Hgg.): Studien zur visuellen Kultur, Bd. 10. Bielefeld 2009, S. 143–225, hier: S. 216.
22 Zimmermann 2009 (wie Anm. 21), S. 217.
23 Hierzu ausführlich: Zimmermann 2009 (wie Anm. 21), S. 215–220.
24 Schmackpfeffer 1999 (wie Anm. 18), S. 18.
25 Schmackpfeffer 1999 (wie Anm. 18), S. 78.
26 Stein 2006 (wie Anm. 1), S. 1.
27 Stein 2006 (wie Anm. 1), S. 1.
28 Schmackpfeffer 1999 (wie Anm. 18), S. 19f.
29 Vgl. hierzu u. a. der vielfach in Malerei, Literatur und Film rezipierte Roman von Émile Zola: Nana. Paris 1880.
30 Vgl. hierzu: Theo Mayer: Theorie des Naturalismus. Stuttgart 1973. Im Naturalismus, gerade in der Literatur, ist ein Bewertungswandel auch im Hinblick auf Prostitution zu erkennen.
31 Alexis von Dziembowski: Kunst und Pornografie, in: Nils Jockel und Wilhelm Hornbostel (Hgg.): Nackt. Die Ästhetik der Blöße. München u. a. 2002, S. 181–189, hier: S. 182. Und: Herz 2005 (wie Anm. 17), S. 28. Anm.: Die Bezeichnung stammt aus einem medizinischen Wörterbuch von 1857: »pornography: a description of prostitutes or of prostitution, as a matter of public hygiene. […]«
32 Dziembowski 2002 (wie Anm. 31), S. 182.
33 Herz 2005 (wie Anm. 17), S. 17ff.; S. 34; S. 37f.
34 Vgl. Herz 2005 (wie Anm. 17), S. 77.
35 Herz 2005 (wie Anm. 17), S. 6f.
36 Herz 2005 (wie Anm. 17), S. 27.
37 Herz 2005 (wie Anm. 17), S. 20.
38 Rachel Shteir: Striptease: The Untold History of the Girlie Show. Oxford 2004, S. 38f.
39 Stein 2006 (wie Anm. 1), S. 1.
40 Romer 1989 (wie Anm. 16), S. 9.
41 Romer 1989 (wie Anm. 16), S. 13.
42 Romer 1989 (wie Anm. 16), S. 11.

43 Romer 1989 (wie Anm. 16), S. 15f.
44 Romer 1989 (wie Anm. 16), S. 14.
45 Romer 1989 (wie Anm. 16), S. 14.
46 Romer 1989 (wie Anm. 16), S. 7.
47 Herz 2005 (wie Anm. 17), S. 128ff.
48 Johannes Bilstein: Scham. Die Schwierigkeit mit dem Bild, das ich biete, in: Licht fangen. Die Geschichte der Fotografie im 19. Jahrhundert, Ausst.-Kat. Museum LA8. Köln 2010, S. 119–161, hier: S. 136.
49 Anm.: Das Kamasutra wurde zwischen 200 und 300 n. Chr. publiziert. In Europa erscheint es erstmalig 1883, bearbeitet von den Orientalisten Sir Richard Francis Burton und Forster Fitzgerald Arbuthnot.
50 Romer 1989 (wie Anm. 16), S. 86.
51 Romer 1989 (wie Anm. 16), S. 137 (zitiert Martin Myrone: Prüderie, Pornografie und der viktorianische Akt, in: Alison Smith (Hg.): Prüderie und Leidenschaft. Der Akt in viktorianischer Zeit. München 2002, S. 23–25.
52 Romer 1989 (wie Anm. 16), S. 16.
53 Michel Foucault: Der Wille zum Wissen. Sexualität und Wahrheit 1. Frankfurt a. M. 1997, S. 64.
54 Romer 1989 (wie Anm. 16), S. 13.
55 Romer 1989 (wie Anm. 16), S. 7.
56 Romer 1989 (wie Anm. 16), S. 13.
57 Romer 1989 (wie Anm. 16), S. 15.
58 Herz 2005 (wie Anm. 17), S. 107.
59 Romer 1989 (wie Anm. 16), S. 16.
60 Anm.: 1838 französischer Obzönitätsstatut in Sachsen, 1845 in Baden, 1851 folgt Preußen, 1871 ist die Verbreitung obszöner Schriften strafbar im Deutschen Kaiserreich verboten.
61 Herz 2005 (wie Anm. 17), S. 107.
62 Bilstein 2010 (wie Anm. 48), S. 125. Anm.: Johannes Bilstein bezieht sich hierbei auf das Phyrne-Motiv bei Jean-Léon Gérôme (1824–1904).
63 Bilstein 2010 (wie Anm. 48), S. 125 (zitiert Gabriele Brandstetter).
64 Bilstein 2010 (wie Anm. 48), S. 124.
65 Herz 2005 (wie Anm. 17), S. 130.
66 Herz 2005 (wie Anm. 17), S. 129.
67 Herz 2005 (wie Anm. 17), S. 129.
68 Jonathan Crary: Techniken des Betrachters. Sehen und Moderne im 19. Jahrhundert. Dresden 1996.
69 Herz 2005 (wie Anm. 17), S. 130f.
70 Herz 2005 (wie Anm. 17), S. 129.
71 Bilstein 2010 (wie Anm. 48), S. 132.
72 Vgl. Roland Barthes: Die helle Kammer. Paris 1980.
73 Matthias Winzen: Die Kamera als Projektor, in: Licht fangen. Die Geschichte der Fotografie im 19. Jahrhundert, Ausst.-Kat. Museum LA8. Köln 2010, S. 161–178, hier: S. 162.
74 Winzen 2010 (wie Anm. 73), S. 162.
75 Winzen 2010 (wie Anm. 73), S. 176.
76 Claudia Gabriele Philipp: Schöne Männer, starke Frauen. Fotografische Visionen der Vollständigkeit, in: Nils Jockel und Wilhelm Hornbostel (Hgg.): Nackt. Die Ästhetik der Blöße. München u. a. 2002, S. 45–57, hier: S. 46.
77 Walter Kendrick: The Secret Museum. Pornography in Modern Culture, o. J., S. 31.
78 Herz 2005 (wie Anm. 17), S. 69, zitiert: Marshall Blonski: The Switch of Pornography, in: ders.: American Mythologies. New York 1992, S. 103–124.
79 Herz 2005 (wie Anm. 17), S. 69.
80 Herz 2005 (wie Anm. 17), S. 69.
81 Herz 2005 (wie Anm. 17), S. 71.
82 Herz 2005 (wie Anm. 17), S. 46.
83 Foucault 1997 (wie Anm. 53), S. 153.
84 Foucault 1997 (wie Anm. 53), S. 2.

Das Badezimmer – eine Erfolgsgeschichte

Durch die vielen technischen Erneuerungen im 19. Jahrhundert veränderte sich das Leben für eine große Bevölkerungsgruppe. Auch im häuslichen Bereich wurden maßgebliche Erfindungen gemacht, die ein bequemeres Leben ermöglichten. Nicht nur die gewandelten Vorstellungen von Hygiene und Reinlichkeit brachten eine ganze Reihe an Neuerungen mit sich, vielmehr wurden bereits bestehende Utensilien der täglichen Körperpflege raffinierter, komfortabler und für weite Teile der Bevölkerung erstmals erschwinglich.

Zu allen Zeiten diente die Körperpflege insbesondere der Vermeidung von unangenehmen Gerüchen und bildete einen wichtigen Teil im gemeinschaftlichen Leben. Was sich änderte, waren die Hygienevorstellungen und die Praxis der Körperreinigung. Die abendländischen Badegewohnheiten knüpften zunächst nahtlos an die römische Badetradition des gemeinschaftlichen Badens an und lassen sich bis in die karolingische Zeit nachweisen. Auch in den darauffolgenden Jahrhunderten erinnern die öffentlichen Badeanstalten, die so genannten Badestuben, die bis weit in das 15. Jahrhundert verbreitet waren, an römische Vorbilder. Parallel existierte bis ins Spätmittelalter das Dampfbad, auch Schwitzstube genannt, welches nach und nach vom Wannenbad abgelöst wurde. Das Bad im häuslichen Kontext wurde im hölzernen Badezuber genommen, währenddessen man Badehemden trug.

Dieses Bad diente in erster Linie der Körperreinigung. Die Idee eines entspannenden Bades, wie die Römer es pflegten, ging nach und nach verloren. Eine radikale Veränderung der Körperhygiene begann im 16. Jahrhundert mit dem Ausbrechen von Krankheiten wie Pest und Syphilis. Medizinische Schriften wiesen auf die vermeintliche Bedrohung durch Wasser hin, durch welches die ansteckenden Krankheiten über die Poren in die Haut eindringen sollten. Gleichzeitig sorgten veränderte Glaubensvorstellungen für eine Tabuisierung des Körpers, in deren Folge viele Badeanstalten schließen mussten. Zu medizinischen und therapeutischen Zwecken wurde das Vollbad weiterhin verordnet, jedoch nicht ohne sich vor den vermeintlichen Gefahren zu schützen, indem das Eindringen von Wasser in die Haut durch Öl, Wachs oder Salz verhindert werden sollte. Heilquellen waren von dieser Gefahr ausgenommen. Bei der täglichen Körperpflege wurde versucht, nur sehr wenig Wasser zu verwenden; stattdessen wechselte – wer es sich leisten konnte – häufig die Unterkleidung.

Im vom Geist der Aufklärung und fortschrittlichen Denkern wie Jean-Jaques Rousseau (1712–1778) geprägten 18. Jahrhundert unterlag die Gesellschaft und damit auch die Hygienevorstellungen einem entscheidenden Wandel. Unter anderem führten die ab 1731 propagierten medizinischen Konzepte von Johann Zacharias Plattner (1694–1747) zu einem neuen

Sitzbad.

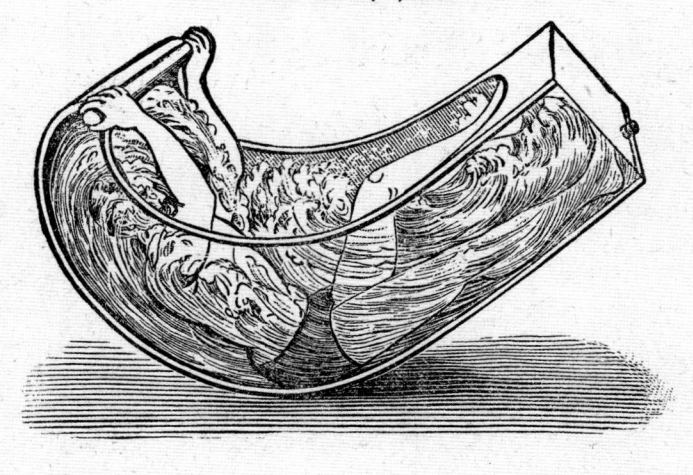

Wellenbadschaukel.

Universal-Badewanne.

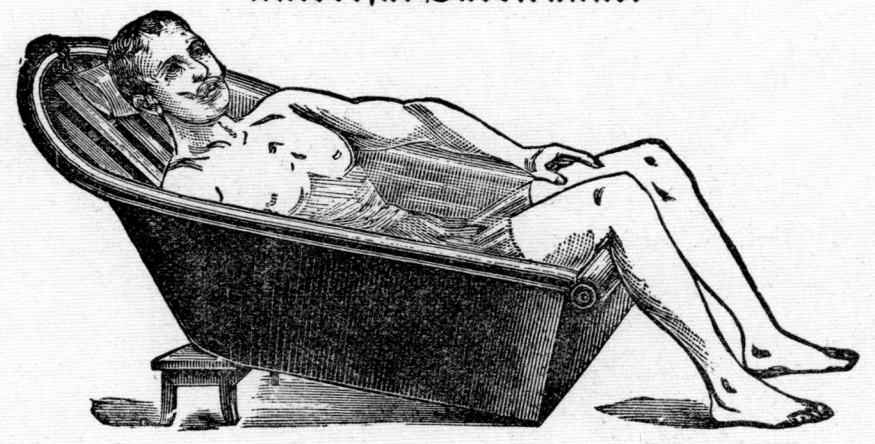

Wellenbadschaukel als Sitzbad.

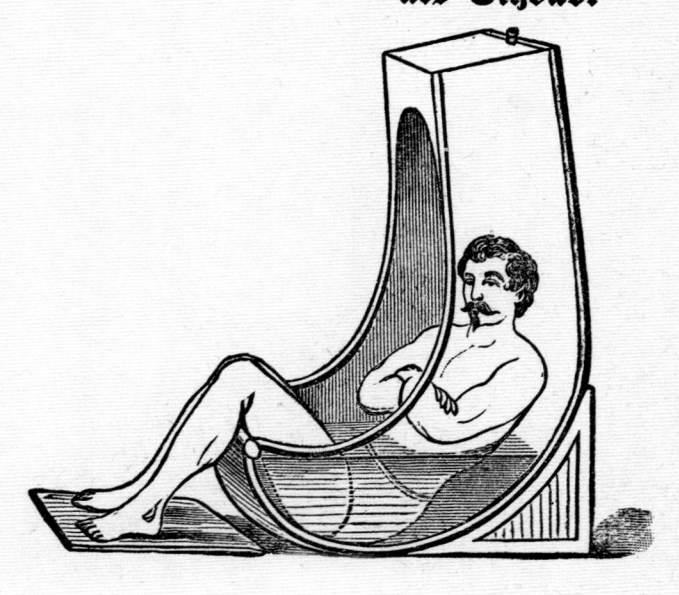

Seite 145 oben
Sitzbad, in: Friedrich Eduard Bilz: *Das neue Naturheilverfahren,* 1910

Seite 145 unten
Wellenbadschaukel, in: Friedrich Eduard Bilz: *Das neue Naturheilverfahren,* 1910

Seite 146 oben
Universal-Badewanne, in: Friedrich Eduard Bilz: *Das neue Naturheilverfahren,* 1910

Seite 146 unten
Wellenbadschaukel als Sitzbad, in: Friedrich Eduard Bilz: *Das neue Naturheilverfahren,* 1910

Verständnis der Körperpflege. Neue Gerätschaften, spezielle Möbel oder so genannte Badekammern standen nur der Körperreinigung zur Verfügung und gehörten zum neuen Lebensstil. Die Körperpflege wurde nun als ein privater, intimer Vorgang gesehen und fand hinter verschlossenen Türen statt. Das Bewusstsein für Natürlichkeit und die neuen medizinischen Erkenntnisse führten zum Einsatz von viel Wasser bei der täglichen Körperpflege sowie etlichen Erneuerungen im Sanitärbereich: Neben verschiedenen Wannenformen wie Halbwanne, Sitzwanne und Vollwannen, die oben geschlossen oder offen sein konnten, setzte sich ab dem 19. Jahrhundert in bürgerlichen Kreisen der Raumtypus des separaten Badezimmers durch. Dies bildete die Vorstufe zum abgetrennten Badezimmer, das mit der fortschreitenden Technisierung des Haushaltes dem uns heute vertrauten Bild entspricht. Diese Errungenschaft des *modernen Badezimmers* wurde vor allem vom aufkommenden Bürgertum vorangetrieben und zeichnete sich durch einen einheitlichen Ausstattungskanon an Vorrichtungen zur Körperreinigung wie einer Badewanne, Waschbecken und dem *Watercloset* aus sowie der Tatsache, dass die Haushalte über fließendes Wasser verfügten. (JR)

Literatur:
Eva B. Ottillinger: Vom Waschtisch zum Badezimmer, in: Herbert Lachmayer/Sylvia Mattl-Wurm/Christian Gargerle (Hgg.): Das Bad. Eine Geschichte der Badekultur im 19. und 20. Jahrhundert. Ausst.-Kat. Hermesvilla Wien. Salzburg 1991.

Gisela Reineking von Bock (Hg.): Bäder, Duft und Seife (1976). Kulturgeschichte der Hygiene. Ausst.-Kat. Kunstgewerbemuseum Köln. Köln 1976, S. 63ff.

Wellenbad

Vereint 6 Bade-wannen

Wellen-

D.R.

Wellenbadschaukel,
in: Friedrich Eduard Bilz:
Das neue Naturheilverfahren, 1910

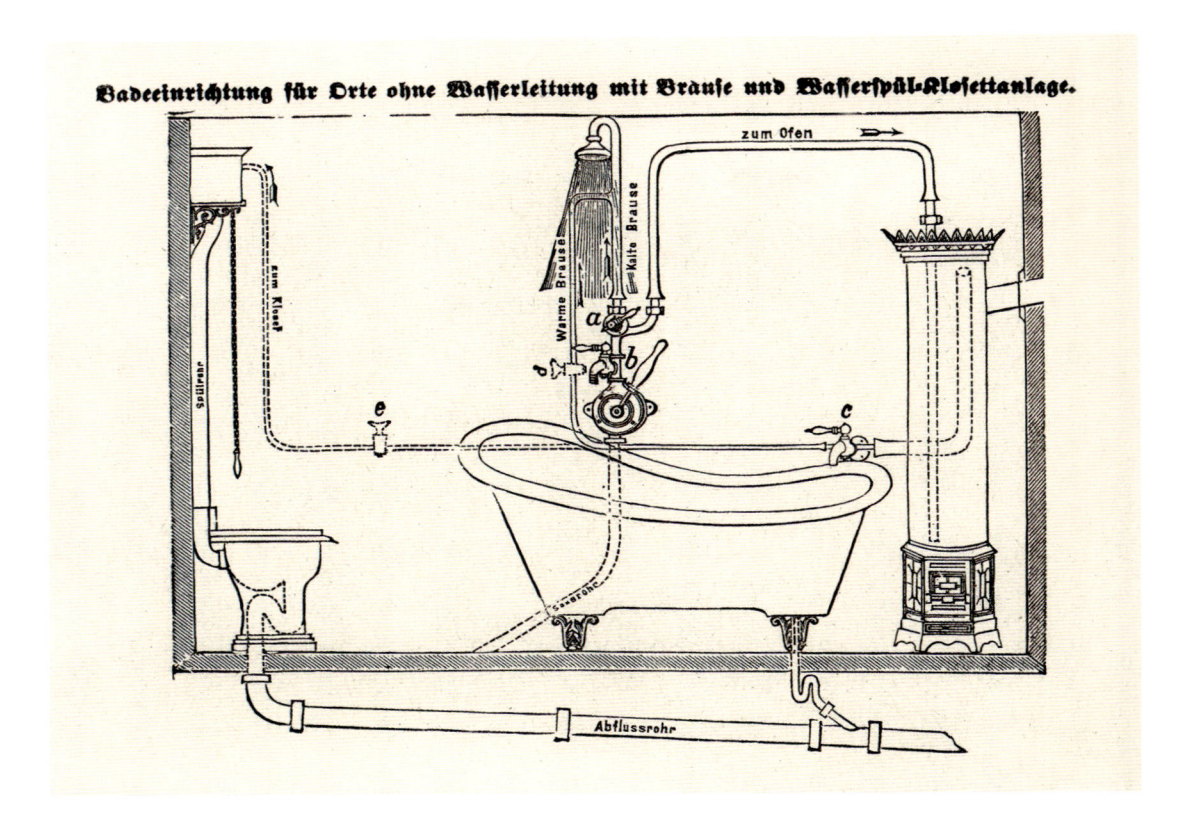

Badeeinrichtung für Orte ohne Wasserleitung mit Brause und Wasserspül-Klosettanlage, in: Friedrich Eduard Bilz: *Das neue Naturheilverfahren*, 1926

Seite 151
Ombrophor (in Benutzung), in: Friedrich Eduard Bilz: *Das neue Naturheilverfahren*, 1926

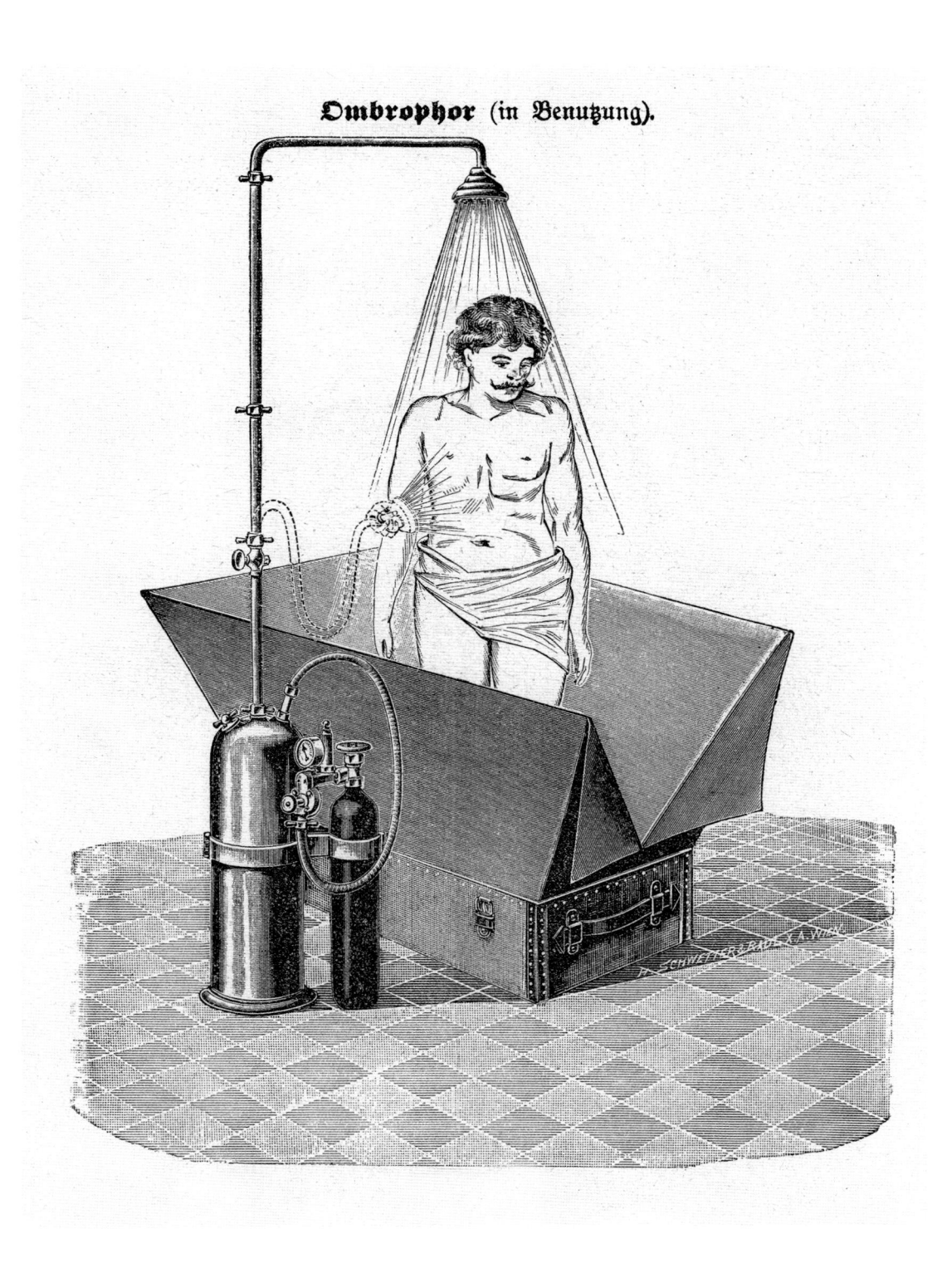

Ombrophor (in Benutzung).

Güsse (Kniguß), in:
Friedrich Eduard Bilz:
*Das neue Naturheil-
verfahren,* 1910

Güsse (Ganz- oder Vollguß), in: Friedrich Eduard Bilz: *Das neue Naturheilverfahren*, 1910

Elektrisches Wasserbad in der

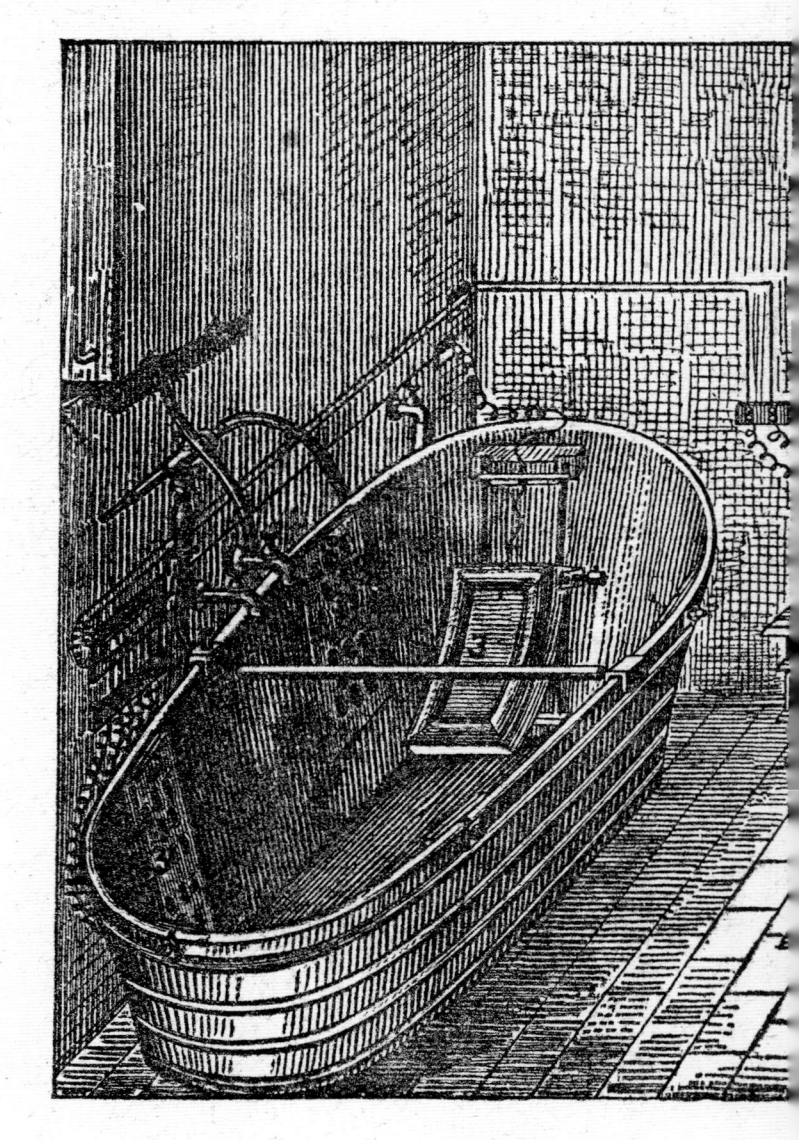

*Elektrisches Wasserbad
in der Bilzschen Heilanstalt*,
in: Friedrich Eduard Bilz:
Das neue Naturheilverfahren,
1926

Schönheitspflege der Haare

Zu einem der wichtigsten Aspekte der Schönheitspflege gehörten seit jeher die Haare: Frisuren und Bärte waren stets Ausdruck von Geschlecht, Zugehörigkeit, Stand, Lebensart und vielem mehr. Jeder, der es sich leisten konnte, verwendete Zeit, Mühe und Kosten für ein angemessenes Aussehen. Über die Jahrhunderte veränderte sich das Schönheitsideal und die Vorstellung der passenden Frisur, dennoch haben einige Gegenstände bis ins 19. Jahrhundert überdauert und finden auch in heutiger Zeit noch Verwendung. Dazu gehören die Krepp-, Brenn- und Onduliereisen, die sowohl das Damen- und Herrenhaupthaar als auch den Bart der Herren in Form brachten. Einzelne Haarsträhnen wurden auf das erhitzte Eisen gewickelt und so zu Locken geformt. Nicht nur im Barock und Rokoko schätzte man aufwändige Lockenfrisuren. Bis heute werden Lockenstäbe und Kreppeisen bemüht, die den ersten Modellen nicht unähnlich sind. Die Erfindung des Onduliereisens im Jahr 1872 durch den französischen Frisör Marcel Grateau (1852–1936) verbesserte die Qualität der Locken erheblich. Es ermöglichte erstmals, exakte Wellen durch das gleichzeitige Anwenden eines konvexen und konkaven Stabes zu formen.

Zur Schönheitspflege der Herren gehörte auch die Pflege des Bartes. Für die Rasur verwendete man besondere Schalen in einfacher bis luxuriöser Ausführung, die im Laufe der Zeit ihre Form änderten. Rasierschalen mit ovaler oder runder Formgebung und einer Aussparung am Rand für den Hals wurden nachweislich seit dem 16. Jahrhundert verwendet. Diese Rasierschale setzte der Barbier so an den Hals, dass die Kleidung während der Nassrasur trocken blieb. Die ab dem 19. Jahrhundert aufkommende Selbstrasur führte zu weiteren Schalenformen: Rasiernäpfe, -tassen oder kleine -schalen, die nur noch dem Aufschlagen des Rasierschaums dienten. Dennoch ließen sich bis ins frühe 20. Jahrhundert viele Herren ihre Bärte beim Barbier stutzen. Der Barbier war in den vorangegangenen Jahrhunderten gleichzeitig Ansprechpartner bei kleineren medizinischen Behandlungen – diese Aufgabe verlor er allerdings mit dem fortschreitenden medizinischen Wissen. Neben den Rasierschalen wurden bei einer Rasur Rasierseife und das Rasiermesser benötigt, welches regelmäßig an einem Abziehriemen geschärft werden musste. Der Rasierpinsel ist eine Errungenschaft, die sich erst im 18. Jahrhundert durchsetzte, zuvor wurde die Seife mit der Hand aufgeschlagen und aufgetragen. Wie im 19. Jahrhundert sind die Bartmoden aktuell wieder populär, das Tragen von Vollbart, Backenbart oder Schnauzer dient nicht selten als Ausdruck von Lebensart, Religion oder politischer Ausrichtung. So findet man sie heute wieder in jeder größeren Stadt, die Barbiere, lediglich die Methoden der Bartpflege haben sich geändert. (JR)

Literatur:
Julia Rößler: Baden, Waschen, Pudern. Eine Entwicklungsgeschichte der Körperpflege vom Mittelalter bis zur frühen Neuzeit, in: Wiese, Wolfgang (Hg.). Das Stille Örtchen – Tabu und Reinlichkeit bey Hofe. Berlin, München 2011, S. 77–88.

Georges Vigarello: Wasser und Seife, Puder und Parfüm. Geschichte der Köperhygiene seit dem Mittelalter. Frankfurt a. M. 1988.

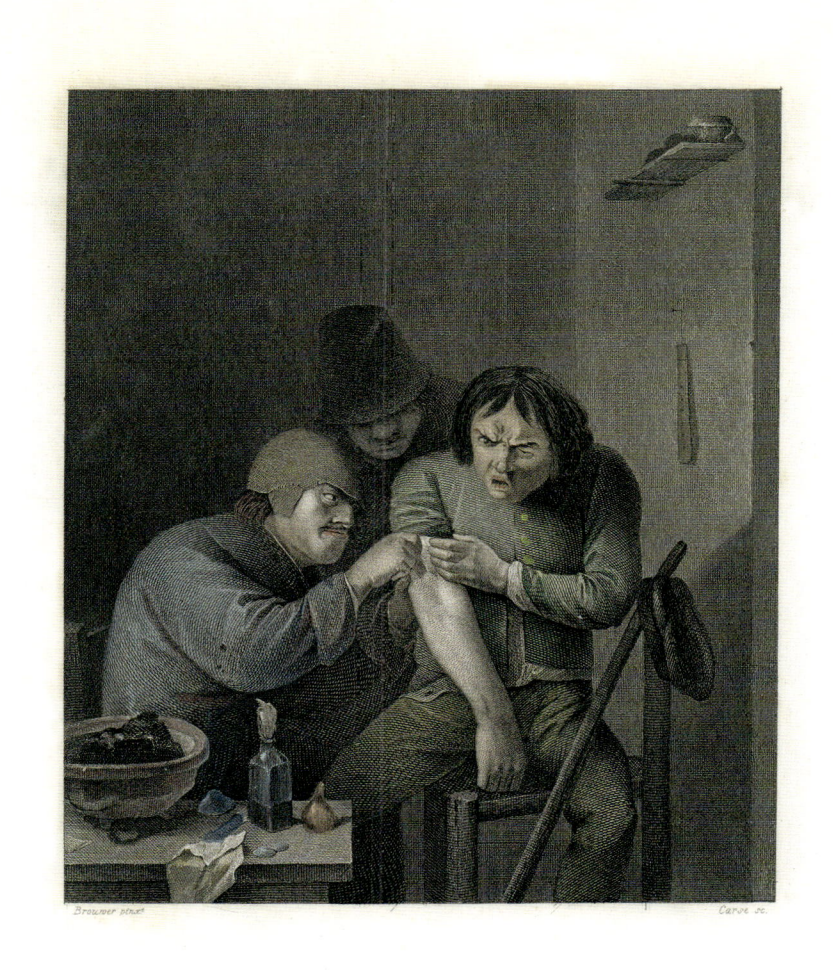

The Barber.   Der Barbier.

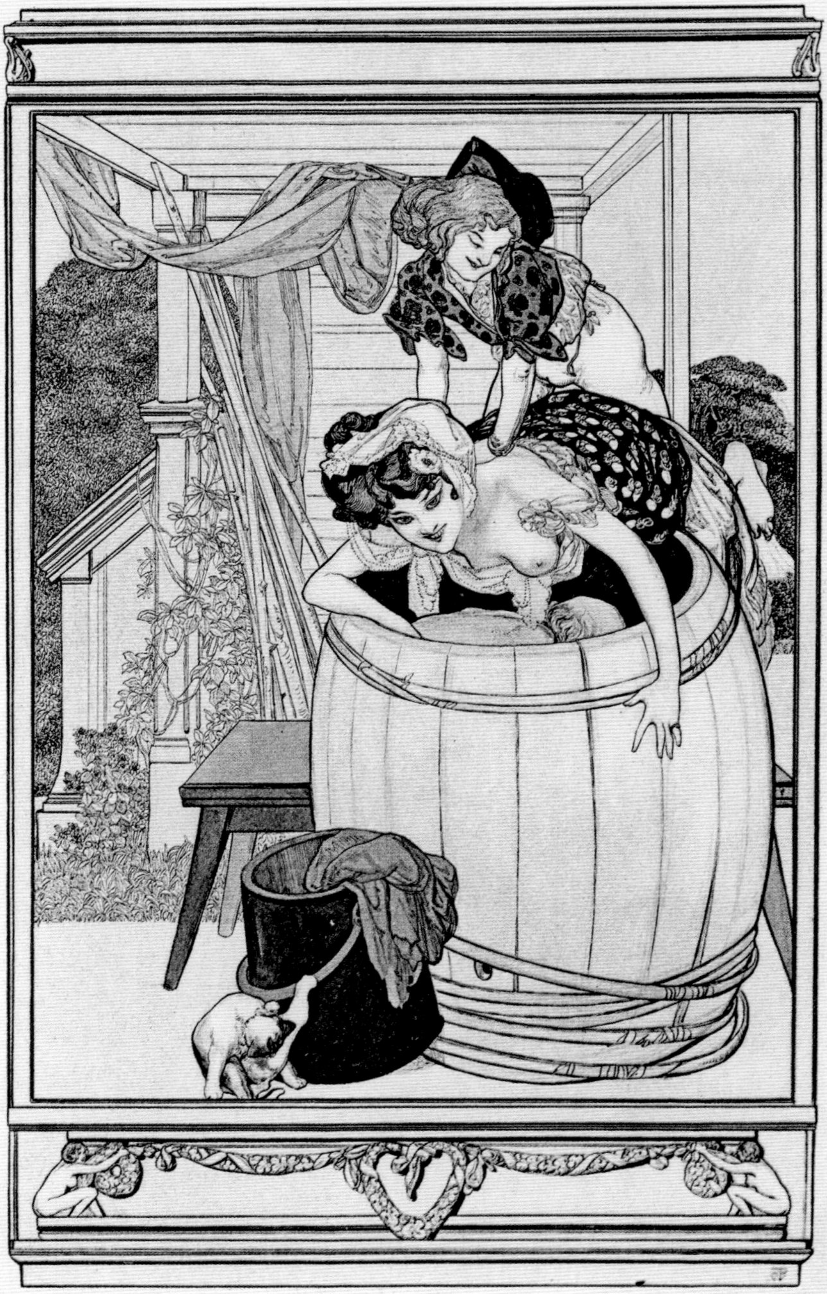

Seite 157
Alexander Carse
(1770–1843)
nach Brouwer

The Barber – Der Barbier.
Darstellung einer Wundbehandlung, um 1840,
Stahlstich, 15,3 × 13,3 cm,
Antiquariat Barbian

Seite 158
Franz von Bayros
(1866–1924)

Blatt 1 von 6, in:
Die Novellen Girolamo Morlinis, 1908,
Antiquariat Barbian

Seite 161
Historische Bilder vom Gräfenberg, in: M. Platten: *Die neue Heilmethode. Ein Haus- und Familienschatz für Gesunde und Kranke,* o. J., Privatsammlung

Tafel V.

Historische Bilder vom Gräfenberg.

Taubad (Barfußgehen).

Wasser-Luftbad.

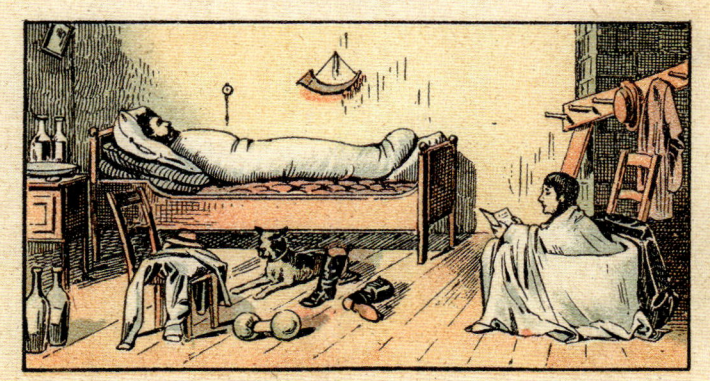

Einpackung   *Sitzbad.*

Platen, Die Neue Heilmethode.   Lith. Bernh. Lengner, Leipzig.

Tafel II.

Nierenaufschlag

Rückgratpackung

Sitzbad *Halbbad*

Platen, Die Neue Heilmethode.   Lith.Bernh.Lengner,Leipzig.

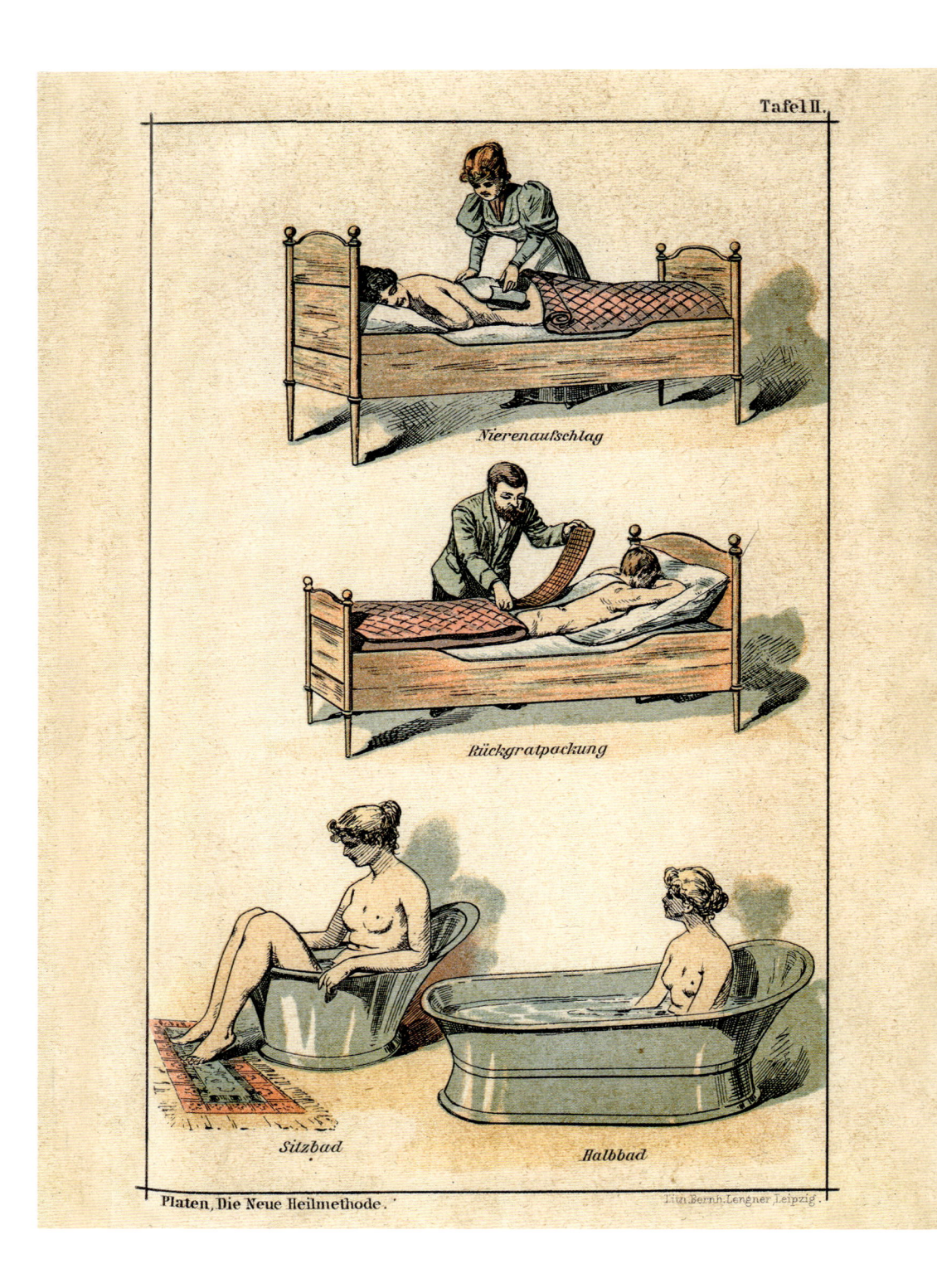

Seite 163
Wasseranwendungsformen,
in: M. Platten: *Die neue Heilmethode. Ein Haus- und Familienschatz für Gesunde und Kranke,* o. J., Privatsammlung

L'HYGIÈNE AU FRONT. — La propreté est la santé du soldat.
Appareils à douches en usage aux armées.

L'hygiène au front. La propreté est la santé du soldat. Appareils à douches en usage aux armées, Postkarte 1915, Privatsammlung

Unbekannter Fotograf

Baderaum Jungborn Badehaus, o. J., Jungborn Harz e. V.

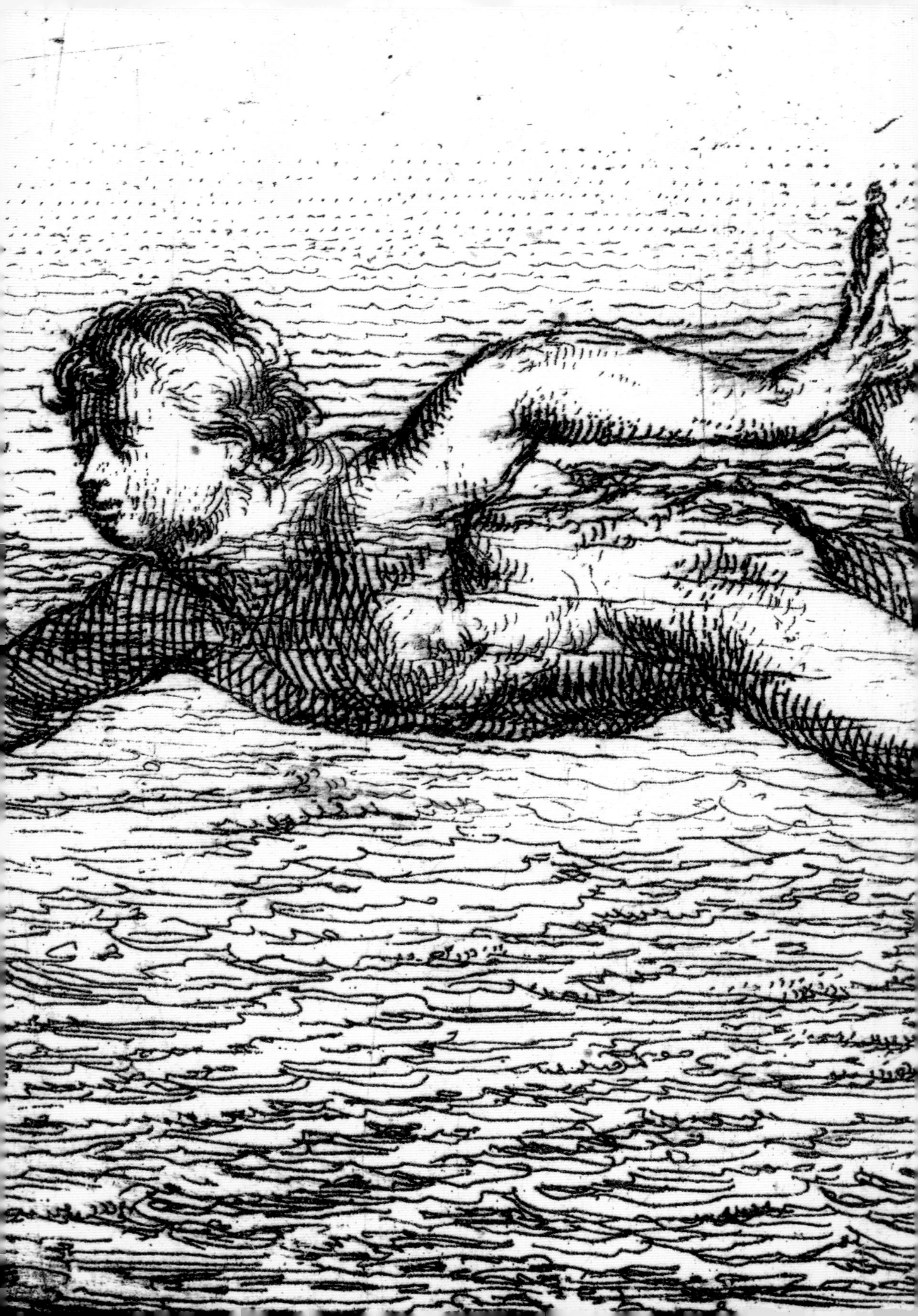

Arkadische Idyllen, Kraft-Kunst und ein Stadion für Nietzsche.
Zu einigen Utopien des Neuen Weimar
Philipp Kuhn

In Weimar träumen sture Eigenbrötler vom Übermenschen: stattlicher Körper, edler Geist. Die Geschichte des schönen Winnetou und eine Kunstzeitschrift erinnern an Nietzsches Prachtkerle.

»Er sprach nicht bloß zu Verstand und Phantasie. Seine Wirkung war umfassender, tiefer und geheimnisvoller. Sein immer stärker anschwellender Widerhall bedeutete den Einbruch einer Musik in die rationalisierte und mechanisierte Zeit. Er spannte zwischen uns und den Abgrund der Wirklichkeit den Schleier des Heroismus. Wir wurden durch ihn aus dieser eisigen Epoche wie fortgezaubert und entrückt.«[1]

Harry Graf Kessler über Friedrich Nietzsche

1. Das Neue Weimar

Am 15. November 1905, drei Jahre nach dem Beginn seines offiziellen Wirkens in der Thüringer Residenzstadt, reflektierte Harry Graf Kessler (1868–1937) in seinem Tagebuch nicht ohne Eitelkeit über die eigene Bedeutung und seine »Wirkungsmittel« in der deutschen Kunst- und Kulturwelt:

»Die Bilanz ist ziemlich überraschend und wohl einzig. Niemand anders in Deutschland hat eine so starke und nach so vielen Seiten reichende Stellung. Diese auszunutzen im Dienste einer Erneuerung Deutscher Kultur: mirage oder Möglichkeit. Sicherlich könnte einer mit solchen Möglichkeiten Princeps Juventutis sein. Lohnt es die Mühe?«[2]

Die Notiz zeugt vom Selbstbewusstsein des damals 37-jährigen Grafen (→ Abb. 1), das keineswegs unberechtigt war, denn in kurzer Zeit hatte Kessler auf der Basis seiner Interessen und Kenntnisse sowie mittels seiner außerordentlichen Vernetzung in der europäischen Kulturwelt Erstaunliches erreicht.

Tatsächlich war es nichts Geringeres als die genannte und umfassend gemeinte »Erneuerung Deutscher Kultur«, die Kessler und seine Mitstreiter sich als Ziel gesteckt hatten. Die Kultur des deutschen Kaiserreichs unter Wilhelm II. betrachteten sie als Barbarei, der es galt, alle nur denkbaren Kräfte des Neuen entgegenzuwerfen. Anlass der stetig breiter

Seite 166
Charles Moette
(Lebensdaten unbekannt)

Tafel 23, XVI, in:
Melchisédec Thevenot:
L'art de nager démontré par figures, (EA 1696), 1782,
Sammlung Dieter Ante

Abb. 1
Hugo Erfurth
(1874–1948)

Harry Graf Kessler im Salon seines Weimarer Hauses, 1909, Klassik Stiftung Weimar

werdenden Empörung war vor allem die akademische Ermüdung in der offiziell gebilligten bildenden Kunst sowie die Beliebigkeit des entseelten Historismus im Formenkanon von Architektur und Kunstgewerbe. Hinzu kam die einfältige und ständig zunehmende Ausweitung des nationalen Dünkels, der jeder grenzüberschreitenden Inspiration entgegenstand.

Mitte der 1890er Jahre hatte sich die Erkenntnis dieser Situation in kultivierten Kreisen verbreitet, und es formierten sich Netzwerke des Widerstandes, in denen neben fortschrittlich gestimmten Künstlern nun auch Sammler, Kritiker, Kunsthistoriker und Kunsthändler eingebunden wurden. Die bedeutendste und wirkungsvollste Zusammenführung solcher Interessen war die bereits Mitte 1894 in die Wege geleitete Gründung des *PAN,* der ersten modernen Kunstzeitschrift in Deutschland. Die glückliche Zusammenführung origineller Köpfe, von denen viele bemerkenswert jung waren, mit einer Gruppe zahlungskräftiger Mäzene bewirkte das Übrige, was immerhin zur Herausgabe der aufwendig gestalteten Zeitung von 1895 bis 1900 führte.

Durch seinen Studienkollegen Eberhard von Bodenhausen (1868–1918) geriet der damals 27-jährige Kessler, der im selben Jahr sein Jurastudium mit Promotion abgeschlossen hatte, in diesen Gründerkreis. Ab Sommer 1896 wurde er Mitglied des Aufsichtsrates, Mitherausgeber und zugleich offizielles Redaktionsmitglied. Bereits in einem Brief vom Frühjahr 1896 hatte Bodenhausen Kessler als »die Hauptperson« der Genossenschaft PAN bezeichnet.[3] Für Kessler war der Kreis des *PAN* die Probebühne seiner späteren Karriere in Weimar. Ein bedeutender Teil seiner prägenden Kontakte und Verbindungen in die Welt von Kunst und Kultur entspann sich aus seinem Wirken und Werben für diese Zeitschrift. Kessler pflegte engen Umgang u. a. mit dem Kunstschriftsteller Julius Meier-Graefe (1867–1935), dem Museumsreformer Alfred Lichtwark (1852–1914), dem Herausgeber der *Zukunft,* Maximilian Harden (1861–1927) und den Dichtern Hugo von Hofmannsthal (1874–1929) und Gerhart Hauptmann (1862–1946). Schon früh suchte er den Dialog mit den Künstlern Edvard Munch, Max Klinger, Max Liebermann und Ludwig von Hofmann (1861–1945). In Paris begegnete er Claude Monet, Auguste Rodin und den Pointilisten Maximilien Luce, Hippolyte Petitjean und Paul Signac. Mit bestechender Effektivität sollte Kessler es später verstehen, sich diese und zahllose weitere Verbindungen für seine Projekte dienstbar zu machen.

Im Oktober 1895 kam es zu seinem ersten Besuch bei Elisabeth Förster-Nietzsche (1846–1935), der Schwester von Friedrich Nietzsche (1844–1900).[4] Kessler verehrte, wie fast der gesamte Gründerkreis des *PAN,* den Philosophen zutiefst. Man sah in Nietzsches Idee eines neuen Menschen zugleich den Entwurf einer neuen Kultur.⁵ Die Namensgebung der Zeitschrift *PAN* nach dem griechischen Hirtengott, der dem Gefolge des Dionysos entstammt, ist – verbunden mit der Wortbedeutung von »Pan«, die das Allumfassende, Vereinte meint – ebenfalls mehrfach mit der Lebensphilosophie Nietzsches in Bezug zu bringen. Kesslers Absicht war, die Wirkung des Philosophen im *PAN* auszuweiten, sei es literarischer oder künstlerischer Hinsicht. Seine Schwester begrüßte das und erkannte in Kessler zugleich jenen weltgewandten, über reiche Verbindungen verfügenden Intellektuellen, den sie als Mittler ihres kleinen, in finanziellen Nöten und zudem weltabgeschieden in Naumburg liegenden Nietzsche-Archivs gut gebrauchen konnte.

Gleichfalls aus den personellen Verflechtungen der Gründung des *PAN* hervorgegangen ist die Verbindung Kesslers mit dem belgischen Universalkünstler Henry van de Velde (1863–1957) (→ Abb. 2). Von Paris aus verbreitete sich die radikale Modernität seiner Arbeit in Windeseile. Kessler sah die von ihm gestalteten Räume in der Galerie L'Art Nouveau des deutschstämmigen Kunsthändlers Siegfried Bing (eigentlich Samuel Bing, 1838–1905) bereits Ende 1895.⁶ Ein geradezu pastorales Wirken auf allen Gebieten der Gestaltung im Sinne seines neuen Stils sah van de Velde als seine Mission, ja sein »Apostolat«.⁷ Im Idealfall sollte das in Form der Zusammenführung aller Teile in einem Gesamtkunstwerk geschehen. Architektur und Raumgestaltung, angewandte Kunst jeder Art, bis hin zu Tapisserien und Stoffen waren seine zentralen Anliegen, darüber hinaus aber zugleich der Entwurf von Kleidern und die Erneuerung der Buchkunst. Van de Velde war der Überzeugung, dass die Industrialisierung im 19. Jahrhundert zu »einem neuen Typus Mensch« geführt habe, dem eben jener neue Stil gerecht zu werden habe.⁸ Nachdem sich Kessler entschlossen hatte, seine neue Wohnung in Berlin durch van de Velde einrichten zu lassen, kam es am 1. November 1897 zur ersten persönlichen Begegnung. Hier bereits wurde in geradezu symbolischer Dimension Friedrich Nietzsche zum Thema, denn Kessler trug sein Projekt der Gestaltung einer Luxusausgabe von Nietzsches *Also sprach Zarathustra* an ihn heran.⁹ Es sollte der Anfang einer lebenslangen Verbindung sein. Van de Velde schrieb kurz darauf aus Brüssel: »Ich betrachte Stunden wie jene, die wir zusammen in Berlin verbracht haben als Belohnung meiner Arbeit […]. Diese Tage werden für mein Leben wirklich prägend sein […].«¹⁰

Anfang August 1896 übersiedelte der kranke Philosoph mitsamt dem Nietzsche-Archiv nach Weimar. Elisabeth Förster-Nietzsche strebte eine neue Ära in der Kulturstadt an mit dem Denken ihres Bruders im Zentrum.

Abb. 2
Hugo Erfurth
(1874–1948)

Henry van de Velde, 1908,
Fotografie

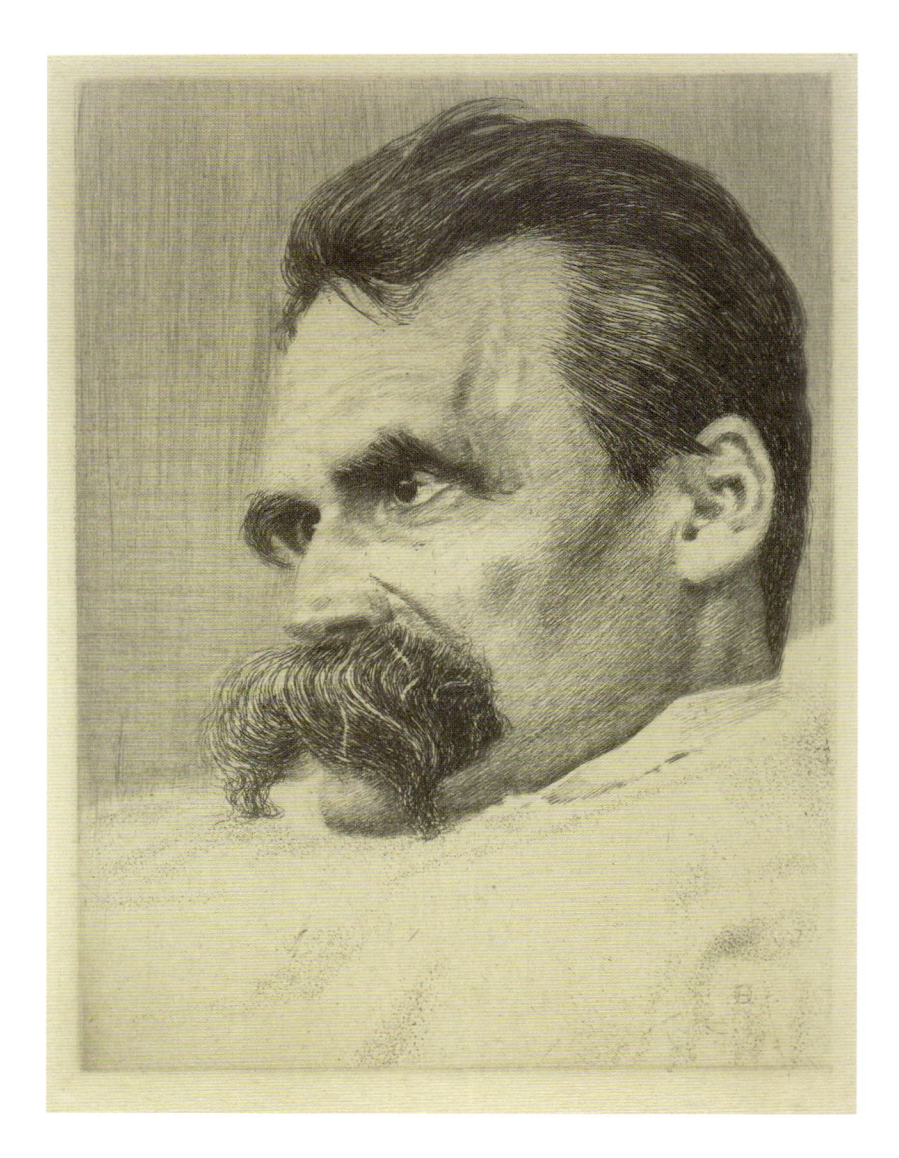

Abb. 3
**Hans Olde
(1855–1919)**

Friedrich Nietzsche, 1899,
Radierung, 17,8 × 13 cm,
PAN, Mai 1900

Kessler unterstützte diese Pläne nachhaltig. Mit zunehmendem Engagement war er bemüht, den künstlerischen Umgang sowohl mit der Person des Philosophen als auch mit dem Erscheinungsbild des Archivs und des Werkes nach seinen Vorstellungen zu beeinflussen und zu formen. Folgerichtig war Kessler auch derjenige, der ab Frühjahr 1898 die Entstehung des später geradezu ikonischen Nietzsche-Bildnisses von Hans Olde (1855–1919, → Abb. 3) initiierte.[11] Er führte den Maler über längere Zeit an den Auftrag für den *PAN* heran, der Schwierigkeit der Aufgabe voll bewusst, denn der Todkranke dämmerte nur noch vor sich hin: »Sie werden immerhin 8–10 Tage rechnen müssen, um die günstigen Stunden des Kranken abwarten zu können. Ich glaube aber, daß Sie dann etwas Erschütterndes und durchaus nicht Pathologisches machen können.« Olde blieb ab Anfang Juni 1899 nicht eine Woche, sondern zwei Monate in Weimar. Aus den erhaltenen Materialien sind die Mühen ablesbar, aus denen der Maler mittels Zeichnungen und Fotos (→ Abb. 4) das Porträt erarbeitete.[12] Henry van de Velde berichtete noch aus der Rückschau wie elektrisiert: »Die Erregung, von der der Zeichner erfaßt worden war, während er die Züge seines Modells festhielt, ging auch auf mich über – so faszinierend, daß ich mir auch heute kaum vorstellen kann, ich habe Nietzsche nicht als Lebenden gesehen.«[13]

Am 25. August 1900 verstarb der Philosoph in der Villa Silberblick. Kessler eilte tags darauf von Berlin nach Weimar. Von größter Dringlichkeit war ihm, die Grundlage eines künstlerischen Bildes des Philosophen gewissermaßen zu sichern. Er scheiterte allerdings mit dem Versuch, auf der Stelle einen bedeutenden und ihm wichtigen Bildhauer zur Abnahme der Totenmaske zu gewinnen.[14] So nahm schließlich zwei Tage nach dem Tod der Maler Curt Stoeving (1863–1939), assistiert von Kessler, die Maske des toten Philosophen ab.[15] Obwohl sie technisch nicht gut gelungen war, sollte die Abformung später für Max Klinger (1857–1920) eine entscheidende Rolle bei der Erstellung seiner Nietzsche-Porträts spielen

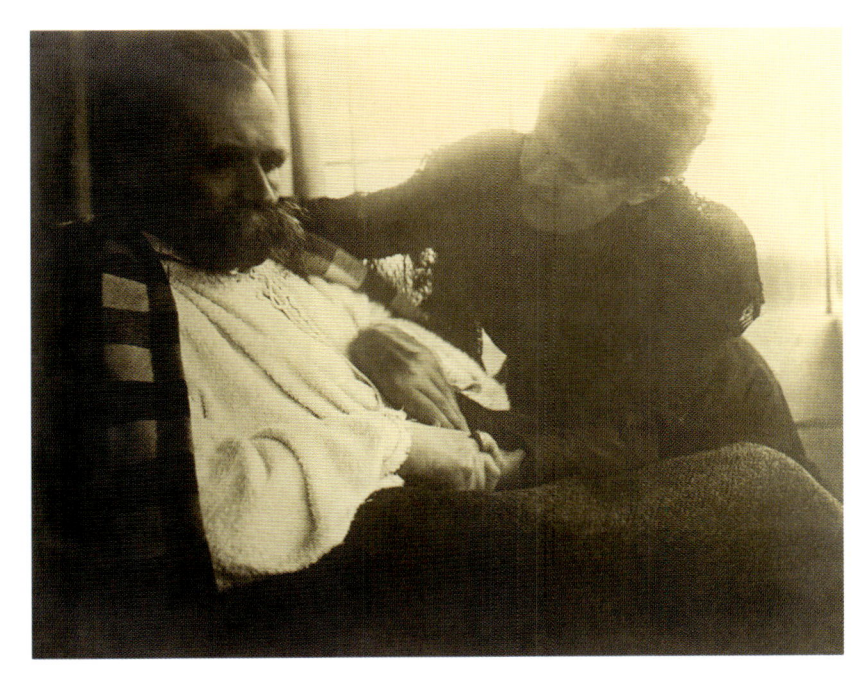

Abb. 4
**Hans Olde
(1855–1919)**

Friedrich Nietzsche mit seiner Schwester Elisabeth Förster-Nietzsche, 1899, Fotografie, Klassik Stiftung Weimar

(→ Abb. 5).¹⁶ Kessler hatte diesen Auftrag für das Nietzsche-Archiv nicht nur auf den Weg gebracht, sondern er übernahm zudem das Honorar. Es war der Ausgangspunkt des von van de Velde ab April 1902 neu gestalteten Nietzsche-Archivs und ist damit ideell sozusagen der Grundstein des Neuen Weimar.¹⁷ Unter dem frischen Eindruck der endgültigen Abformung der Totenmaske, schrieb Kessler im September 1901 an Elisabeth Förster-Nietzsche:

»Ich habe vorgestern die Totenmaske erhalten und habe vor ihr wieder tief empfunden, was für ein Mensch vor Allem Ihr Bruder gewesen ist. Das ist ja schließlich das Wertvollste; denn wie Ihr Bruder so denke auch ich, daß alle Kultur und alles Streben überhaupt auf der Welt nur das eine letzte Ziel haben kann, Menschen in größter innerer und äußerer Vollendung hervorzubringen. Gerade diese Seite Ihres Bruders hoffe ich durch Klinger ausgedrückt zu sehen […].«¹⁸

Mit anderen Worten erhoffte sich Kessler von Klingers Nietzsche-Bildnis, dass im Antlitz des Philosophen eben genau jener »neue Mensch« aufscheinen möge, den dieser gedanklich konzipiert hatte.

Wenige Monate nach Nietzsches Tod starb am 5. Januar 1901 mit Großherzog Carl Alexander von Sachsen-Weimar-Eisenach (1818–1901), eine weitere zentrale Persönlichkeit Weimars. Kurz darauf trat sein junger Enkel Wilhelm Ernst (1876–1923) die Nachfolge der Regentschaft an. Vor dem Hintergrund des traditionell offenen geistigen Klimas in der Goethe-Stadt, erhoffte man sich in den hier erörterten Kreisen natürlich einen modernen und zeitgemäßen Anschluss. Es galt, die Gunst der Stunde zu nutzen, was die Verpflichtung des gerade angebrochenen neuen Jahrhunderts gewiss noch unterstrich. In der schnell weltläufiger werdenden Reichshauptstadt Berlin war zu diesem Zeitpunkt die Lebendigkeit des Widerspruchs gegen die Ignoranz Wilhelms II. unübersehbar. Zugleich aber war nicht nur Kessler klar, dass man dort kaum hätte reüssieren können. Folgerichtig konkretisierte sich der Gedanke, den Ausgangspunkt kultureller Erneuerung entfernt von der Metropole zu suchen.

Selbst wenn Kessler von Beginn an Spiritus Rector dieses Vorhabens gewesen ist, so war es doch Elisabeth Förster-Nietzsche, die es verstand, in Weimar die Fäden zusammenzuführen.¹⁹ Anlässlich des einjährigen Todestages von Nietzsche am 25. August 1901 kamen van de Velde und Kessler mit ihr in Weimar zusammen, um über ein zukünftiges Wirken zu beraten. Direkt anschließend ebneten Kessler und die Schwester des Philosophen in kurzer Zeit die Wege. Am 21. Dezember 1901

Abb. 5
Max Klinger
(1857–1920)

Friedrich Nietzsche (so genannte *Archivherme*), 1905, Seravezza-Marmor, Höhe 238,5 cm,
Klassik Stiftung Weimar

Diese Herme ist das sechste von insgesamt sieben Nietzsche-Porträts, die Klinger im Rahmen seines Auftrages in Bronze und Marmor anfertigte. Sie steht im Mittelpunkt des Vortrags- und Bibliotheksraumes des Nietzsche-Archivs.

erhielt Henry van de Velde durch Wilhelm Ernst persönlich die Anstellung als »Berater für das Gewerbe und die Kunstindustrie« in Sachsen-Weimar-Eisenach. Am 1. April 1902 trat er seinen Dienst an und bezog im Oktober das eigens dafür gegründete »Kunstgewerbliche Seminar«.[20] »Ich fasse die Aufgabe, die Seine Königliche Hoheit mir anvertraut haben, nicht anders auf, als dass ich beitragen soll, den Stil des 20. Jahrhunderts zu gestalten«, schrieb Henry van de Velde in deutlich vereinfachter Zuspitzung an den Großherzog.[21] Zunächst schienen die Voraussetzungen tatsächlich erfolgversprechend, denn der 26-jährige neue Großherzog stand hinter dem gewagten Projekt und soll sogar geäußert haben, »selbst ein Kaiser könne die moderne Bewegung nicht mehr aufhalten.«[22]

Im April 1902 war auch Kesslers Aufgabe weitgehend definiert. Er berichtete an Bodenhausen, es handele sich um eine »Stelle, die ich im Interesse einer fest zu fundierenden künstlerischen Kultur im Großherzogtum für wünschenswert halte; nämlich eine Art Oberleitung, die Alles, was für diese Kultur geschieht, mit einander in Verbindung setzt und dem allgemeinen Ziel dienstbar macht.«[23] Ab Oktober 1902 wurde er Vorsitzender des Kuratoriums des neu formierten Großherzoglichen Museums für Kunst und Kunstgewerbe am Karlsplatz. Im März 1903 trat er sein Amt als Leiter dieses Museums an.[24] Um sich seine Unabhängigkeit zu bewahren und zugleich den staatlichen Zugriff auf seine Position auf Distanz zu halten, verzichtete er auf ein Gehalt. Es sei noch angemerkt, dass zeitgleich mit van de Veldes Dienstantritt zum 1. April 1902 auch das dritte kulturelle Schlüsselamt in Weimar, die Leitung der Großherzoglichen Kunstschule, mit dem aus Holstein stammenden Maler Hans Olde besetzt worden war. Der Impressionist, geschult in München, Italien und Paris, Secessionist der ersten Stunde, verbunden mit den progressiven deutschen Kunstkreisen, mit Weimar vertraut durch das erwähnte Nietzsche-Porträt sowie versiert im gesellschaftlichen Umgang, schien für dieses Amt bestens geeignet (→ Abb. 6).[25]

Schon kurz vor seinem Weimarer Einstand hatte Kessler deutlich erkannt, dass der angestrebte Weg in den kleinen Hofstaat keineswegs so reibungslos sein würde, wie man sich anfangs erhoffte. An den seinerseits skeptisch gewordenen van de Velde schrieb er: »Ich werde nach Weimar kommen und besonders gern kommen, wenn es Kämpfe, Intrigen, Gefahren gibt, die gegen die Aufgaben gerichtet sind, die Sie verwirklichen müssen.«[26] Kurz zuvor hatte er Elisabeth Förster-Nietzsche in ähnlicher Diktion, geradezu säbelrasselnd eingeschworen: »[…] im Winter soll der Kampf toben und Sie müssen sich schon gefallen lassen, dass wir das

Abb. 6
Louis Held
(1851–1927)

Gruppenfoto der zentralen Persönlichkeiten des Neuen Weimar im Großherzoglichen Museum (heute: Neues Museum) Weimar, anlässlich der Eröffnung der Dritten Ausstellung des Deutschen Künstlerbundes, Anfang Juni 1906, Klassik Stiftung Weimar

(v. l. n. r.:)
Harry Graf Kessler, Ludwig von Hofmann, Max Klinger, Henry van de Velde, Theodor Hagen und Hans Olde

Nietzsche Archiv hoch oben auf dem Berg als unsere Zitadelle ansehen.«[27] Damit war klar, dass Kessler nicht bereit war, Zugeständnisse zu machen. Diese Haltung war die Basis seines Erfolges und der Auslöser seines Scheiterns zugleich.

Die aus den Zitaten hervorstechende Kampfbereitschaft hatte konkrete Hintergründe. Wenige Tage zuvor, am 26. Juni 1902, hatte Kessler sich in Berlin bei Max Liebermann erstmals zu einer Beratung getroffen, die letztlich in der Gründung des Deutschen Künstlerbundes in Weimar münden sollte. Ursprünglich beabsichtigte man als Antwort auf die Verunglimpfung moderner Kunst durch Wilhelm II. die Gründung eines »Secessionsclubs« in Berlin, der Personen aus allen Bereichen des Geistes- und Kulturlebens zusammenführen sollte.[28] Erst durch den Skandal um die Nichtbeteiligung moderner Kunst an der Weltausstellung in St. Louis ab Frühjahr 1903, konzentrierte man die neue Vereinigung auf bildende Kunst. Kessler als Initiator verstand es, einen großen Kreis, der aus so gut wie allen nennenswerten deutschen Künstlern bestand, in seinem Museum in Weimar zu versammeln.[29] Am 15. und 16. Dezember 1903 wurde dort der Deutsche Künstlerbund gegründet (→ Abb. 7) – Wilhelm Ernst übernahm das Protektorat. Es war eine Art kunstpolitischer Paukenschlag, den keiner überhören konnte. Die Resonanz reichte bis in den Reichstag in Berlin.[30] Die Berichte des preußischen Gesandten am Weimarer Hof kommentierte Wilhelm II. mit Eifer und Groll. Zu Kesslers Aktivitäten merkte er an: »ein Querkopf, modern, total verdreht […] ein Esel.«[31]

Abb. 7
Unbekannter Fotograf

Diner anlässlich der Gründung des Deutschen Künstlerbundes in Weimar am 15./16.12.1903. Elisabeth Förster-Nietzsche (1), Max Liebermann (2), Max Klinger (3), Harry Graf Kessler (5), und die Maler Lovis Corinth (8) und Curt Herrmann (9). Abbildung in der Berliner Tageszeitung *Der Tag* (Illustrierte Unterhaltungsbeilage, 24.12.1903), Klassik Stiftung Weimar

Auf vielen Gebieten war die Leistung Kesslers in diesen Jahren einzigartig. Herausragend allein war das Ausstellungsprogramm in seinem Museum. Es war ein Stakkato an Superlativen, von denen nur einige Höhepunkte herausgehoben seien: Klinger (Kesslers erste Ausstellung, 1903); Manet, Monet, Renoir und Cézanne (1904); Kandinsky (1904); Rodin (1904 und 1906); Monet (1905); Gauguin (1905); Munch (1906) sowie drei Ausstellungen zum französischen Neoimpressionismus (1903, 1904, 1905), u. a. mit Werken von Pierre Bonnard, Henri Edmund Cross, Paul Signac und Édouard Vuillard. Kessler wagte sich weit vor. Sein Erfolg beflügelte ihn, immer rücksichtsloser gegenüber den Weimarer Hofbeamten vorzugehen. Im Sommer 1906 war der Bogen überspannt. Kessler hatte sich nicht nur als Veranstaltungsort der Dritten Deutschen Künstlerbund-Ausstellung die Zurverfügungstellung des Großherzoglichen Museums erzwungen und dieses komplett ausräumen lassen. Zugleich gärte seit Ende 1905 ein Sturm öffentlicher Empörung, weil der Bildhauer Auguste Rodin dem Großherzog eine Gruppe von Aquarellen geschenkt hatte. Dort ging es nicht nur um schwer zu verkraftende Nuditäten. Zum Kern der Entrüstung berichtete der preußische Gesandte seinem obersten Dienstherrn nach Berlin:

»Eine der Skizzen zeigt eine unbekleidete weder durch Schönheit noch durch Jugend ausgezeichnete weibliche Figur, welche von hinten gemalt ist und sich dem Beschauer in einer Stellung präsentiert, die nicht wohl anders aufgefaßt werden kann, als wolle sie eine Notdurft verrichten.«[32]

Abb. 8
**Max Beckmann
(1884–1950)**

Junge Männer am Meer, 1905, Öl auf Leinwand, 148 × 235 cm, Klassik Stiftung Weimar

Ausgerechnet auf diesem Blatt war die Widmung Rodins an den Großherzog platziert. Am 3. Juli 1906, einen Monat nach der Künstlerbunderöffnung, auf der der 22-jährige Max Beckmann mit seinen Bild der Badenden *(Junge Männer am Meer,* → Abb. 8) den Villa Romana-Preis gewonnen hatte, reichte Harry Graf Kessler seinen Rücktritt ein.[33]

2. Ludwig von Hofmann und die Museumshalle von Henry van de Velde

Der Maler Ludwig von Hofmann gehört zum engsten Kreis der maßgeblichen Wegbereiter moderner Kunst in Deutschland.[34] Selbst wenn man Arbeiten von ihm in den meisten Sammlungen in Deutschland findet, wird er heute kaum noch wahrgenommen. Ab Mitte der 1890er Jahre hingegen genoss Hofmann in fortschrittlich gesinnten Kunstkreisen beträchtliches Ansehen. Seit 1890 lebte er in Berlin. Anfang 1892 war er dort neben Max Liebermann (1847–1935) Mitbegründer der Vereinigung der *Elf,* des ersten sezessionistischen Künstlerverbundes in Berlin. In den Jahren 1894 bis 1901 lebte Hofmann im Wechsel in Berlin und Rom, wo er im Kreis der fortschrittlich gesinnten deutschen Künstler entscheidende Prägungen erfuhr. Bestens vernetzt in Berliner Avantgarde-Kreisen stieß Hofmann zwei Jahre nach Gründung der Elf 1894 auch zu den Initiatoren des *PAN* und war ab 1895 im Aufsichtsrat der Zeitschrift. Von seiner Hand stammt zudem der bekannte Entwurf des Einbandes der Zeitschrift. Ludwig von Hofmann knüpfte in diesen Jahren enge persönliche Kontakte zu allen wichtigen Figuren der sich formierenden Moderne. 1898 war er folgerichtig Mitbegründer der Berliner Secession, der wirkmächtigsten Künstlerverbindung dieser Aufbruchsjahre. Am 19. Mai 1899 wurde die erste Ausstellung im eigens dafür errichteten und von zahlreichen Mäzenen bezahlten Secessionsgebäude in der Kantstraße in Berlin-Charlottenburg eröffnet. Ludwig von Hofmann entwarf das Ausstellungsplakat (→ Abb. 9). Es dürften rauschhaft interessante Jahre gewesen sein, in denen man sich in Berlin in einem Kreis wiederfand, dem die bedeutendsten schaffenden und denkenden Personen in Deutschland und weit darüber hinaus angehörten. Hofmanns Ehefrau Eleonore (geb. Kekulé von Stradonitz, 1878–1968) erinnerte sich daneben an die Schattenseiten der Reichshauptstadt: »Aber es gab auch vieles im gesellschaftlichen Leben, was uns nicht gefiel. Die Kaiserstadt Berlin, schnell reich geworden, geriet in ein Protzentum hinein, in das auch die Kunst miteinbezogen wurde. Wir überlegten uns schon, ob wir nach Frankreich oder nach Italien übersiedeln sollten, da kam, im richtigen Moment für Ludwig, eine Berufung nach Weimar an die Kunsthochschule.«[35] Hans Olde hatte sie ausgesprochen und Hofmann nahm gerne an, denn er erhoffte sich zurecht, in »Weimar eher an dekorative Aufgaben grösseren Stils zu gelangen«[36].

Abb. 9
Ludwig von Hofmann (1861–1945)

Plakat zur ersten Ausstellung der Berliner Secession, Oktober 1899

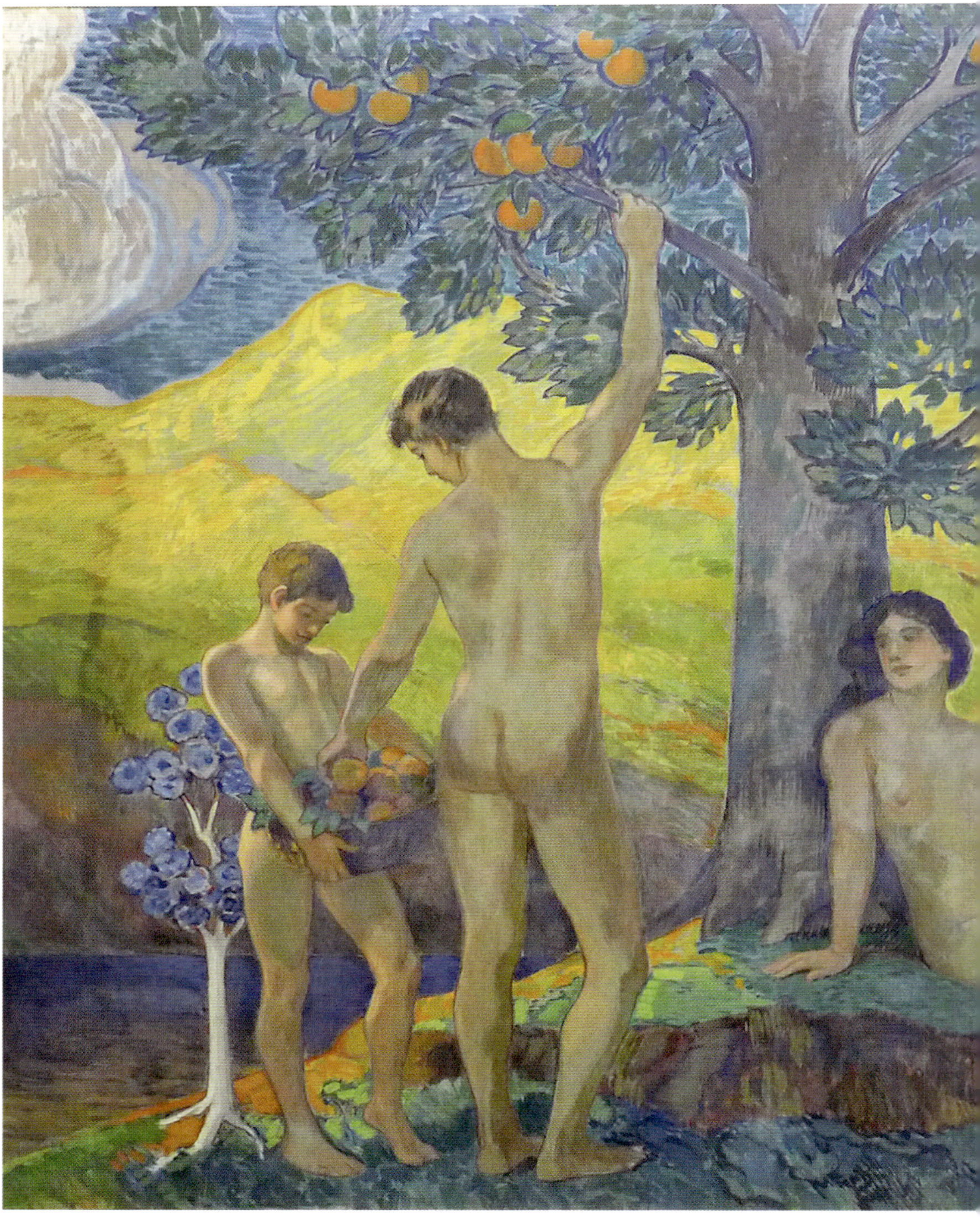

Abb. 10
Ludwig von Hofmann (1861–1945)

Orangenernte, 1906, Tempera auf Leinwand, 210 × 274 cm, Klassik Stiftung Weimar

Eines von sechs Wandbildern für das Projekt der Museumshalle von Henry van de Velde.

Ludwig von Hofmann vermochte es, seinen Bildern stets eine gewisse Zeitlosigkeit zu verleihen. Vielleicht eigneten sie sich deshalb so auffallend häufig als Projektionsfläche schriftstellerischer Fantasie. Hofmann pflegte eine enge und lebenslange Freundschaft mit Gerhart Hauptmann und war ebenso befreundet mit Hugo von Hofmannsthal. Rainer Maria Rilke schrieb geradezu hymnische Zeilen auf seine Bilder.[37] Einen gewissermaßen stillen Beobachter und Verehrer aus der Ferne hatte Ludwig von Hofmann in Thomas Mann. Am 27. Juni 1914 schrieb dieser voller Verehrung an den Maler:

»Ich liebe die hohe, neue, festliche Menschlichkeit Ihrer Kunst von Jugend auf, ich fand und liebte sie in jeder Leinwand, jedem Blatt und Blättchen, das mir von Ihnen zu Gesichte kam […].«[38]

Hofmanns großformatiges Gemälde *Orangenernte* (→ Abb. 10) entstand im Jahr 1906. Es gehört zu einem sechsteiligen Gemäldezyklus, der Bestandteil eines Raumkunstwerkes war, das Henry van de Velde konzipiert hatte. Der Auftrag wurde im Frühherbst 1905 erteilt. Die Bilder waren ursprünglich in die Wände der so genannten *Museumshalle* (→ Abb. 11) eingebunden. Diese entstand als Kernstück des Weimarer Beitrages zur Dritten Deutschen Kunstgewerbeausstellung in Dresden, den Kessler vermittelt hatte. Bei dem Projekt handelte es sich um den dritten und letzten Versuch Kesslers, ein für seine Arbeit zentrales

Abb. 11
Henry van de Velde (1863–1957)
Museumshalle mit den Wandbildern von Ludwig von Hofmann, Dritte Deutsche Kunstgewerbe-Ausstellung in Dresden, Bildarchiv Foto Marburg

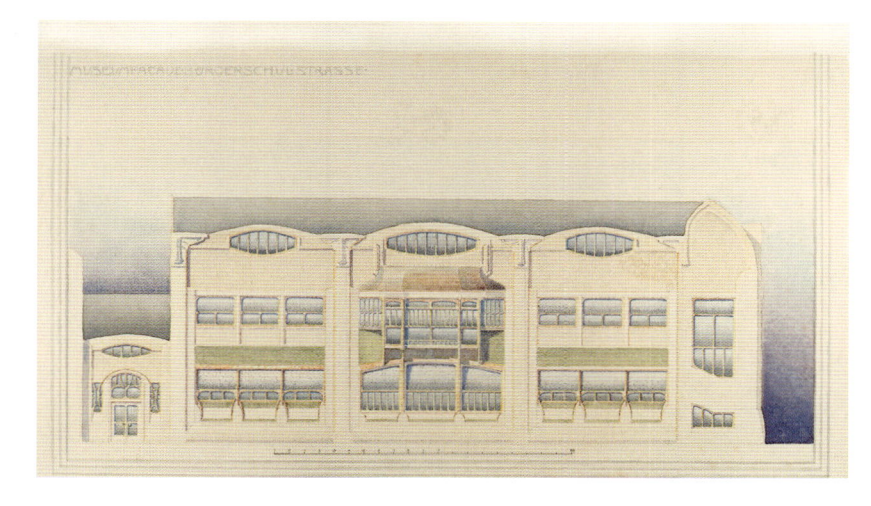

Abb. 12
Henry van de Velde (1863–1957)

Entwurf für das neue Großherzogliche Museum für Kunst und Kunstgewerbe in Weimar, 1903/04, Aquarell, 37,5 × 58,5 cm, Fonds van de Velde, Brüssel, Klassik Stiftung Weimar

Projekt in Bewegung zu bringen, dessen Ausführung man sich von Beginn der Weimarer Tätigkeit an erhoffte. Gemeint ist die Errichtung eines Museums in radikal moderner Formensprache, das selbst zu einem bedeutenden Teil moderne Kunst beherbergen sollte (→ Abb. 12).

Die Arbeiten Hofmanns waren wie sakrale Malereien in die obere Wandzone dieser musealen Empfangshalle eingebunden. Die beabsichtigte Wirkung, in einem klassisch-antikischen Sinne Andacht zu erzeugen, blieb nicht aus. »In Hofmanns Bildern liegt etwas von arkadisch Pastoralem, von einem Leben schöner, träumerischer Kindmenschen, von friedlichen Idyllen in goldener Unschuld auf dem Berg Ida, von Gärten der Hesperiden und halkyonischen Tagen [...].« So fasste der Jurist und Schöngeist Kuno Graf Hardenberg die Wirkung der Bilder in seiner Besprechung der Museumshalle zusammen.[39] Der Kunsthistoriker Otto Fischer sprach davon, »daß hier ein neuer Farbenfrühling und eine neue Idealität in die deutsche Kunst ihren Einzug hielten« und: »hier wehte in den unmittelbar suggestiven Linien (...) in Wahrheit etwas nach vom Geiste der Dionysien.«[40]

Ludwig von Hofmanns Bilder waren bereits seit mehr als einem Jahrzehnt von elegisch-arkadischen Szenerien beherrscht, in denen sich schöne junge Menschen meist unbekleidet in ursprünglicher und unberührter Natur bewegen. Besonders häufig stehen Badende in allen nur denkbaren Varianten im Mittelpunkt seiner Szenerien (→ Abb. 13). Hofmanns *Orangenernte* ist im weitesten Sinne zugleich Hommage an den von ihm verehrten Hans von Marées (1837–1887) (→ Abb. 14), der das Thema der Hesperiden, die den Baum mit den goldenen Früchten

Abb. 13
**Ludwig von Hofmann
(1861–1945)**

Felsenufer mit Jünglingen, 1890, Öl auf Leinwand, 118,5 × 112,5 cm, Klassik Stiftung Weimar

bewachen, mehrfach thematisierte. Der ganze Zyklus für die *Museumshalle* thematisiert die Idee des klassischen Idylls in zwei Gruppen. Eine ist dem Thema Ernte gewidmet, die andere dem antikischen Festzug, der von Tanz und Musik begleitet ist (→ Abb. 15). Beiden Gruppen gemein sind Darstellungen von Menschen, die in einer friedvollen, ländlichen Gemeinschaft leben. Dabei entstanden elegische Bilder, die einer paradiesischen Welt huldigen, die im expliziten Gegensatz zum durch Lärm und Elend geprägten Leben in der modernen Großstadt stehen.

3. Sascha Schneider – von Weimar zum »Kraft-Kunst-Institut«

Im Oktober 1904 trat überraschend eine der skurrilsten und künstlerisch originellsten Künstlerpersönlichkeiten seiner Zeit auf die Bühne des Neuen Weimar. Der Maler Sascha Schneider (1870–1927) (→ Abb. 16) wurde durch Hans Olde an die Großherzoglich-Sächsische Kunstschule berufen und trat dort im Oktober 1904 eine Professur an. Hintergrund war die Nachfolge des norwegischen Malers Carl Frithjof Smith (1859–1917), an dessen Stelle man beabsichtigte, einen so prominenten wie modernen Maler zu setzen. Dabei hatte man zunächst keinen Geringeren als den Wiener Gustav Klimt (1862–1918) ins Visier genommen. Als dieser ablehnte, betrieb Olde offenbar allein und ohne weitere Absprachen die Berufung Schneiders, den er seit Längerem schätzte. Kessler teilte diese Ansicht nicht. Entsetzt schrieb er an Elisabeth Förster-Nietzsche: »Olde ist in der Frage offenbar ganz unbeeinflußbar. Er will nichts hören und tut uns allen den größten Schaden. Die Weimarer Kunstbestrebungen verfallen damit vollkommen der Lächerlichkeit. In die falscheste Lage kommt Hofmann, der nicht übel Lust zu haben scheint, deshalb fortzugehen.«[42] Olde selbst sah die Situation genau gegenteilig und hielt seinen Entschluss für den gerade 34-jährigen Maler »für eine Akquisition, die noch weittragender als Ludwig von Hofmann« ist.[43]

Abb. 14
Hans von Marées
(1837–1887)

Orangenpflücker, 1871/72, Fresko in der Bibliothek der Stazione Zoologica, Neapel

Abb. 15
Ludwig von Hofmann
(1861–1945)

Musik und Tanz, 1906, Öl auf Leinwand, 209 × 445 cm, Wandbild für die Museumshalle von Henry van de Velde, Klassik Stiftung Weimar

Abb. 16
Louis Held
(1851–1927)

Sascha Schneider in seinem Atelier in der Großherzoglich-Sächsischen Kunstschule Weimar, 1906, Museum für Kunst und Gewerbe Hamburg

Abb. 17
Unbekannter Fotograf

Sascha Schneider und Karl May, um 1904

Heute kennt man Sascha Schneider fast nur durch seine Freundschaft zu Karl May (1842–1912) (→ Abb. 17) respektive seine Tätigkeit als Titelillustrator von dessen Werken.[44] Schneider war eine auf allen Gebieten merkwürdige, heute würde man vielleicht sagen, schrille Persönlichkeit. Durch eine bei einem Unfall in früher Kindheit erlittene Rückgratverletzung war er von auffällig kleiner Statur. Er empfand sich als hässlich und versuchte geradezu manisch, den eigenen Körper durch hartes Training zu stählen, was die groteske Wirkung seiner Erscheinung noch steigerte. Man sagte ihm nach, er sei durch sein Training so breit geworden, wie er lang war. Van de Velde bezeichnete ihn als »un athlète manqué«. Zugleich verstand er es aber, sein Schicksal stets mit zugespitztem Humor zu nehmen. Gegenüber Karl May äußerte er, was für ein »wunderschöner Kerl dieser Winnetou« sei und fügte hinzu »ich mag gar nicht daran denken, was für ein trauriges Getier ich bin.« Und über seine Schwierigkeiten in Gesellschaft zu bestehen, stellte er fest, es gewohnt zu sein, die Ellenbogen seiner Nachbarn in die Augen zu bekommen.[45] Dennoch verfügte Schneider nicht nur über ausgeprägtes Selbstbewusstsein, sondern er hatte eine merkwürdige, zuweilen etwas kindisch wirkende Neigung zur Provokation – gerne auch gegenüber Freunden oder in Kreisen, die für ihn besonders wichtig waren. Bald nach seinem Antritt in Weimar lud ihn Kessler zu einer Künstlerrunde in seine berühmte Wohnung in der Cranachstraße. Henry van de Velde und Ludwig von Hofmann waren ebenfalls zugegen. Es wäre sicher Gelegenheit gewesen, über Wichtiges zu reden. Schneider muss es jedoch darauf angelegt haben, gezielt die ganze Runde zu befremden, ja zu verärgern. Kessler notierte noch am selben Tag: »Er ist in Geist und Manieren die vollkommene Verkörperung dessen, was der Franzose ›une brute‹ nennt, eine Art Caliban.«[46] Einen vermeintlich nebensächlichen Umstand fügte Kessler am Ende des Eintrages indigniert hinzu: »Maillols kleine Terracotta findet er plump und unfähig.« Allein diese Bemerkung dürfte Kessler getroffen haben wie ein Dolchstoß, gehörte doch Aristide Maillol (1861–1944) zu seinen zentralen Künstler-Helden. Schneider verstand es, Provokationen in einer Weise zu platzieren, dass der Angesprochene nicht verstehen konnte, ob es sich um eine Dummheit oder einen Affront handelte. Selbst der so gesellschaftserfahrene und den Umgang mit Künstlern jeglicher Couleur gewohnte Kessler konnte oder wollte dem nicht folgen.

Seine homosexuelle Orientierung suchte Sascha Schneider nie zu verbergen – im Gegenteil, allein durch die Anmutung seiner Arbeiten, waren seine sexuellen Präferenzen mehr als offensichtlich. In Weimar bezog er gemeinsam mit seinem Schüler und Lebensgefährten Hellmuth Jahn (1885–?) eine Wohnung und trat mit diesem ohne jede Scheu in der Öffentlichkeit auf und dies, obwohl er genau wusste, auf einem »Pulverfass« zu sitzen.[47] Als Künstler zelebrierte er in beinahe kultischer Feierlichkeit den männlichen Körper und war dabei der festen Überzeugung, dass nur dieser sich zur künstlerischen Darstellung eigne. Er propagierte die Optimierung des männlichen Körpers durch systematischen Muskelaufbau schon im Knabenalter und verfasste ab 1908 in Italien eine erste theoretische Schrift unter dem Titel *Mein Gestalten und Bilden,* in der er seine Ideen der Vollendung des Körpers und deren Nutzen für die Kunst darlegte: »Der schöne Mann ist mir der Stärkste«.[48]

Auf diesem Hintergrund entbehrt es nicht der Komik, dass man nach seiner Berufung ausgerechnet Sascha Schneider die Aufgabe zugedacht hatte, wie er es beschrieb, einem »Conglomerat von 50 Damen die Schönheit des Nackten zu erläutern«.[49] Dass dies überhaupt möglich war, beruhte auf einer der vielen bahnbrechenden Neuerungen, die Hans Olde direkt nach seiner Berufung an der Kunstschule eingeführt hatte. Das Kunststudium von Frauen war bislang in Deutschland nicht möglich und Weimar hatte nun die erste deutsche Kunsthochschule, die über eine Damenklasse verfügte. Dieser Fortschritt indessen interessierte Schneider keineswegs, und der erzwungene Umgang mit dem anderen Geschlecht war ihm dauerhaft zuwider. Immerhin verstand er es, selbst diese Situation mit dem ihm eigenen Humor zu kommentieren. So merkte er gegenüber Karl May in Erwartung der ersehnten Semesterferien an, dass »mir der bezaubernde Anblick meiner süssen Malmädchen erspart sein wird. Diese Correctur hängt mir recht zum Halse heraus und ich werde alles versuchen, mir diese Lauseweiber vom Halse zu schaffen.«[50]

In Anbetracht der bereits angedeuteten Eigensinnigkeit Schneiders, versteht es sich fast von selbst, dass er sich gegenüber der Errungenschaft des gerade erst in Weimar gegründeten Deutschen Künstlerbundes ebenso mit Skepsis und Distanz positionierte. Kurz nach der Eröffnung der Dritten Jahresausstellung des Bundes in Weimar Anfang Juni 1906, an der Schneider mit zwei Bildern teilnahm, berichtete er an Karl May: »Ich habe hier meinen Ärger mit dem Künstlerbund. Die Leute wissen mit mir so wenig anzufangen, wie ich mit ihnen. Ich begegne nirgends Wohlwollen, sondern trostloser Gehässigkeit. Wenn ich nicht das bestimmte Gefühl der Kraft und die Überzeugung einer Mission in mir spürte, so könnte ich wohl verzweifeln.«[51] Es entspricht der Widersprüchlichkeit seiner Person, dass er bereits ab September 1904 als Mitglied des Künstlerbundes geführt wurde und das ihm dort gebotene Forum gern und regelmäßig nutzte.[52] Bereits auf seinen Ruf nach Weimar hatte Schneider gegenüber seinem Vertrauten Kuno Graf Hardenberg (1871–1938) mit verblüffender Widerborstigkeit reagiert:

»Diese Kleinheit! Mögen literarische & musikalische Grössen dort haben leben können; für einen bildenden Künstler ist das nichts. […] Wir brauchen die volle Welt! Nacktes wird man wahrscheinlich so gut wie gar nicht in irgend einer Vollkommenheit finden, und die landschaftliche Natur mit ihren dortigen homöopathischen Vorzügen sagt mir auch nichts. […] Von meinen Collegen, seien sie auch noch so hervorragend, verspreche ich mir herzlich wenig. Sie wollen ja ganz anderes wie ich. Dazu kommt eine ausgiebige Animosität und Voreingenommenheit gegen meine Bestrebungen als Künstler […].«[53]

Schneiders eigenartig angestrengt anmutende Distanz zu den progressiven Künstlerkreisen in Weimar, in deren Zentrum sich doch immerhin seine Freunde und Förderer Max Klinger und Hans Olde bewegten, ist schwer erklärbar. Noch verwunderlicher jedoch ist sein schneller und resonanzreicher Eintritt in die als konservativ, ja in nicht unbedeutenden Teilen als reaktionär angesehene Weimarer Hofgesellschaft. Besonders der immer wieder als tölpelhaft und kulturell desinteressiert dargestellte junge Großherzog Wilhelm Ernst scheint recht bald besondere Sympathien für Sascha Schneider entwickelt zu haben:

»Wir haben, d. h. Grossherzog u. ich allein, Hirsche auf echte Winnetou-Art beschlichen u. an Karl May gedacht. Der Grossherzog war mit meinen indianischen Fertigkeiten voll zufrieden. Ich habe wie ein Fürst gelebt und die Geschicke Weimars ein wenig dirigieren geholfen [...].«[54]

Erstaunlich ist, dass Schneiders anhaltend schlechtes Verhältnis zu Kessler von einer Ausstellung unterbrochen wurde, die der Graf ihm in seinem Museum zum Jahreswechsel 1904/1905 ermöglichte. Einiges spricht dafür, dass das vertiefte Eintauchen des Malers in die Weimarer Hofgesellschaft durch diese Ausstellung ihren eigentlichen Anschub erhielt.[55] Sein monumentales Gemälde *Hohes Sinnen* (→ Abb. 18), das bereits 1903 entstanden war, dürfte programmatisch im Mittelpunkt der Präsentation gestanden haben. Wilhelm Ernst begeisterte sich sofort für dieses Bild und erwarb es noch in der Ausstellung. Es fand 1914 einen dauerhaften und prominenten Platz im Treppenhaus des neuerbauten Südflügels des Residenzschlosses. Das zeugt von einer anhaltenden Treue und Überzeugung des Regenten für diesen unkonventionellen Künstler, was umso bemerkenswerter ist, da dieser Weimar 1908 fluchtartig wegen seiner homosexuellen Beziehungen verlassen musste.[56] Auf seinem Gemälde inszenierte Schneider in geschickter Weise seine Hauptfigur, einen antikischen Athleten, der lässig an eine von nackten Ringenden aus Bronze gestützte Balustrade gelehnt ist. Ein tiefblaues Gewand verdeckt nur wenig seine Blöße. Zwar aus der Bildmitte gerückt, aber dennoch das Bild erhaben beherrschend, gibt Schneiders merkwürdiger Heros den Blick frei auf eine weite mediterrane Küstenlandschaft, die eindeutig von der markanten Küste der toskanischen Versilia mit den Apuanischen Alpen im Hintergrund angeregt ist.[57] Schneider selbst bezeichnete sein Bild auch als »Fürst auf der Terrasse«[58], was Wilhelm Ernst, dessen Erscheinung nicht gerade stattlich war, vielleicht dazu bewog, sich selbst in Schneiders muskulösem Helden wiederzuerkennen, respektive hineinzuträumen. Karl May hingegen lieferte dem Maler gegenüber die seltsame Deutung, es handele sich in Wahrheit um ein Selbstbildnis: »[...] aber die scheinbar einsame, herrliche Gestalt, die mit sinnendem Herrscherblick auf ihre unendliche schöne innere Welt herniederschaut [...], die ist kein Anderer als mein Sascha Schneider selbst!!!«[59] Das Bild ist von souveräner Farbregie bestimmt und von erstaunlicher Modernität und Frische. Es entbehrt jeder aufdringlichen Symbolik und ist beherrscht von großen freien Flächen und Räumen. Die Malerei ist subtil in impressionistischer Manier ausgeführt. Schneider erweist hier nicht nur sein Können in der Bewältigung des großen Formates, sondern zugleich als beeindruckender Kolorist. Hervorzuheben ist allerdings, dass es sich bei dieser Arbeit um einen Solitär handelt.

Abb. 18/Seite 188/189
Sascha Schneider
(1870–1927)

Hohes Sinnen, 1903, Öl auf Leinwand, 247 × 408 cm, Klassik Stiftung Weimar

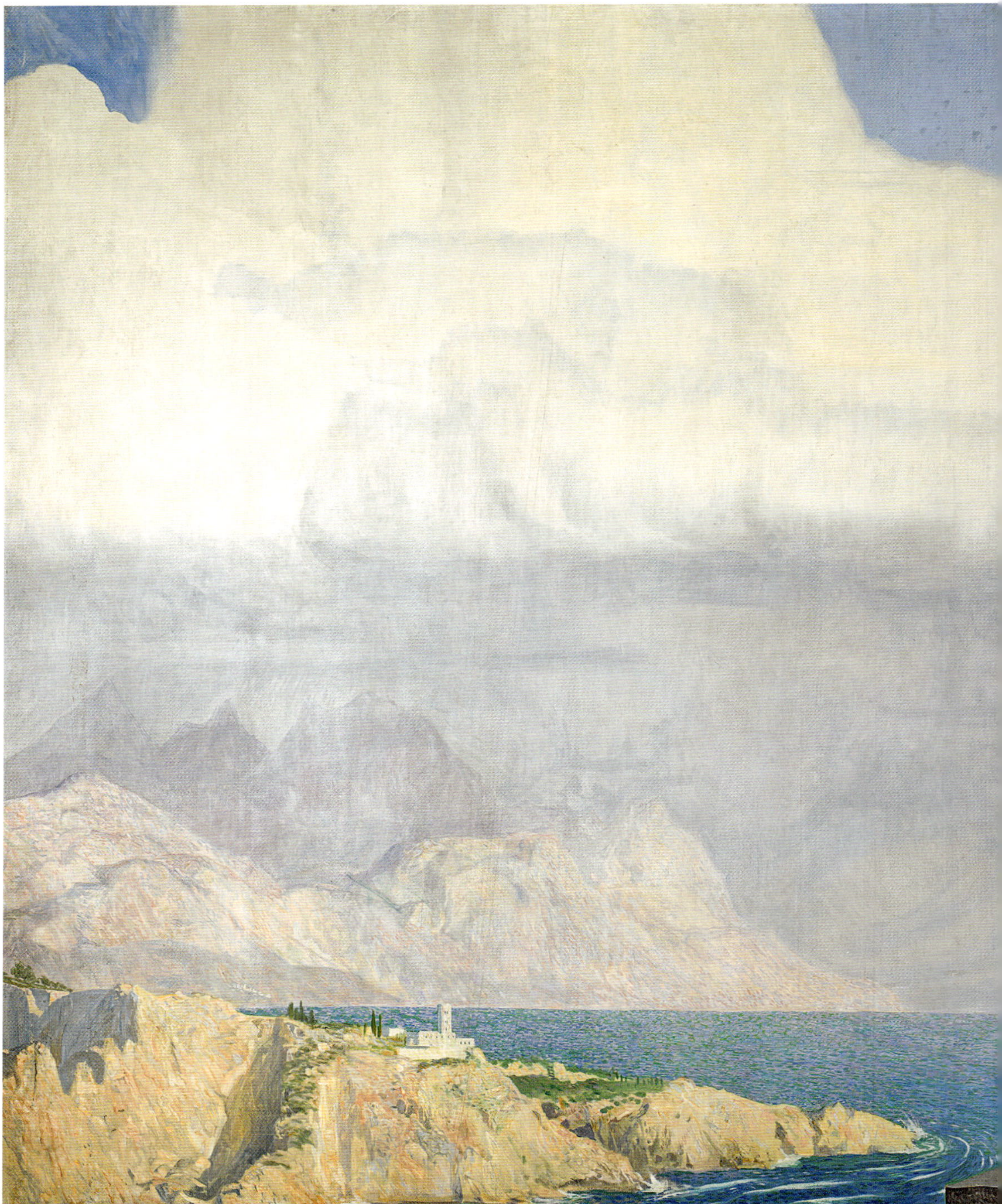

189

Abb. 19
Sascha Schneider
(1870–1924)

Leben (ein Kampf), 1908, Wandfries (Detail) im Hoftheater Weimar (heute: Deutsches Nationaltheater)

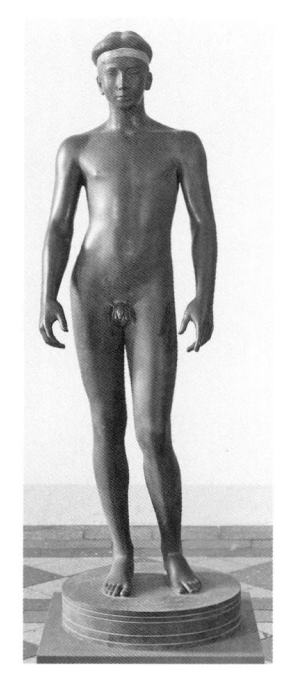

Abb. 20
Sascha Schneider
(1870–1924)

Idolino, 1911, Kupfer, Hohlgalvano, Höhe: 175 cm, Staatliche Kunstsammlungen Dresden, Skulpturensammlung

An die künstlerische Vermählung seines realistischen Körperkults mit französisch inspirierten, modernen Bildauffassungen, deren Einflüsse er etwa in Malereien von Max Klinger oder Hans Olde bereits erlebt haben dürfte, wagte er sich später nie mehr heran.

Eine weitere Arbeit großer Originalität lieferte Schneider Anfang 1908 in Weimar ab. Es handelt sich um drei Friese mit den Titeln *Tod, Leben (ein Kampf)* (→ Abb. 19) und *Liebe,* die zusammen die beträchtliche Länge von 21 Metern einnehmen. Den Auftrag für den Foyer- und Pausensaal des Weimarer Hoftheaters teilten sich Sascha Schneider und Ludwig von Hofmann.[60] Dargestellt findet man nackte, fast ausschließlich männliche Figuren, die in hoher Dynamik horizontal schweben oder fliegen, kämpfen, ringen oder sich ineinander verschlingen. Die Besonderheit sind die originellen figuralen Erfindungen Schneiders, bei denen er eine allzu naturalistische Darstellung geschickt vermied zugunsten eines Abstraktionsgrades, der an die Schematisierungen griechischer Vasenmalerei erinnert.

1918 gründete Sascha Schneider, der sich seit Jahren zunehmend auch mit der Bildhauerei beschäftigte (→ Abb. 20), in Dresden eine markante und leicht befremdlich anmutende Institution, die er *Kraft-Kunst-Institut* nannte. Dort setzte er seine über mehr als zehn Jahre entwickelte Idee um, die eine systematische Körperoptimierung unter geschulter Anleitung mit Kunst kombinierte. Im Kern der Absicht ging es hier um eine nach seinen Vorstellungen ideale Förderung der Körperoptimierung junger Männer, die dann als ideale Modelle der Kunst zu Diensten sein sollten. Kunst sollte Ausgangspunkt und Anregung solcher Körperbildung

Teilansicht des Übungsraumes im Kraft-Kunst-Institut

Abb. 21
Teilansicht des Übungsraumes im Kraft-Kunst-Institut in Dresden, Zeitungsfoto, 1918

sein. Zeitgenössische Fotos überliefern, dass Schneiders Institut wie eine Art Bodybuilding-Studio mit modernsten Trainingsgerätschaften ausgestattet war, zwischen denen sowohl Schneiders Skulpturen wohlgeformter Jünglinge als auch seine großformatigen Gemälde in musealer Weise präsentiert wurden (→ Abb. 21). In etwas gespenstisch anmutenden Worten visionierte Schneider eine »Gestaltung des Menschen, wie er durch physische Kultur und methodische Körperausbildung sich ergeben müßte. Das Körperliche nicht als Träger einer Idee, als zufälliges ›Gefäß‹ oder einer innewohnenden Seelenregung, sondern seines eigenen Wertes halber. Ein formvollendetes Körperliches um seiner selbst willen.«[61]

4. Die Schönheit der Kraft – ein Stadion als Nietzsche-Denkmal

Im Jahr 1911 kam es in Weimar zu einem so merkwürdigen wie markanten Nachhall des Neuen Weimar. Harry Graf Kessler hatte nach seinem forcierten Rücktritt im Juli 1906 der Stadt die Treue gehalten. Er behielt seine dortige Wohnung, die er weiterhin häufig nutzte. Anfang 1911 kamen bereits früher wiederholt erwogene Überlegungen zu einem Denkmal für Friedrich Nietzsche wieder in Gang. Kessler sollte es verstehen, die Konzeption hierfür bald vollständig an sich zu ziehen und Henry van de Velde, der selbstverständlich der Ausführende sein sollte, entsprechend zu beeinflussen.[62] In kurzer Zeit entstand ein gigantisches Konzept, dessen Dimensionen und Details hier nur angedeutet werden können. Kern der Überlegung war ein Ort, der weit über den traditionellen

Gedanken eines Denkmales in idealer Verbindung von Architektur und Kunst hinausgehen sollte. Das kesslersche Nietzsche-Denkmal sollte zum kultischen Ereignisort werden und damit nicht nur für andere Künste wie Musik und Tanz Raum bieten, sondern zugleich für Sport und Athletik im klassischen Sinn. Wie diese Verbindung im Kern gedacht war, spitzte Kessler am 15. April 1911 der skeptischen Elisabeth Förster-Nietzsche gegenüber wie folgt zu:

»Ihr Bruder war der Erste der uns wieder die Freude an [...] körperlicher Kraft und Schönheit gelehrt hat, der Erste der die Körperkultur, die körperliche Kraft und Geschicklichkeit wieder zum Geiste und zu den höchsten Dingen in Beziehung gebracht hat. Diese Beziehung möchte ich in diesem Denkmal verwirklicht sehen.«[63]

Tags darauf skizzierte Kessler seinem langjährigen Freund, dem Dichter Hugo von Hofmannsthal in einem ausführlichen Brief das gedanklich nun weitgehend vollendete Projekt (→ Abb. 22):

»Wir wollen [...] eine Art von Hain schaffen durch den eine ›Feststraße‹, eine feierliche Allee hinaufführt zu einer Art von Tempel. Vor diesem Tempel auf einer Terrasse [...] soll Maillol in einer überlebensgroßen Jünglingsfigur das Apollinische Prinzip [Nietzsches] verkörpern. *Im Innern* denken wir uns den Tempel nach folgendem Plan: [...] Am Stirnende eine

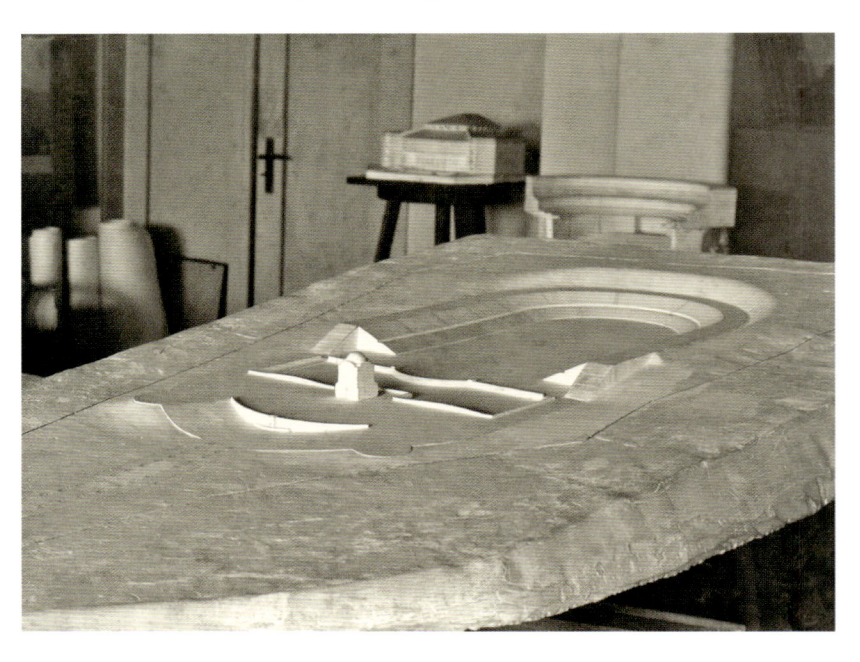

Abb. 22
Henry van de Velde (1863–1957)

Modell des vierten und letzten Entwurfes für das Nietzsche-Denkmal in Weimar mit Stadion, Schwimmbassin und Tempel (nicht erhalten), 1912, Klassik Stiftung Weimar

Art von niedriger ›Bühne‹, wie die auf denen in Kirchen der Altar steht, und darauf eine große Nietzsche Herme. [...] die Seitenwände [sind] durch Pilaster in Abschnitte gegliedert [...] in der Mitte jedes Abschnittes ein großes Relief von Klinger. [...] Da die Reliefs im Innern auch das Dionysische in Nietzsches Weltanschauung verkörpern sollen, so stimmen dazu Musik und lebendiger Tanz. Das Apollinische kommt wie gesagt *außen* zum Ausdruck: zunächst in Maillols Figur; dann aber auch diese im *Lebendigen*. Und die ist, was dem Ganzen seinen eigensten und neuesten Charakter geben soll. [...] *Hinter* dem Tempel denke ich mir ein *Stadium,* in dem jährlich Fußrennen, Turnspiele, Wettkämpfe jeder Art, kurz die Schönheit und Kraft des Körpers, die Nietzsche als erster moderner Philosoph wieder mit den höchsten, geistigen Dingen in Verbindung gebracht hat, sich offenbaren können. [...] es [ist] passend, daß im Anschluß an eine Gedenkstätte für Nietzsche, ein der Jugend und der Kraft geweihter Platz entsteht. Er hat diesen Teil des Lebens wieder durchgeistigt, [...]. Wir werden [...] versuchen, die Turn und Sportvereine, die ganze gewaltige jugendfrische Bewegung, für das Denkmal zu interessieren. Da sind Hunderttausende, die wir gewinnen und deren materielle Hülfe wir in Anspruch nehmen können. Daß außerdem die Anlage dadurch zu einer der schönsten und majestätischsten wird, die man seit der Antike verwirklicht hat, muß auch werbend wirken.«[64]

In der letzten Stufe der Planung sollte dieser moderne Kultort mit dem Stadion für die nietzscheanische Huldigung von Körper und Schönheit noch um ein großes Schwimmbassin erweitert werden. Diese Anlage sollte allerdings »verdeckt« sein, so notierte der empfindsame Ästhet Kessler in sein Tagebuch und fügte den überzeugenden Grund seiner Überlegung sogleich hinzu: »damit man nicht gezwungen ist, dort in scheußlichen Badekostümen zu baden.«[65]

---

1 Die Äußerung zur Wirkung Nietzsches in den 1890er Jahren stammt aus den Erinnerungen Kesslers, die er ab 1931 und vor allem nach seiner Flucht aus Deutschland zwischen 1933 und 1935 verfasste. Harry Graf Kessler: Gesichter und Zeiten. Erinnerungen. Erster Band: Völker und Vaterländer. Berlin 1935, S. 283.
2 Zit. n. Harry Graf Kessler: Das Tagebuch 1880–1937, 9 Bde., Bd. 3, 1897–1905. Stuttgart 2004, S. 812f.

3   Hans-Ulrich Simon: Eberhard von Bodenhausen, Harry Graf Kessler. Ein Briefwechsel, 1894–1918. Marbach 1978, Bodenhausen an Kessler, 27.4.1896, S. 13. Die Ausweitung der Rolle Kesslers wurde begünstigt durch den Ausstieg der Gründungsredakteure Julius Meier-Graefe und Otto Julius Bierbaum infolge des Skandals um die Toulouse-Lautrec-Lithografie für das 3. Heft im Oktober 1895.
4   Der erste Besuch Kesslers fand am 25.10.1895 statt. Nietzsche war Anfang 1889 in Turin in geistige Umnachtung gefallen. Elisabeth Förster-Nietzsche lebte ab 1893 mit ihrem schwerkranken und pflegebedürftigen Bruder in Naumburg.
5   Vgl. zu diesem Thema generell: Jürgen Krause: »Märtyrer« und »Prophet«. Studien zum Nietzsche-Kult in der bildenden Kunst der Jahrhundertwende. Berlin, New York 1984.
6   Vgl. zu diesen Zusammenhängen: Thomas Föhl: Henry van de Velde: Architekt und Designer des Jugendstils. Weimar 2010, S. 24f.
7   Vgl. Föhl 2010 (wie Anm. 6), S. 27. Der Künstler veröffentlichte unter ähnlichem Tenor seine kunsttheoretischen Vorstellungen, u. a. in den Schriften: Henry van de Velde: Kunstgewerbliche Laienpredigten. Leipzig 1902 und: Vom neuen Stil. Der Laienpredigten II. Teil. Leipzig 1907. Zu seinem 1894 erstmals erschienen Aufsatz Déblaiment d'art (Säuberung der Kunst) merkte der Künstler an: »Ich betrachte ihn als den ersten Schritt auf dem Weg des Apostolates für einen Neuen Stil.« Zit. n. Henry van de Velde: Geschichte meines Lebens. Herausgegeben und übertragen von Hans Curjel. München 1962, S. 86.
8   Zit. n.: Henry van de Velde: Zum neuen Stil. Aus seinen Schriften ausgewählt und eingeleitet von Hans Curjel. München 1955, S. 156–168, hier: S. 162f.
9   Die Ausgabe gilt als einer der Höhepunkte neuerer Buchkunst. Obwohl van de Velde unmittelbar nach dem Treffen mit Kessler bereits erste Entwürfe anfertigte, erschien die Zarathustra-Ausgabe erst 1908 im Leipziger Insel-Verlag.
10 Vgl. Antje Neumann (Hg.): Harry Graf Kessler – Henry van de Velde. Der Briefwechsel. Köln 2014, van de Velde an Kessler, 28.11.1897, S. 150, hier: zit. n. der Übersetzung auf S. 41.
11 Vgl. detailliert zur Entstehungsgeschichte: Hildegard Gantner-Schlee: Das Nietzsche-Bildnis von Hans Olde. Basler Zeitschrift für Geschichte und Altertumskunde. Bd. 70. Basel 1970, S. 209–217. Vgl. zu Olde die Ausführungen weiter unten im Text und Anm. 25.
12 Das fertige Nietzsche-Bildnis wurde als Radierung dem Mai-Heft 1900 des PAN beigegeben (5. Jg., Berlin 1899/1900, S. 233). Nach mehreren vergeblichen Versuchen, die Finanzierung der Zeitschrift aufrechtzuerhalten, war dieses das letzte erschienene Heft.
13 Die Erinnerung bezieht sich auf die der Radierung zugrundeliegende Zeichnung, die er im Nietzsche-Archiv sah, vgl. Henry van de Velde 1962 (wie Anm. 7), S. 188f. Alfred Lichtwark schrieb am 22.4.1900 an Olde »Ich bin ganz weg, das ist einfach großartig und ergreifend. Meine Schwester […] konnte es gar nicht ansehen, so sehr hat der Ausdruck sie erschüttert«, zit. n. Gantner-Schlee 1970 (wie Anm. 10), S. 216.
14 Sowohl Max Klinger als auch Ernst Moritz Geyger, denen er unmittelbar telegrafiert hatte, waren nicht abkömmlich.
15 Eintrag vom 27.8.1900, Kessler 2004 (wie Anm. 2), S. 314.
16 Vgl. die ausführliche Untersuchung: Conny Dietrich und Hansdieter Erbsmehl: Klingers Nietzsche. Wandlungen eines Portraits 1902–1914. Ein Beitrag zur Kunstgeschichte des »neuen Weimar«, in: Justus H. Ulbricht (Hg.): Ausst.-Kat. Klassik Stiftung Weimar und Kolbe-Museum Berlin, Jena 2004; in diesem Zusammenhang vor allem die Dokumentation zur Entstehung der Bildnisse, S. 78–123, hier: S. 82f.
17 Im April 1902 erhielt van de Velde den Auftrag, der den Umbau des Erdgeschosses und den Neubau eines Eingangsvorbaus umfasste. Am 15.10.1903 erfolgte die Einweihung. Die Kosten wurden durch Vermittlung Kesslers von Alfred Walter Heymel (1878–1914), dem Gründer des Insel-Verlages vorfinanziert. Vgl. Föhl 2010 (wie Anm. 6), S. 49f.
18 Kessler an Elisabeth Förster-Nietzsche, 27.9.1901, zit. n. Thomas Föhl (Hg.): Von Beruf Kulturgenie und Schwester. Harry Graf Kessler und Elisabeth Förster-Nietzsche. Der Briefwechsel 1895–1935. 2 Bde. Weimar 2013, Bd. 1, S. 318.
19 Bereits im März 1901 imaginierte sie mögliche Rollen für Kessler und van de Velde in Weimar: Elisabeth Förster Nietzsche an Harry Graf Kessler, 22.3.1901, Föhl 2013 (wie Anm. 18), Bd. 1, S. 297–299.

20 Vgl. zu diesen Vorgängen ausführlich Föhl 2010 (wie Anm. 6), S. 39–46.
21 Zit. n.: Volker Wahl (Hg.): Henry van de Velde in Weimar: Dokumente und Berichte zur Förderung von Kunsthandwerk und Industrie (1902 bis 1915). Köln 2007, Dokument Nr. 24, S. 102.
22 In seinem Brief an Bodenhausen vom 6.4.1902 zitiert Kessler die hier wiedergegebene Aussage Hans Oldes. Zit. n. Simon 1998 (wie Anm. 3), Kessler an Bodenhausen, S. 69.
23 Zit. n. Simon 1998 (wie Anm. 3), Kessler an Bodenhausen, 6.4.1902, S. 67f. Aus diesem Brief geht hervor, dass er sich zunächst eine noch weitreichendere Stellung im Sinne eines Kultusministers vorstellte. Vgl. die Einführung zu Kessler 2004 (wie Anm. 2), S. 30f.
24 Vgl. hierzu grundlegend: Thomas Föhl: Kunstpolitik und Lebensentwurf. Das Neue Weimar im Spiegel der Beziehungen zwischen Harry Graf Kessler und Henry van de Velde, in: Rolf Bothe, Thomas Föhl (Hgg.): Aufstieg und Fall der Moderne. Ausst.-Kat. Kunstsammlungen Weimar. Ostfildern 1999. S. 62–97. Peter Grupp: Harry Graf Kessler – eine Biographie. Frankfurt a. M. 1999, S. 85–121.
25 Gabriele Bremer und Heinz Spielmann: Hans Olde und die Freilichtmalerei in Norddeutschland. Bestandskatalog des Schleswig-Holsteinischen Landesmuseums Kloster Cismar. Schleswig 1991.
26 Kessler an van de Velde, 15.10.1902, zit. n. Henry van de Velde 1962 (wie Anm. 7), S. 224f.
27 Kessler an Förster-Nietzsche, 26.6.1902, zit. n. Föhl 2013 (wie Anm. 18), S. 388.
28 23. Juni 1902 Tagebuch S. 508, das nächste Treffen fand am 14.1.1903 statt.
29 Eine Einigung unter Überwindung der Künstlereitelkeiten der beiden größten Machtblöcke Münchener und Berliner Secession in der Reichshauptstadt wäre kaum denkbar gewesen. Somit war Weimar der ideale Ort der Gründung. Vgl. Föhl 1999 (wie Anm. 24), S. 71.
30 Am 15. Februar 1904 debattierte der Reichstag einen ganzen Tag lang zu diesem Thema. Vgl. Grupp 1999 (wie Anm. 24), S. 112f. Zur Grundlage der Diskussion wurde der Sonderdruck eines Aufsatzes, den Kessler verfasst hatte. Derselbe: Der Deutsche Künstlerbund, in: Kunst und Künstler, Jg. 2. Berlin 1904, S. 191–196.
31 Zit. n.: Föhl 1999 (wie Anm. 24), S. 71.
32 Föhl 1999 (wie Anm. 24), S. 71.
33 Im Januar 1905 war in Weimar der Entschluss des Bundes zur Gründung eines Künstlerhauses in Florenz gefasst worden. Vgl. hierzu: Thomas Föhl: Max Klinger und die Gründung der »Florentiner Künstlerkolonie« Villa Romana, in: Thomas Föhl und Gerda Wendermann (Hgg.): Ein Arkadien der Moderne? 100 Jahre Künstlerhaus Villa Romana. Ausst.-Kat. Neues Museum Weimar. Berlin 2005, S. 40–55.
34 Einen fundierten Überblick zu Werk und Wirken Ludwig von Hofmanns bietet der umfangreiche Ausstellungskatalog: Annette Wagner und Klaus Wolbert (Hgg.): Ludwig von Hofmann. Arkadische Utopien in der Moderne. Ausst.-Kat. Institut Mathildenhöhe Darmstadt. Darmstadt 2005. Vgl. dort besonders: Thomas Föhl: Ludwig von Hofmann in Weimar, S. 38–46 und Ingo Starz: Symbol und Ekstase – Ludwig von Hofmann und die Kunstidee des Neuen Weimar, in: Bothe/Föhl 1999 (wie Anm. 24), S. 208–215.
35 Eleonore von Hofmann: Im Kreis der Elite. Persönliche Erinnerungen an Ludwig von Hofmann, in: Wagner/Wolbert 2005 (wie Anm. 34), S. 387.
36 Hofmann an Olde, Berlin 11.4.1903, zit. n. Wagner/Wolbert 1991 (wie Anm. 34), S. 58.
37 Zu Rilke vgl. Bernhard Böschenstein: Jugendstil – Antike – Traum und Tod. Ludwig von Hofmanns Rezeption in der deutschen Dichtung um und nach 1900, in: Wagner/Wolbert 2005 (wie Anm. 34), S. 358–373, hier: S. 358f.
38 Zit. n.: Eleonore von Hofmann in: Wagner/Wolbert 2005 (wie Anm. 34), S. 388. Thomas Mann, der sich ansonsten nicht mit Kunst umgab, besaß ein Gemälde von Hofmann.
39 Zit. n. Verena Senti-Schmidtlin: Wunschbild Arkadien. Körper und Idylle im Werk Ludwig von Hofmann, in: Wagner/Wolbert 2005 (wie Anm. 34), S. 54–61, hier: S. 54.
40 Zit. n. Kuno Graf Hardenberg: Die Museumshalle für Weimar, in: Deutsche Kunst und Dekoration, Jg. 18, 1906, H. 9, S. 673–679. Otto Fischer: Ludwig von Hofmann, in: Kunst und Künstler, Jg. 8, 1910, Heft 9, S. 473–474.
41 Vgl. Starz 1999 (wie Anm. 34), hier: S. 209.

42 Kessler an E. Förster-Nietzsche, 30.4.1904. Das pikierte Entsetzen über Oldes gewagte Entscheidung scheint in der Kunstszene bis nach Berlin gewirkt zu haben; so soll Max Liebermann zu dieser Nachricht ausgerufen haben: »Det is der Bankrott für Weimar!« Das berichtete Olde an Max Klinger am 19.7.1904 (Stadtarchiv Naumburg), zit. n. Annelotte Range: Zwischen Max Klinger und Karl May. Bamberg 1999, S. 4.

43 Brief Olde an seine Frau vom 3.5.1904, zit. n.: Hildegard Gantner: Hans Olde. Leben und Werk. Tübingen 1968 (Diss.).

44 Die Forschungssituation zu Sascha Schneider ist aufgrund zweier überlieferter umfangreicher Briefwechsel (mit Karl May und mit Kuno Graf Hardenberg) relativ gut. Zwei als Bücher publizierte Dissertationen bestimmen das Bild des Künstlers: Range 1999 (wie Anm. 42); Christiane Starck: Sascha Schneider. Ein Künstler des deutschen Symbolismus. Marburg 2016.

45 »[…] denn er war auffallend breit, beinah so breit wie lang, von mächtigen Ausmaßen und dabei klein«, überliefert die Weimarer Chronistin Erika von Watzdorf-Bachoff in Reinhard R. Doerries (Hg.): Im Wandel und in der Verwandlung der Zeit. Ein Leben von 1878 bis 1963. Aus dem Nachlass. Stuttgart 1997, S. 126. Dort auch das häufig zitierte Bonmot van de Veldes.

46 Kessler 2004, Bd. 3 (wie Anm. 2). 7.7.1905. Caliban ist eine Figur aus Shakespeares' Sturm. Er ist der Prototyp eines ungehobelten und gänzlich kulturlosen Naturmenschen.

47 In Anbetracht eines im selben Hause wohnenden Staatsanwaltes erwähnte Schneider an Hardenberg, »auf einem Pulverfass« zu sitzen, 18.10.1904 zit. n. Starck 2016 (wie Anm. 44), S. 150.

48 Die Schrift entstand schon in Schneiders italienischer Zeit ab Sommer 1908; Vier Jahre später konnte er sie veröffentlichen: Sascha Schneider: Mein Gestalten und Bilden, 1912: »Mich interessiert ausschließlich der männliche Körper, d. h. die Kraft, die ich aber auch schon im Knaben liebe. Kraft ist für mich Schönheit und ich denke da so radikal, daß ich eine hochentwickelte Muskulatur für absolut schön halte. Des Mannes Schönheit ist seine Kraft. Der schöne Mann ist mir der Stärkste.« Auch erschienen als Neudruck: Sascha Schneider: Mein Gestalten und Bilden – Über Körperkultur [1914]. Reprint mit einer Einführung von Hans-Gerd Röder. Wiesbaden 1991.

49 Schneider an May, 27.7.1904, zit. n. S. Hartmut Vollmer, Hans Dieter Steinmetz (Hgg.): Karl May. Briefwechsel mit Sascha Schneider: Mit Briefen Schneiders an Klara May. U. a. Bamberg, Radebeul 2009, S. 98.

50 Schneider an May, 12.5.1906, zit. n. Vollmer/Steinmetz 2009 (wie Anm. 49), S. 209f.

51 Die Dritte Ausstellung des Deutschen Künstlerbundes wurde am 1.6.1906 eröffnet. Sascha Schneider an Karl May, 17.6.1906, zit. n. Vollmer/Steinmetz 2009 (wie Anm. 49), S. 222.

52 [erstes gedrucktes] Mitgliederverzeichnis des Deutschen Künstlerbundes nach dem Stande vom 1. September 1904. München 1904.

53 Schneider an Hardenberg, 18.10.1905, zit. n.: Vollmer/Steinmetz 2009 (wie Anm. 49), S. 181f.

54 In einem Brief vom 18.10.1905 an Karl May, in: Vollmer/Steinmetz 2009 (wie Anm. 49), S. 181.

55 Die ausführlicheren Begegnungen von denen Schneider in Briefen berichtet, finden ab Anfang 1905 statt. Vgl. Starck 2016 (wie Anm. 44), S. 35f.

56 Er verließ Weimar im Sommer 1908 fluchtartig, nachdem sein Lebensgefährte ihn erpresste und ihm eine Anklage nach § 175 drohte. Durch Max Klinger fand er zunächst Aufnahme in der Villa Romana in Florenz. Schneider lebte später in der Versilia und in Pratolino bei Florenz und kehrte mehrere Jahre nicht nach Deutschland zurück.

57 Dieser Umstand wurde bislang übersehen. Schneider lebte ab 1908 an dieser Küste, die die Sommerfrische von Florenz war. Vermutlich lernte er die Gegend 1898 bei seinem ersten Florenzaufenthalt kennen, spätestens jedoch 1899, wo er sich in Viareggio zu einem »Erholungsaufenthalt« aufhielt. Diese Angabe unkommentiert bei Starck 2016 (wie Anm. 44), S. 26.

58 Diesen Titel nannte Schneider in seinem Brief an Hardenberg, 13.8.1903, Angabe bei Range 1999 (wie Anm. 44), S. 53.
59 Karl May an Sascha Schneider, März 1906, zit. n. Vollmer/Steinmetz 2009 (wie Anm. 44), S. 212.
60 Vgl. zu diesem Zyklus allgemein: Range 1999 (wie Anm. 42), S. 118–121 und Starck 2016 (wie Anm. 44), S. 229f.
61 Mein Gestalten und Bilden 1912, S. 4.
62 Vgl. die Studie mit einem ausführlichen Text von Alexandre Kostka: Thomas Föhl (Hg.): ihr kinderlein kommet ... Henry van de Velde: ein vergessenes Projekt für Friedrich Nietzsche. Ausst.-Kat. Kunstsammlungen zu Weimar. Ostfildern 2000.
63 Kessler an Förster-Nietzsche, 15.4.1911, zit. n. Föhl 2013 (wie Anm. 18), S. 827–835, hier: S. 829. Dieser Brief ist inhaltlich eine weit detailreichere Variante des nachfolgend zitierten Schreibens an Hofmannsthal.
64 Kessler an Hofmannsthal, 16.4.1911, zit. n.: Hilde Burger (Hg.): Hugo von Hofmannsthal – Harry Graf Kessler. Briefwechsel. Frankfurt a. M. 1968, S. 324.
65 Kessler (wie Anm. 2), Bd. 4, 1906–1914, Stuttgart 2005, Eintrag vom 5.9.1911. Van de Velde setzte diese Idee kurz darauf in seiner vierten Planung des Denkmals um. Vgl. Kessler 2004 (wie Anm. 2), Tagebuch, Eintrag vom 6.11.1911, S. 739.

Ärzte, Propheten, Heiler

Nachdem Wasser nicht mehr als Überträger von Krankheiten betrachtet wurde, sondern der äußeren und inneren Reinigung diente, erlebte beim wohlhabenden Bürgertum Heilwasser einen wahren Boom. Man begann, Krüge an Brunnen aufzufüllen und zu verschicken. Populär waren insbesondere das Selterswasser oder Mineralwasser aus Fachingen und Bad Ems, das man auch ins Ausland versendete. Der Badeort Vichy wurde in Frankreich der führende Wasserlieferant. Da der Versand von Brunnenwasser allerdings eine kostspielige Angelegenheit war, experimentierten Mediziner mit der künstlichen Herstellung von Mineralwasser. Dem Apotheker Friedrich Adolph August Struve (1781–1840) gelang schließlich die genaue Analyse des Mineralwassers, so dass er den Geschmack imitieren konnte. In Dresden eröffnete er 1820 eine Mineralwasser-Anstalt, die ein Vorbild für nachfolgende Anstalten in anderen Städten wurde. Ähnlich wie in Kurorten verfügten diese über Trink- und Wandelhallen und ein kulturelles Rahmenprogramm.

Der 1905 hergestellte Mineralwasserabfüllapparat der Firma Helbing aus Mannheim ermöglichte in Ermangelung von heilendem Quellwasser, destilliertes Wasser unter anderem mit Calcium, Magnesium, Natrium zu versetzen, mit Kohlensäure durch kräftiges Verrühren zu sättigen und in Flaschen zu füllen. Das Landesadreßbuch von 1909 verzeichnete allein für die Stadt Mannheim vierzig Mineralwasser- und Limonadenfabriken.

Neben den Trinkkuren entwickelten sich im 19. Jahrhundert eine Reihe von Reformbewegungen und Therapieformen, die die Elemente Wasser, Luft und Sonne in den Fokus rückten. Neben der von dem Priester Sebastian Kneipp (1821–1897) bekannt gemachten Kaltwassertherapie, die mit Trinkkuren und Wassertreten verbunden und heute noch als Kneipp-Medizin populär ist, entwickelten viele Mediziner als so genannte Hydropathen, aber auch selbst ernannte Heiler und Propheten Therapien, um den von der Industrialisierung gebeutelten Körper zurück zur Natur zu führen, zu reinigen und zu heilen. Dabei reichte das Angebot von Trinkkuren, Diäten und Freiluftkörperkult bis zu Aussteigern, die sich in rurale Lebensgemeinschaften zurückzogen oder sogar ganz in die Südsee auswanderten.

Adolf Just (1859–1936) war als Laienmediziner Gründer der Kuranstalt Jungborn im Harz und ein Verfechter einer streng fleischlosen Kost. Er propagierte die naturgemäße Lebensweise als einziges Mittel zur Heilung aller Krankheiten und Leiden des Leibes, des Geistes und der Seele. Licht- und Luftbäder sowie Kneippkuren fanden in seiner Kuranstalt Jungborn Anwendung. Der Name der Kuranstalt leitet sich vom Begriff des Jungbrunnens ab. Die Fotografien, die hier zu sehen sind, zeigen das Gelände der Kuranstalt zu unterschiedlichen Zeiten sowie ihren Gründer selbst im Anzug – aber barfuß (→ Abb. 1–6). Neben den Lichtlufthütten, Plätzen für gemeinschaftlichen Sport, zahlreichen Kneipp- und Badebecken gab es auch Räume für die unterschiedlichsten hydrotherapeutischen Anwendungen. Der Speiseplan sah streng vegetarische Krankenkost vor.

Adolf Just publizierte 1896 sein Hauptwerk *Kehrt zur Natur zurück! Die naturgemässe Lebensweise als einziges Mittel zur Heilung aller Krankheiten und Leiden des Leibes, des Geistes und der Seele. Das naturgemäße Bad, Licht und Luft in ihrer Anwendung im vollen Sinne der Natur, Die Erdkraft als wichtigstes Heilmittel der Natur, Naturgemässe Ernährung*. Diese Schrift fand zahlreiche interessierte Leser. Neben dem Pastor und Verfechter der Naturheilkunde Emanuel Felke (1856–1926) war unter anderem Franz Kafka (1883–1924) zu Gast im Harz. Die Publikation Justs wurde

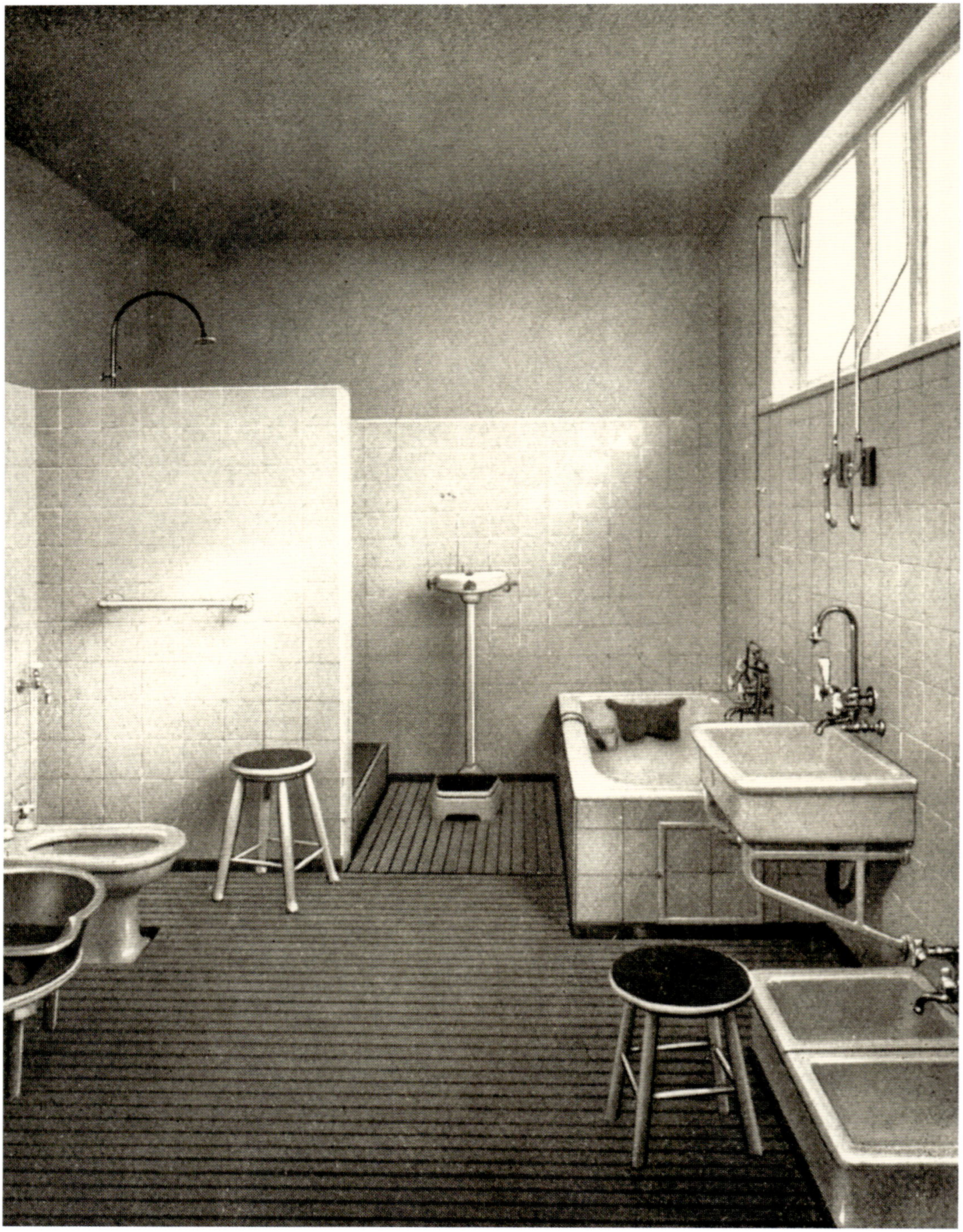

in zahlreiche Sprachen übersetzt und fand weltweit viele Anhänger. Angelehnt an Jungborn im Harz, wurden zahlreiche Anstalten gegründet, unter anderem auch in Indien und Amerika. Die Heilerde-Gesellschaft Luvos Just GmbH, die Just 1918 gründete, vertreibt heute noch erfolgreich das Naturprodukt.

August Karl Engelhardt (1875–1919), der Gründer der Gemeinschaft Sonnenorden – Aequatoriale Siedlungsgemeinschaft, verbrachte einige Zeit sowohl in Monte Verità als auch 1899 in der Kuranstalt Jungborn. Inspiriert von der diätischen Lebensweise und dem Nudismus, der für Adolf Just zur Konfrontation mit dem Gesetz führte, verließ Engelhardt Deutschland 1902, um in Deutsch-Neuguinea einen Ort abseits der Zwänge zu schaffen. Die Philosophie des Kokoverismus, die Engelhardt entwickelt hatte und verbreitete, stellte die Kokosnuss als einzige Nahrungsquelle in den Mittelpunkt. Sie sei, so Engelhardt, die Frucht, die der Sonne – dem Quell allen Lebens – am nächsten sei. Die Gründung seines Ordens machte Engelhardt auch in Deutschland publik, so dass immer wieder neue Mitglieder auf der Insel Kabakon anlandeten. Die begeisterte Berichterstattung des Dirigenten und Musikers Max Lützow, der 1904 ankam, war äußerst werbewirksam. Allerdings kam es mitunter aufgrund von Wahnvorstellungen, die nicht zuletzt durch die Mangelernährung und gefährliche Unterversorgung mit lebensnotwendigen Vitaminen und Nährstoffen verursacht wurde, immer wieder zu Auseinandersetzungen innerhalb der meist nicht mehr als fünf Mitglieder zählenden Gruppe. Krankheit und Todesfälle hatten zur Folge, dass Reisewarnungen in Deutschland, auch in Heilkunde-Publikationen, abgedruckt wurden.

Die verschiedenen, unter anderem in der einschlägigen Hausfrauenliteratur und den Familienschätzen propagierten neuesten Therapien, fanden auch ihre Anhänger bei den Karikaturisten. Sowohl Alfred Grévin (1827–1892) als auch Charles Emile Jacque (1813–1894) betrachteten die zum Teil etwas unsanfte Bewässerung des gläubigen Bürgers durch die neuen Heilpraktiker mit Humor. Als Karikaturist arbeitete Grévin unter anderem für die Satirezeitschrift *La Revue Comique* und das *Petit Journal pour rire* von Eugène Philipon, in dem auch das hier gezeigte Blatt erschien (→ Abb. Seite 241).

Die Serie *Les malades et les médecins* des französischen Karikaturisten Jacque, um 1843 in *Le Charivari* erschienen, stellt die neuen Therapieformen der Homöopathie, Wasserkuren und Magnettherapien in den Mittelpunkt (→ Abb. Seite 242 und 243). (ME)

Abb. 1/Seite 198
Unbekannter Fotograf
Adolf Just, 1895,
Jungborn Harz e. V.

Abb. 2/Seite 199
Unbekannter Fotograf
Lichtlufthaus mit elektrischer Lampe,
o. J., Jungborn Harz e. V.

Abb. 3/Seite 200
Unbekannter Fotograf
Jungborn Badehaus,
o. J., Jungborn Harz e. V.

Abb. 4
Unbekannter Fotograf
Lichthäuser, o. J.,
Jungborn Harz e. V.

Abb. 5
Unbekannter Fotograf
Lichthäuser im Jungborn,
o. J., Jungborn Harz e. V.

Abb. 6/Seite 204/205
Unbekannter Fotograf
Herrenpark Jungborn,
o. J., Jungborn Harz e. V.

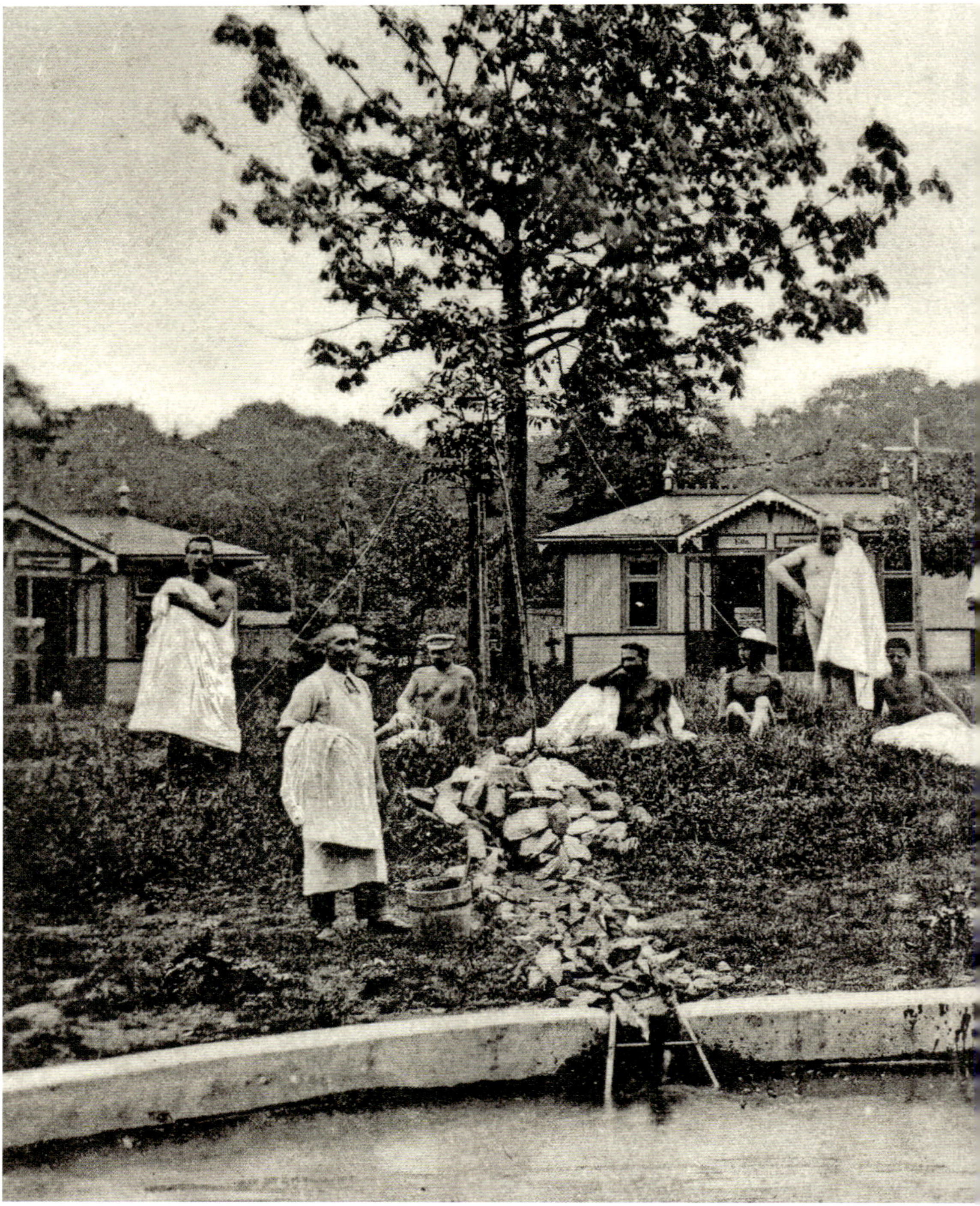

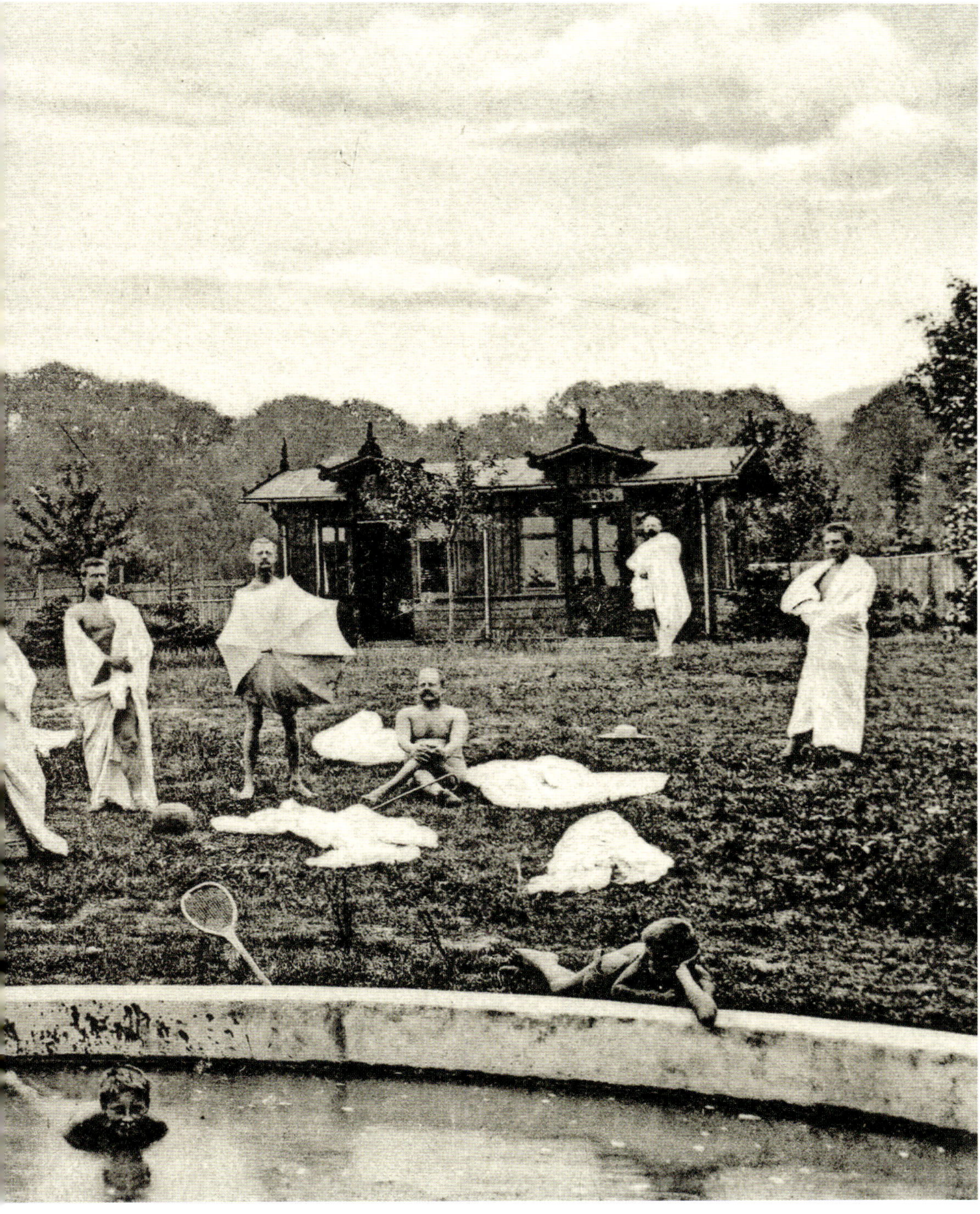

Trinkkur-Glas Teplitz, um 1850, handwerklich gefertigt, Brandtechnik, Deutsches Medizinhistorisches Museum, Ingolstadt

Brunnen-Trinkglas, 1890–1910, geformtes Porzellan, Deutsches Medizinhistorisches Museum, Ingolstadt

Seite 207
Buchcover, Friedrich Eduard Bilz: *Das neue Naturheilverfahren,* 1910

Bilz
Das neue
Natur-Heilverfahren

Sonnen= und Luftbad für
Naturheila

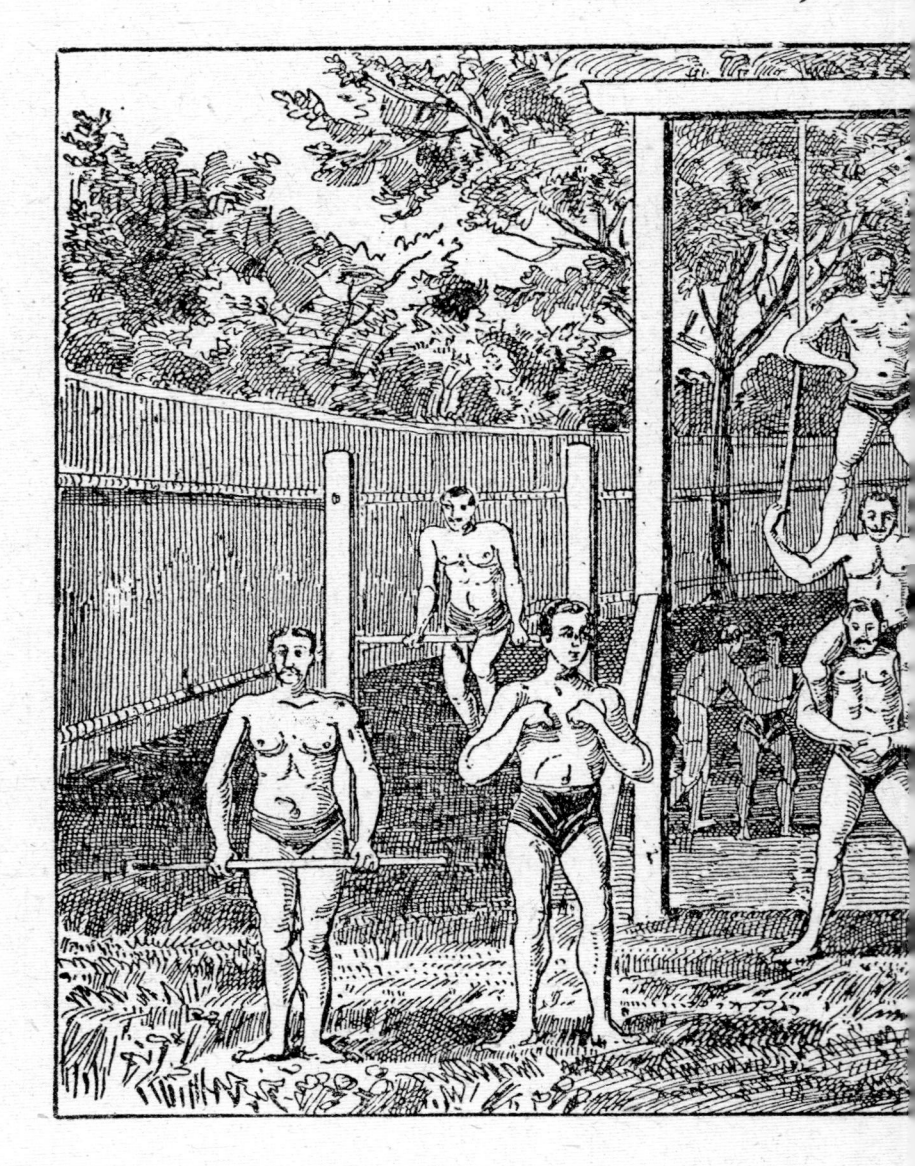

Sonnen- und Luftbad für Herren in der Bilzschen Heilanstalt, in: Friedrich Eduard Bilz: *Das neue Naturheilverfahren*, 1926

Sonnenbad für Herren in der Bilzschen Naturheilanstalt.

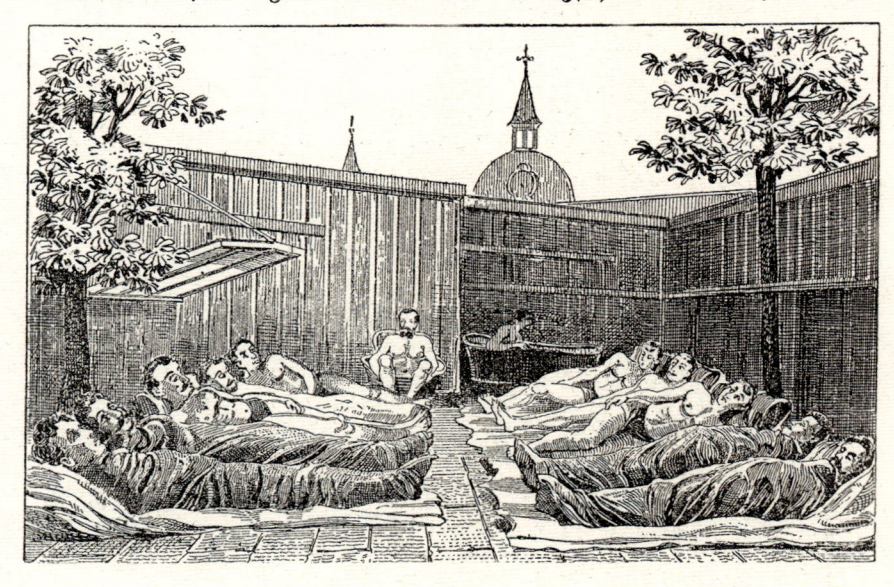

Sonnenbad für Herren in der Bilzschen Heilanstalt, in: Friedrich Eduard Bilz: *Das neue Naturheilverfahren*, 1926

Sonnen-, Luft- und Wasserbad im Badeteich der Bilzschen Naturheilanstalt.

Sonnen-, Luft- und Wasserbad im Badeteich der Bilzschen Heilanstalt, in: Friedrich Eduard Bilz: *Das neue Naturheilverfahren*, 1926

Dampfbäder.

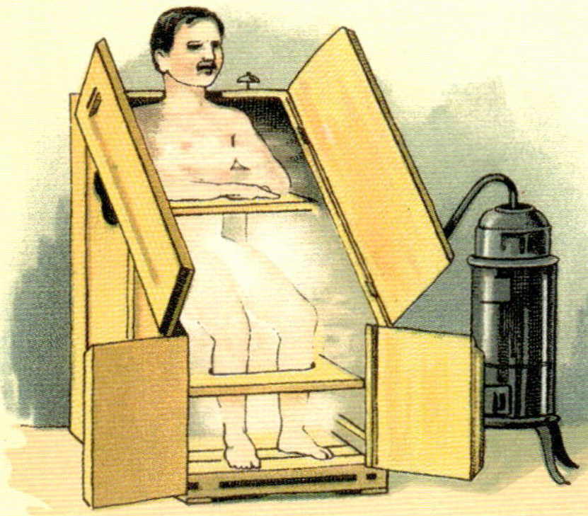

Fig. 1. Kastendampfbad.

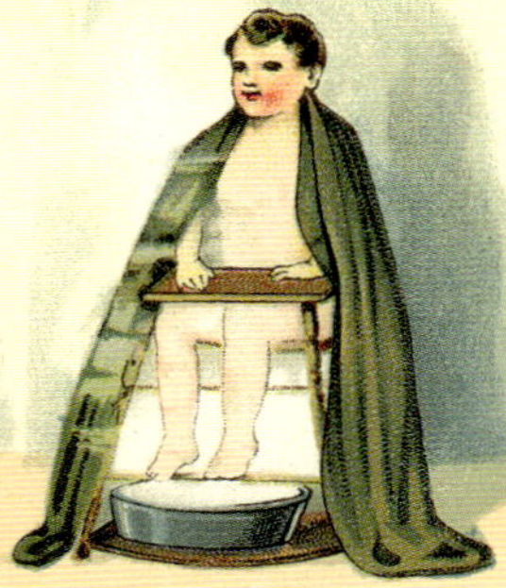

Fig. 2. Kinderdampfbad.

Fig. 3. Fußdampfbad.

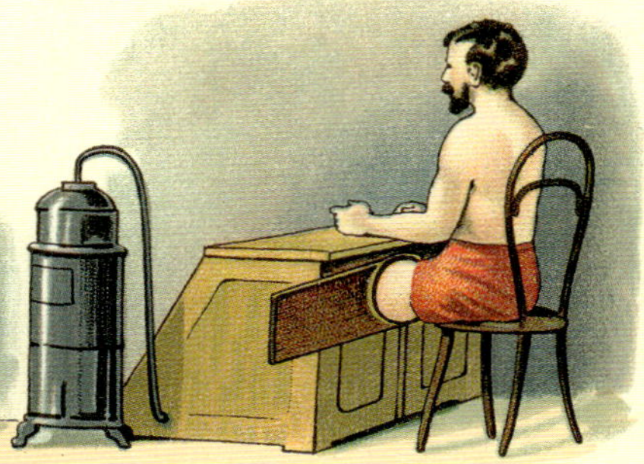

Fig. 4. Fußdampfbad.

Fig. 5. Dampfbad in der Wanne genommen.

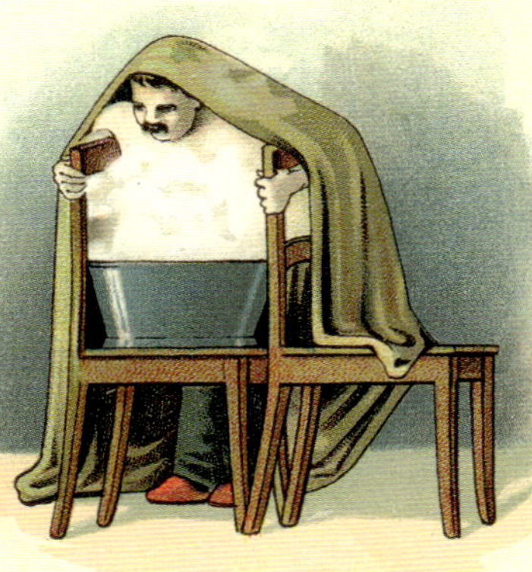

Fig. 6. Kopfdampfbad.

Bilz' Naturheilverfahren.

Dampfkasten mit Rohrschlange zum Dampf- und Heißluftbad.

Seite 212
Dampfbäder, in: Friedrich Eduard Bilz: *Das neue Naturheilverfahren*, 1926

Dampfkasten mit Rohrschlange zum Dampf- und Heißluftbad, in: Friedrich Eduard Bilz: *Das neue Naturheilverfahren*, 1926

Dampfkasten zum Sitzen, in: Friedrich Eduard Bilz: *Das neue Naturheilverfahren*, 1926

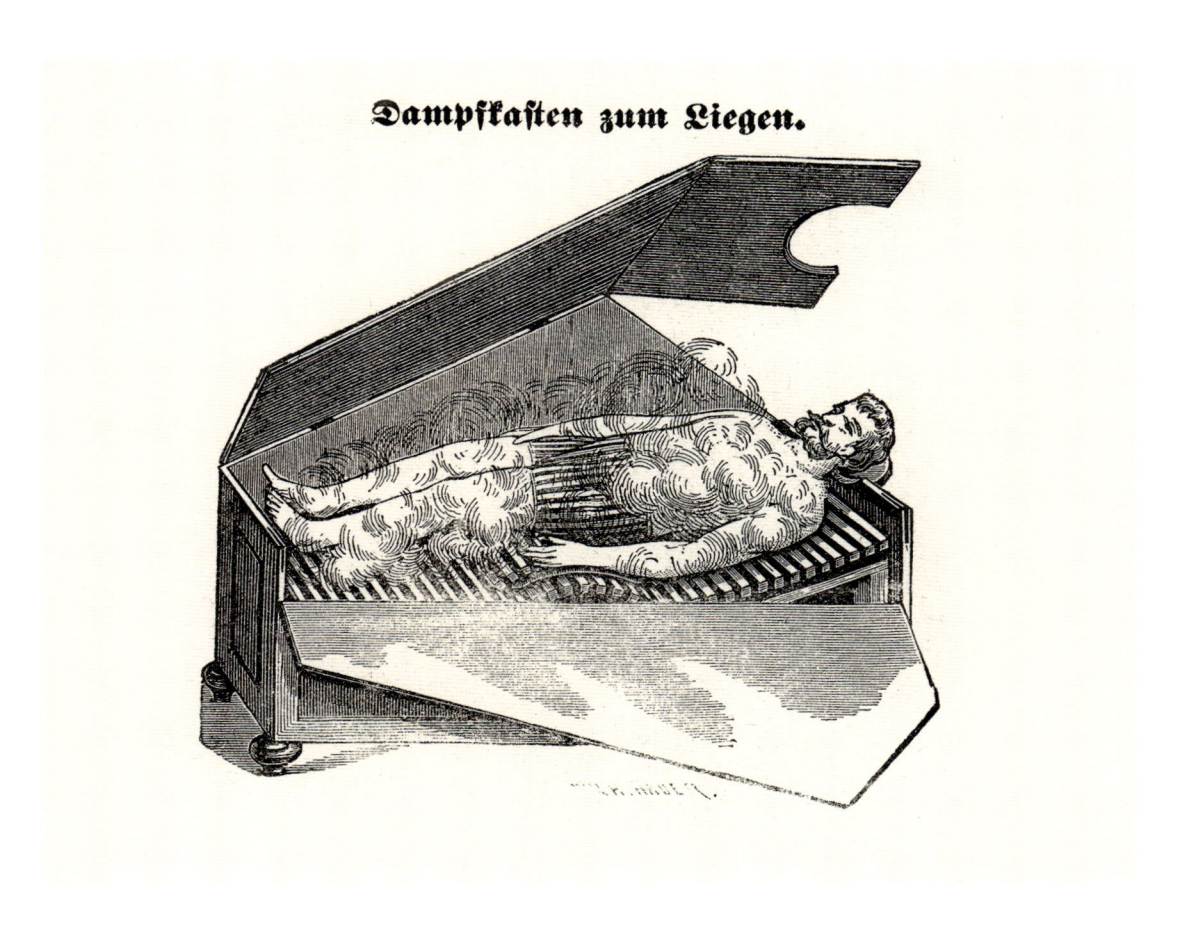

Dampfkasten zum Liegen, in: Friedrich Eduard Bilz: *Das neue Naturheilverfahren*, 1926

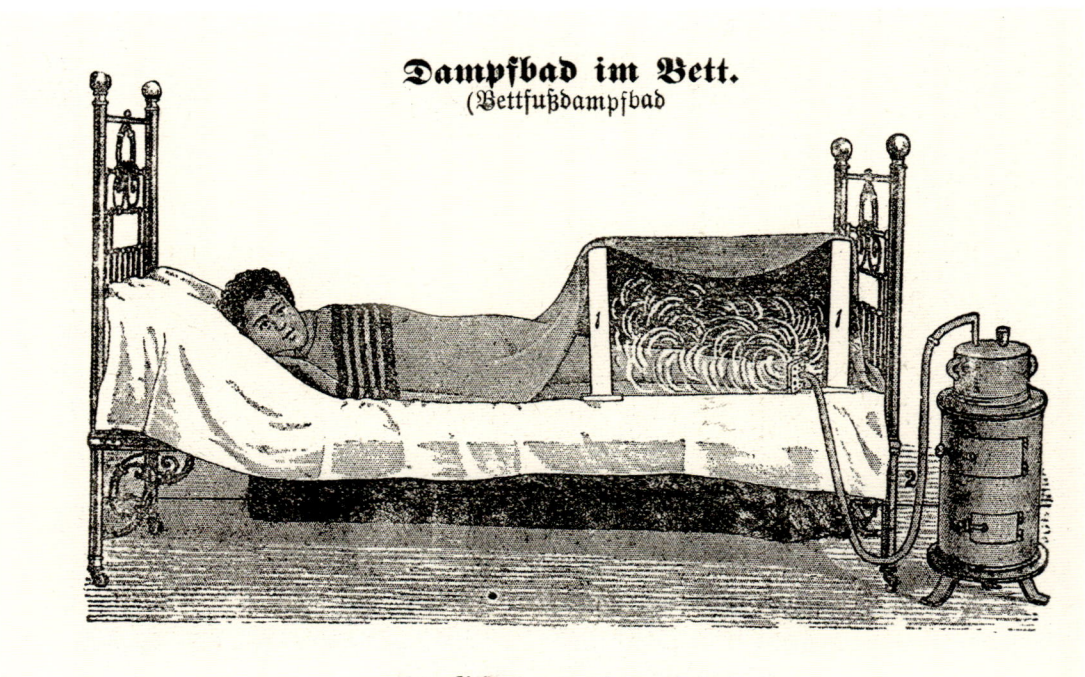

Dampfbad im Bett.
(Bettfußdampfbad)

1. Gestell.   2. Gummirohr.

Dampfbad im Bett, in: Friedrich Eduard Bilz: *Das neue Naturheilverfahren*, 1926

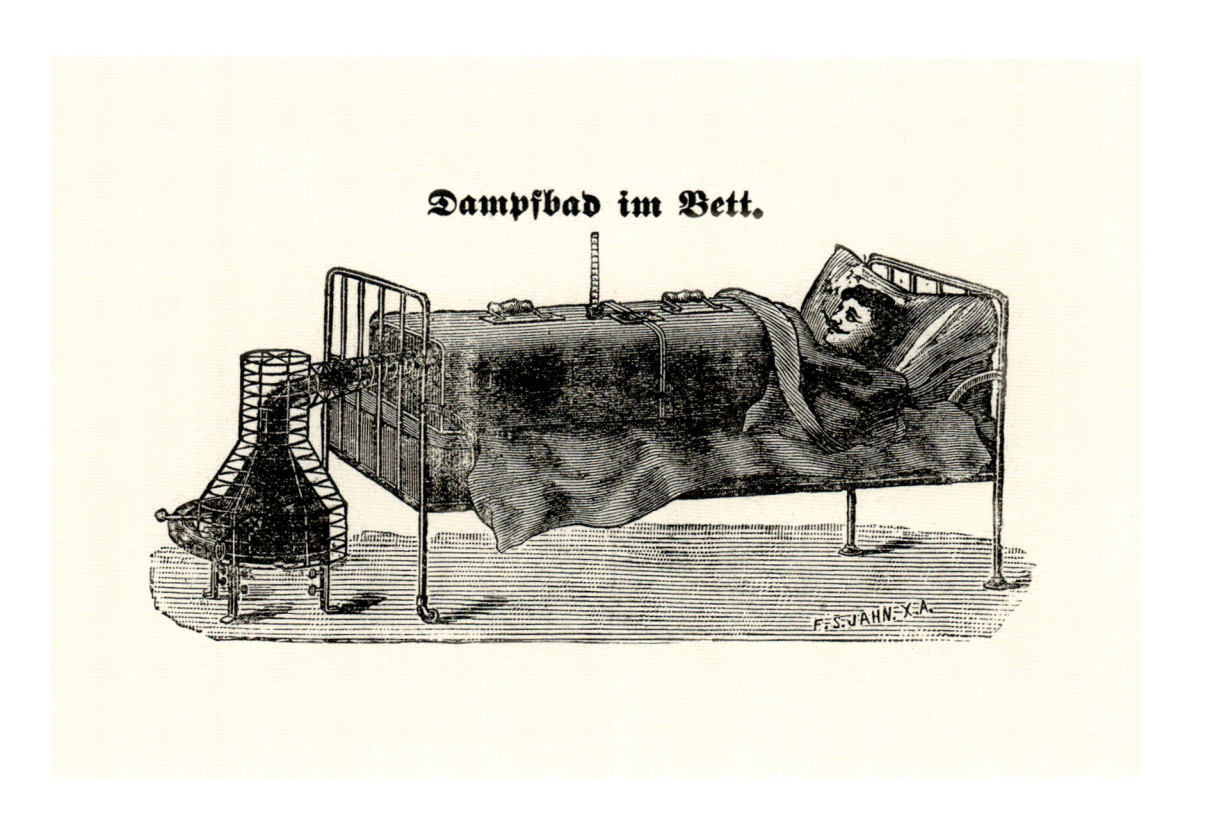

Dampfbad im Bett, in: Friedrich Eduard Bilz: *Das neue Naturheilverfahren*, 1926

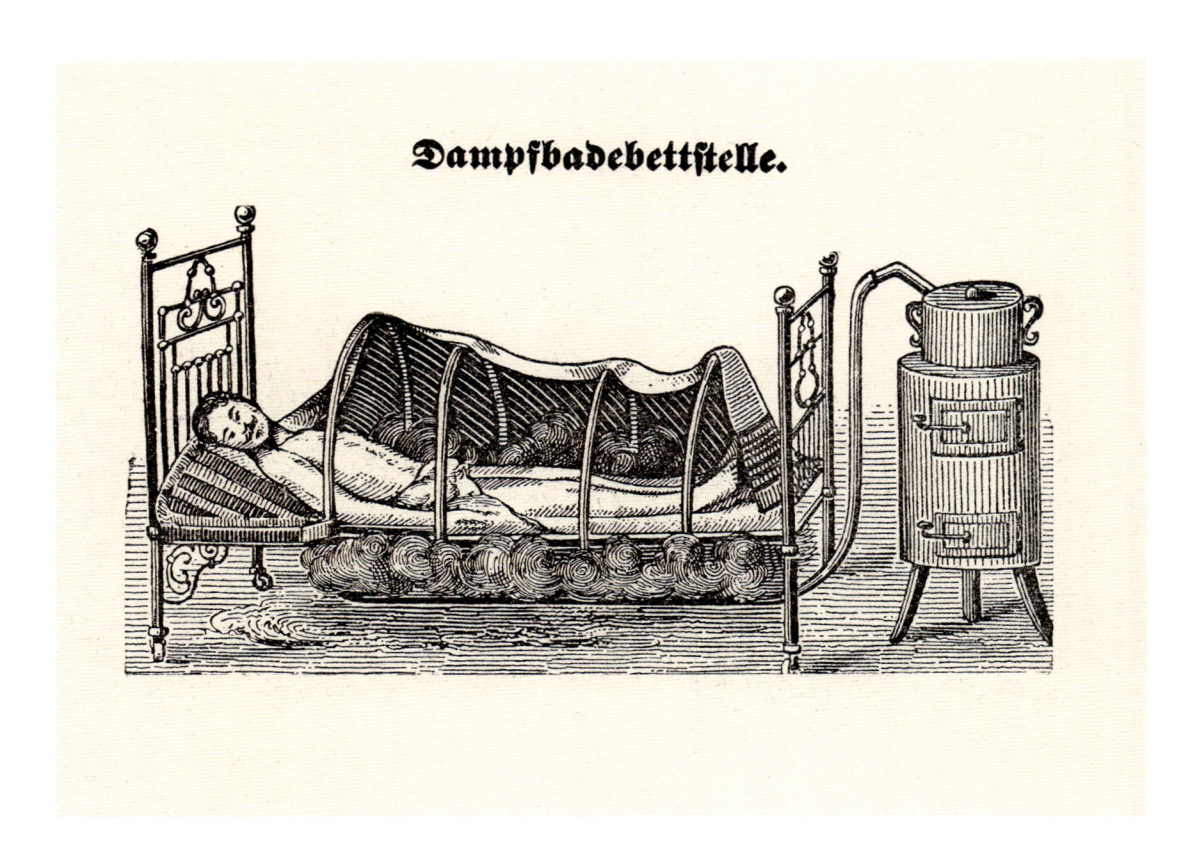

Dampfbadebettstelle, in: Friedrich Eduard Bilz: *Das neue Naturheilverfahren*, 1926

Rohrstuhldampfbad zum Sitzen, in: Friedrich Eduard Bilz: *Das neue Naturheilverfahren*, 1926

Fußdampfbadapparat.

Seite 220/221
Fußdampfbadapparat, in: Friedrich Eduard Bilz: *Das neue Naturheilverfahren*, 1926

Sonnen=Äther=Strahlapparat.

Sonnen-Äther-Strahlapparat, in: Friedrich Eduard Bilz: *Das neue Naturheilverfahren*, 1926

Elektrisches Glühlichtbad in der Bilzschen Naturheilanstalt (geöffnet), in: Friedrich Eduard Bilz: *Das neue Naturheilverfahren*, 1926

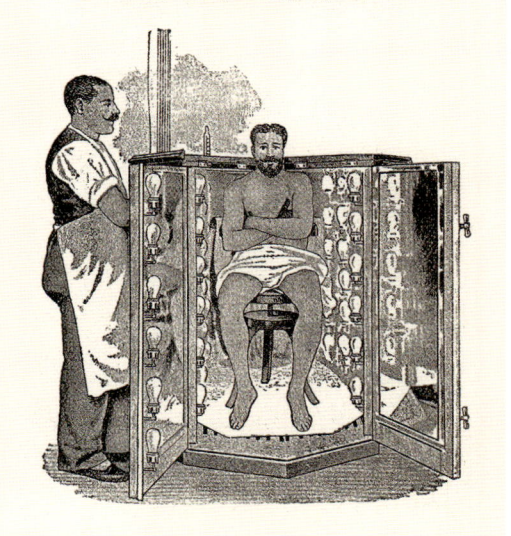

Elektrisches Glühlichtbad in der Bilzschen Naturheilanstalt (geschlossen), in: Friedrich Eduard Bilz: *Das neue Naturheilverfahren*, 1926

Güsse (Gesichtsguß).

Güsse (Gesichtsguß), in: Friedrich Eduard Bilz: *Das neue Naturheilverfahren*, 1926

Güsse (Kopfguß), in: Friedrich Eduard Bilz: *Das neue Naturheilverfahren*, 1926

Tafel 4.

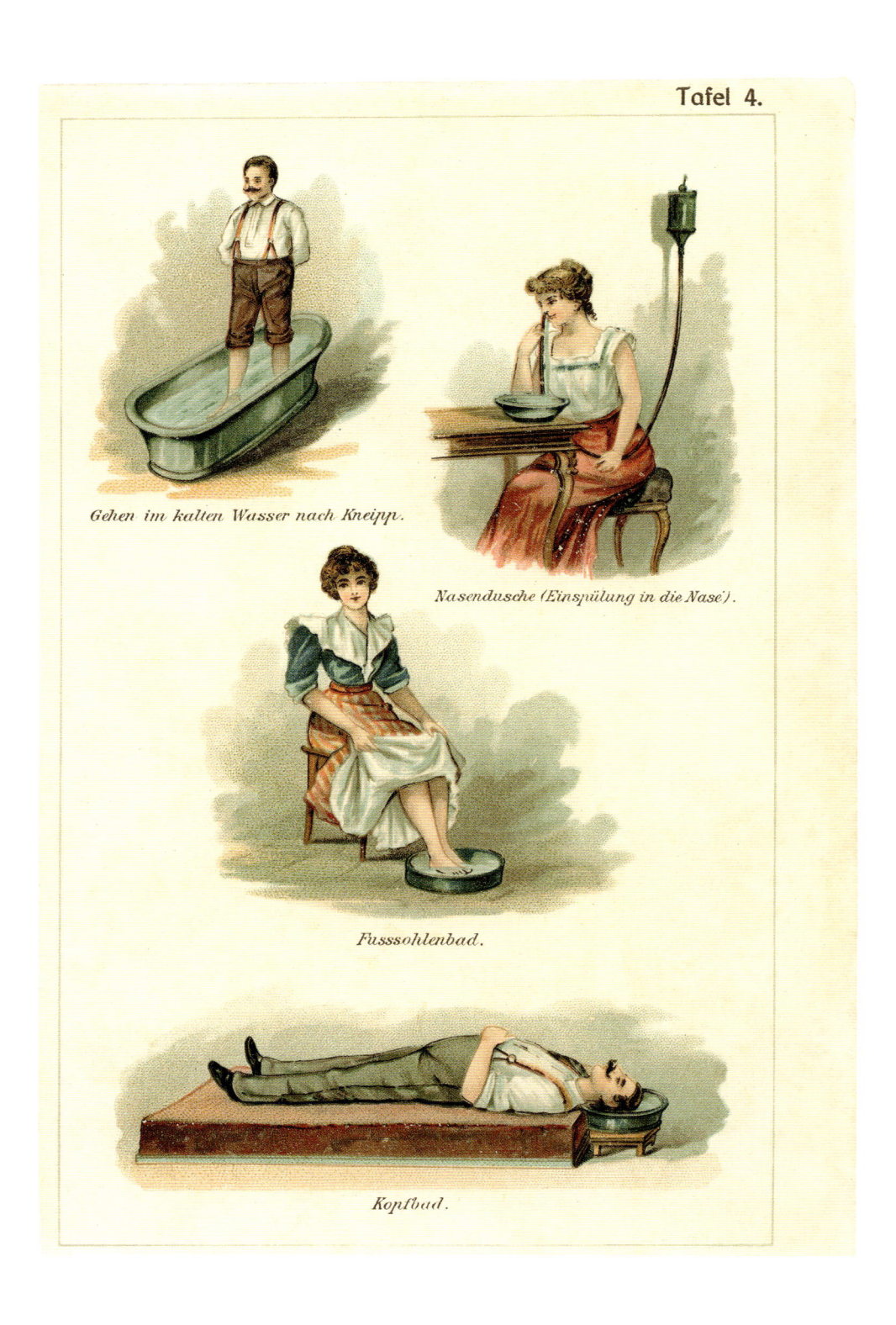

Gehen im kalten Wasser nach Kneipp.

Nasendusche (Einspülung in die Nase).

Fusssohlenbad.

Kopfbad.

Seite 226
Gehen in kaltem Wasser, in: M. Platten: *Die neue Heilmethode. Ein Haus- und Familienschatz für Gesunde und Kranke,* o. J., Privatsammlung

Seite 228
Historische Bilder vom Gräfenberg, in: M. Platten: *Die neue Heilmethode. Ein Haus- und Familienschatz für Gesunde und Kranke,* o. J., Privatsammlung

Seite 229
Bäder und Güsse, in: M. Platten: *Die neue Heilmethode. Ein Haus- und Familienschatz für Gesunde und Kranke,* o. J., Privatsammlung

Tafel VI.

Historische Bilder vom Gräfenberg.

Auspackung

Grosse Wanne (Vollbad)

Kopfbad   *Mantelabreibung*

Platen, Die Neue Heilmethode.   Lith. Bernh. Lengner, Leipzig.

Tafel III.

Bettdampfbad m. 5 Wärmflaschen (offen)

Bettdampfbad m. 5 Wärmflaschen (Geschlossen)

Kehlkopfbegießung

Vollguss nach Kneipp

Knieguss nach Kneipp

Platen, Die Neue Heilmethode. Lith. Bernh. Lengner, Leipzig.

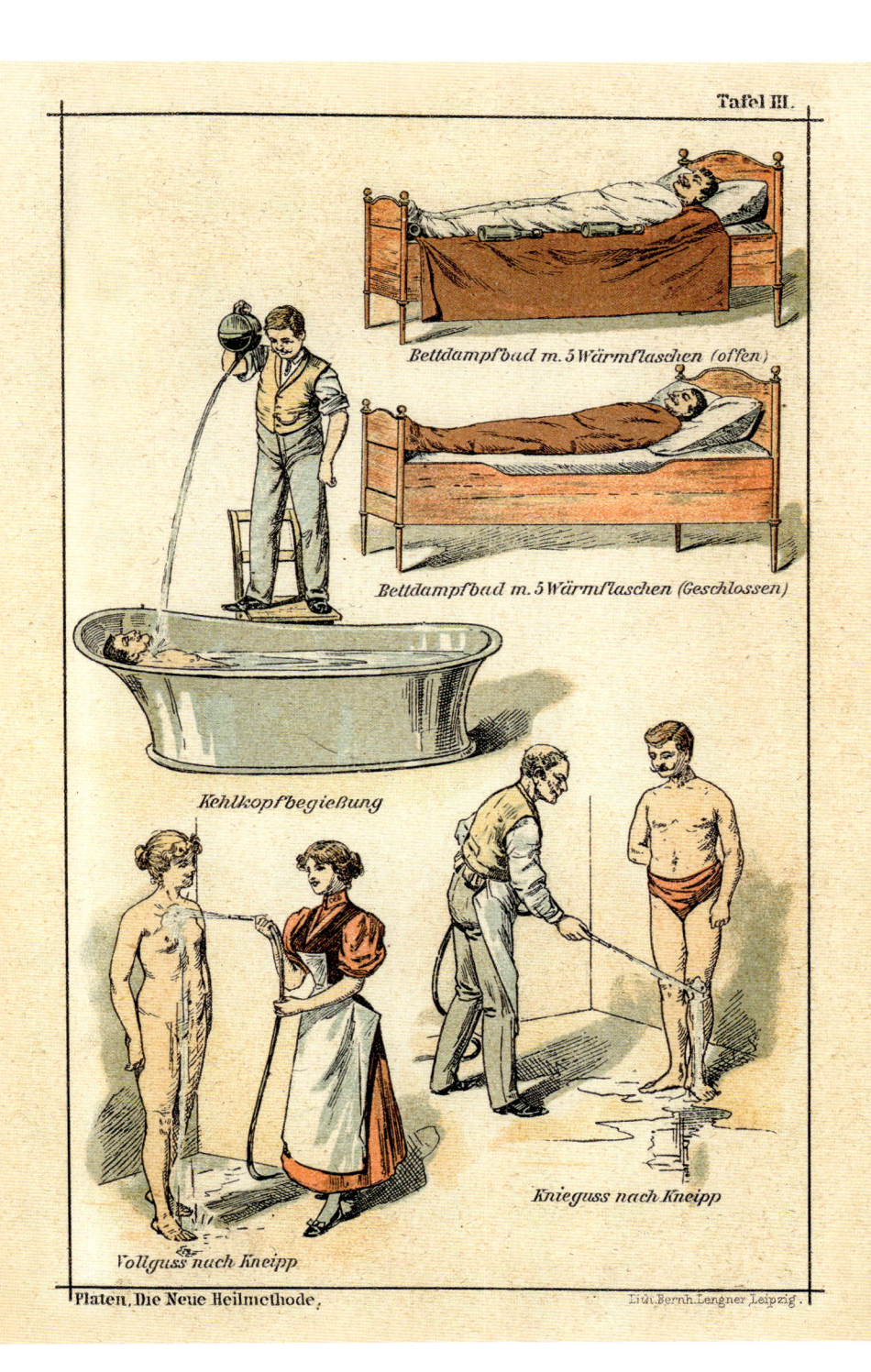

Shawl nach Kneipp
(von vorn).

Shawl nach Kneipp
(von hinten).

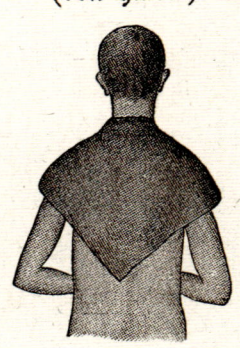

Shawl.
Tuch zu demselben.

Shawl.
Tuch einmal zusammengeschlagen.

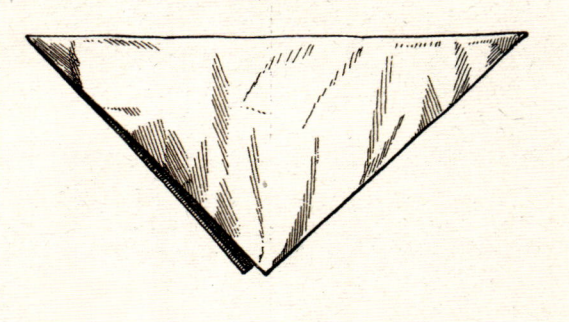

Shawl nach Kneipp, in: Friedrich Eduard Bilz: *Das neue Naturheilverfahren,* 1926

Seite 231
Massage des Bauches, in: Friedrich Eduard Bilz: *Das neue Naturheilverfahren,* 1926

Massage des Bauches.

Massage des Bauches.

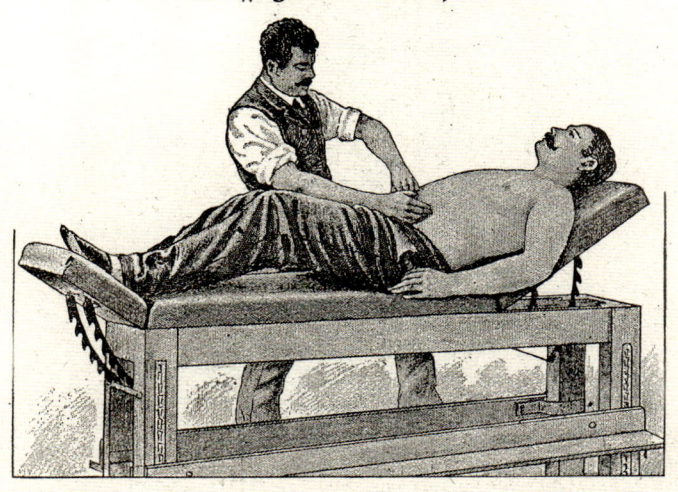

zeigt Schüttelung des Bauches in verstärkter Weise bei Verstopfungen, nervösem Magen und Darmleiden u. s. w.

Massage des Bauches.

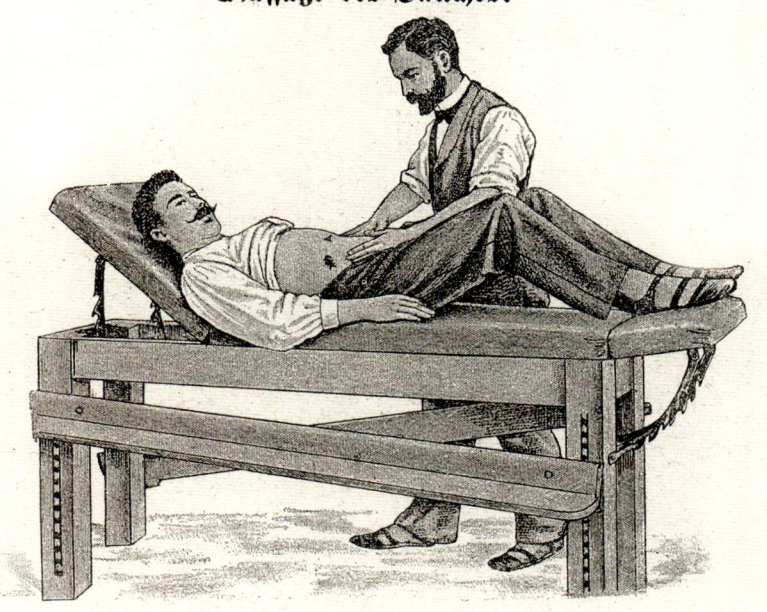

zeigt die Anfangsstellung.

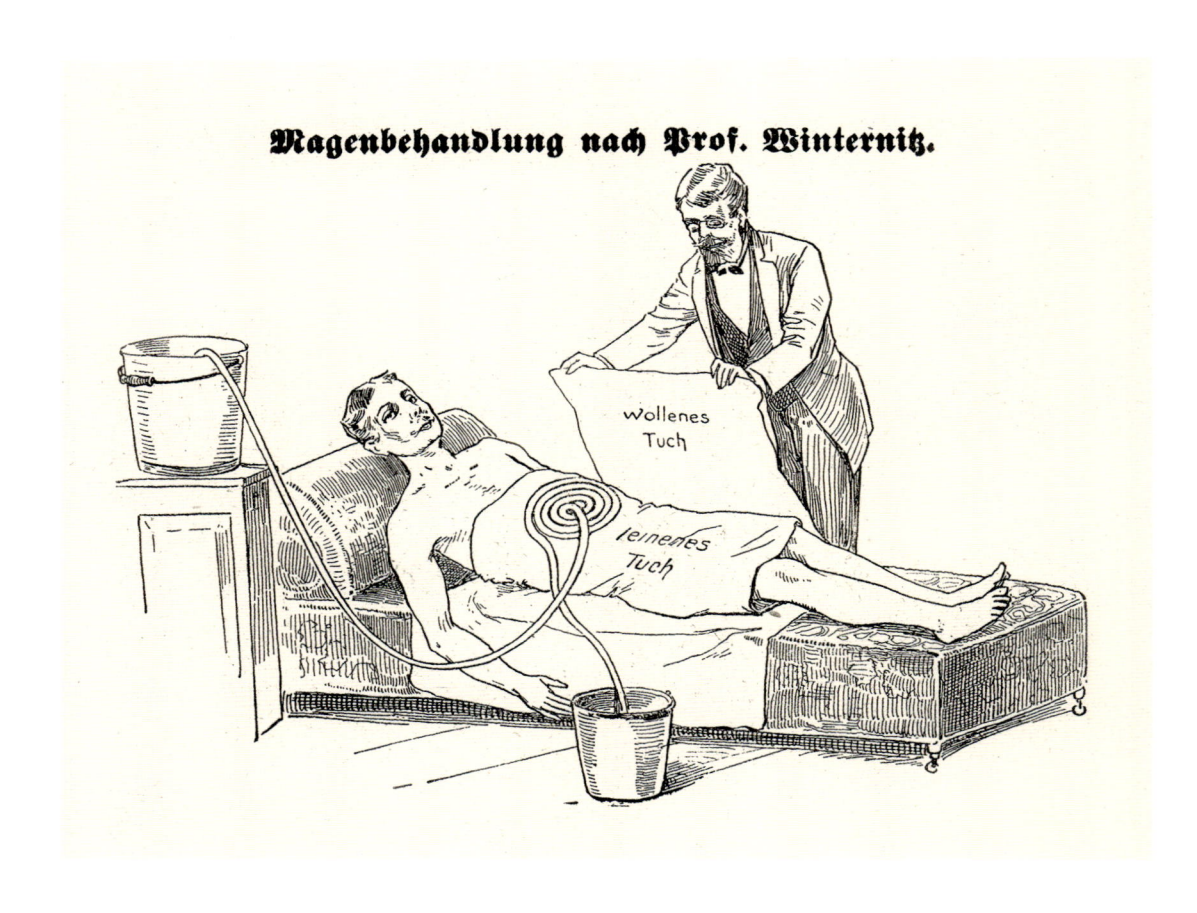

Magenbehandlung nach Prof. Winternitz, in: Friedrich Eduard Bilz: *Das neue Naturheilverfahren*, 1926

Magenausspülungen.

Magenausspülung, in: Friedrich Eduard Bilz: *Das neue Naturheilverfahren*, 1926

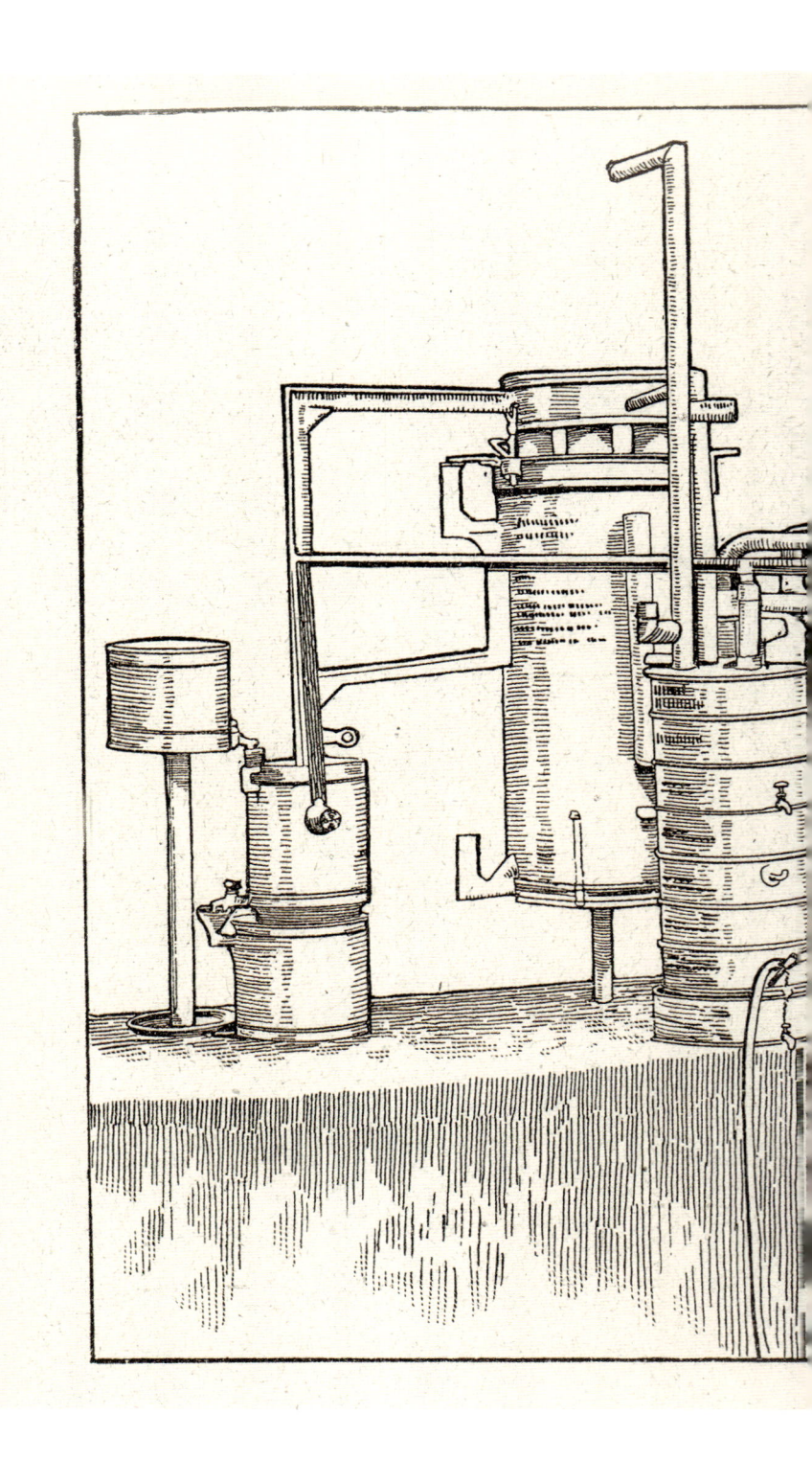

Inhalationen, in: Friedrich Eduard Bilz: *Das neue Naturheilverfahren*, 1926

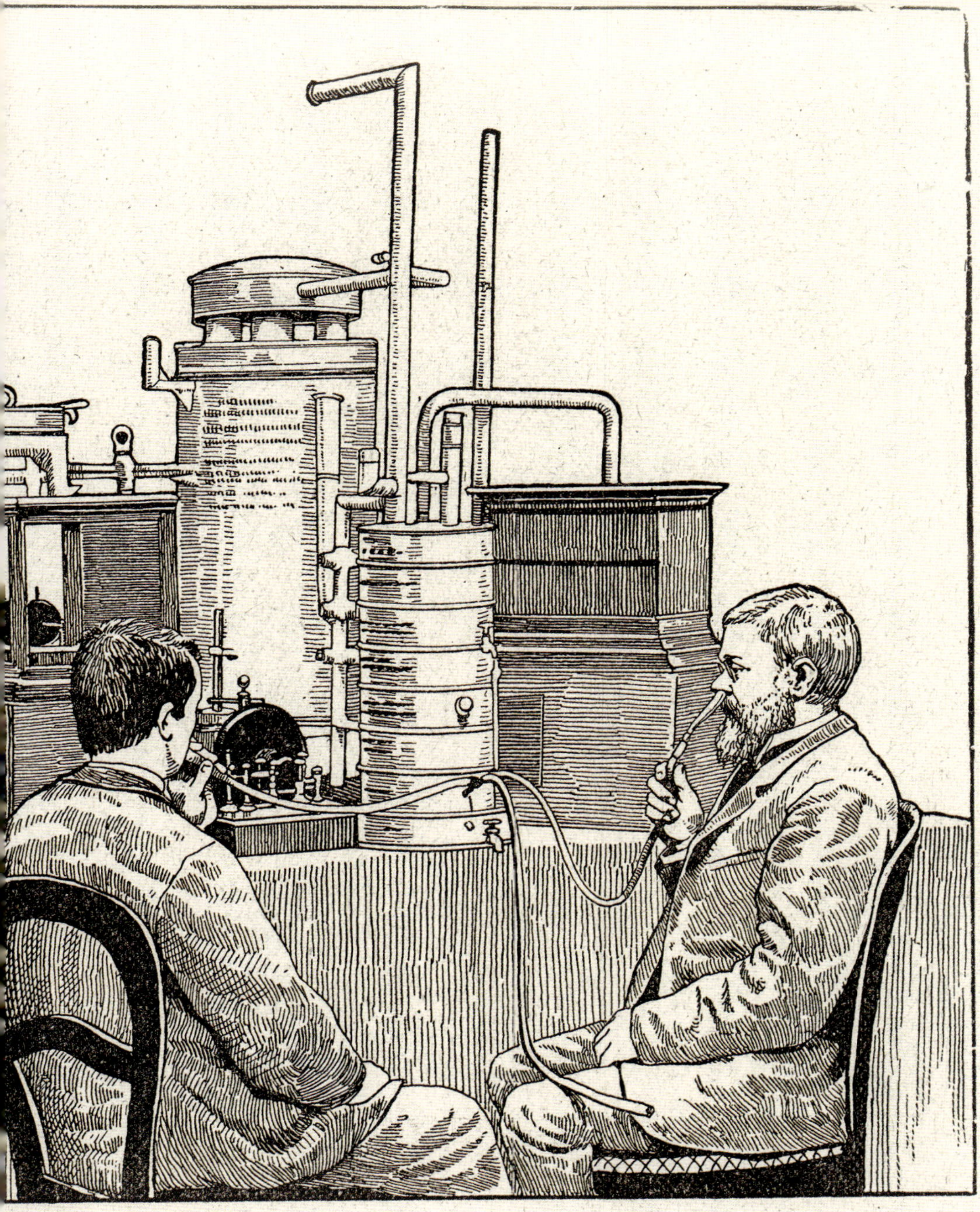

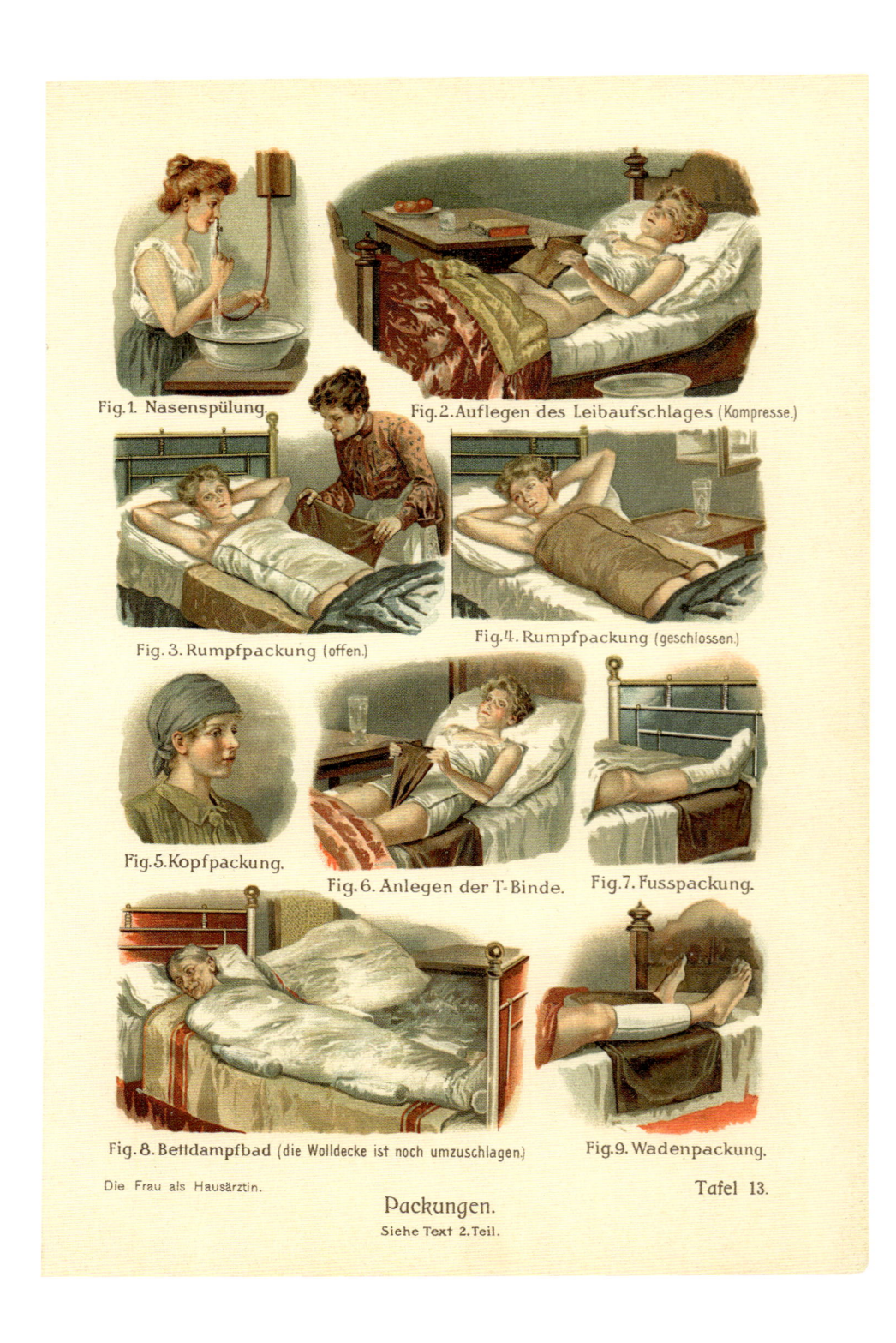

Fig. 1. Nasenspülung.
Fig. 2. Auflegen des Leibaufschlages (Kompresse.)
Fig. 3. Rumpfpackung (offen.)
Fig. 4. Rumpfpackung (geschlossen.)
Fig. 5. Kopfpackung.
Fig. 6. Anlegen der T-Binde.
Fig. 7. Fusspackung.
Fig. 8. Bettdampfbad (die Wolldecke ist noch umzuschlagen.)
Fig. 9. Wadenpackung.

Die Frau als Hausärztin.
Packungen.
Siehe Text 2. Teil.
Tafel 13.

Packungen.

Fig. 1. Ganzeinpackung.

Fig. 2. Bettdampfbad.

Fig. 3. Der kurze Wickel nach Kneipp.

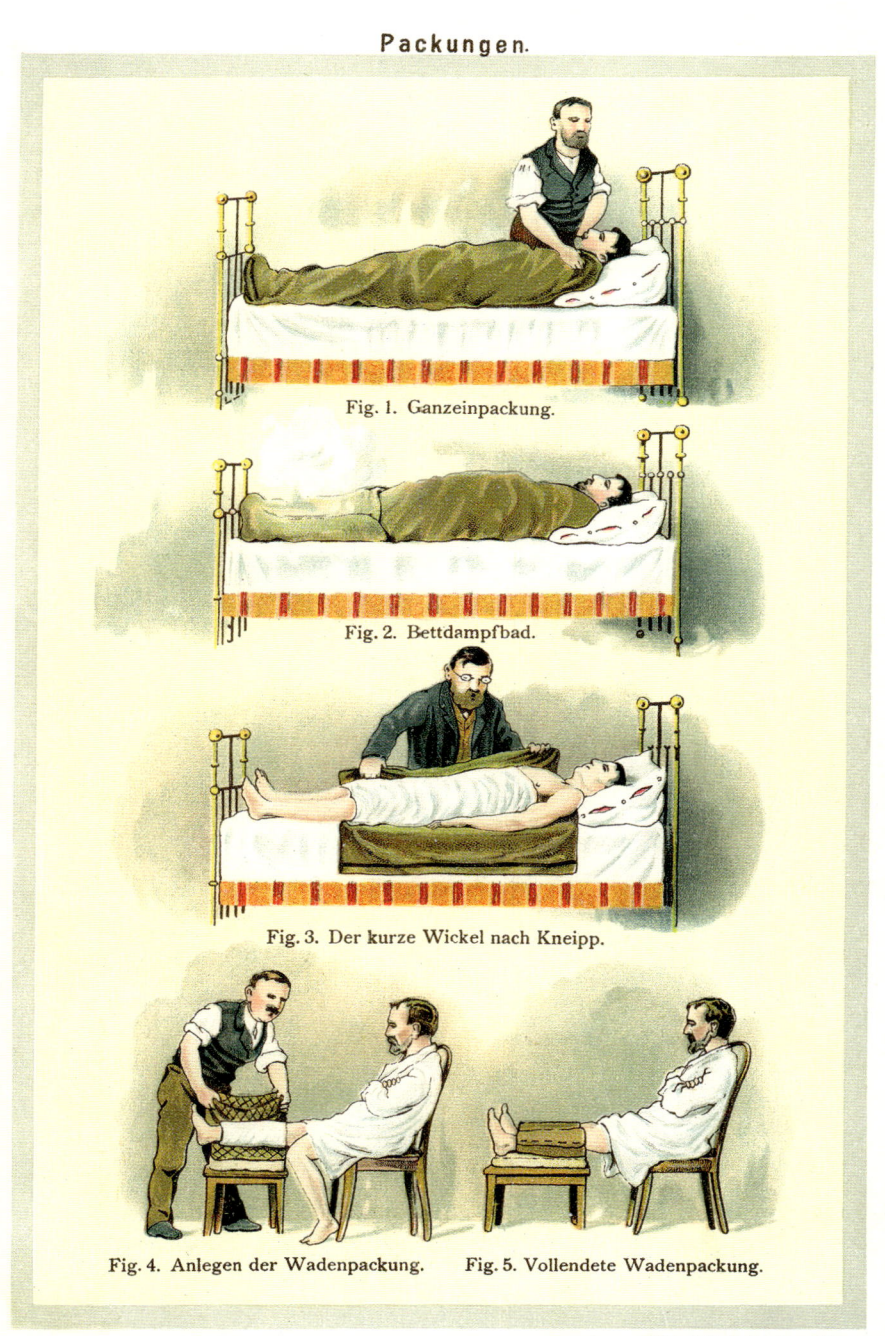

Fig. 4. Anlegen der Wadenpackung.   Fig. 5. Vollendete Wadenpackung.

Bilz' Naturheilverfahren.

Fig. 1. Abwaschung einer Schwerkranken im Bett.  Fig. 2. Abwaschung am Ofen.

Fig. 3. Wechselwaschung in der Wanne.  Fig. 4. Brause.

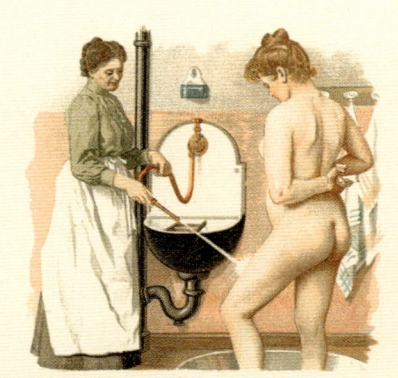

Fig. 5. Schenkelguss mit Schlauch in der Küche. 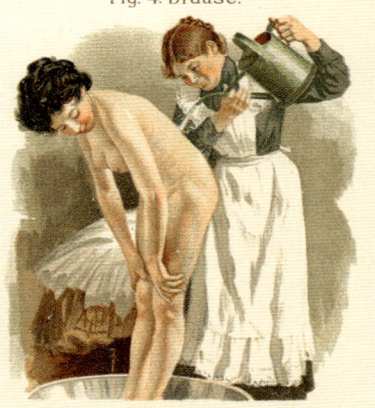 Fig. 6. Kreuz- u. Beinguss in kleinem Haushalt.

Die Frau als Hausärztin. Tafel 21.

Wasseranwendungen in der Krankenpflege.

Seite 236
Packungen, in: Anna Fischer-Dückelmann: *Die Frau als Hausärztin, Ein ärztliches Nachschlagebuch der Gesundheitspflege und Heilkunde in der Familie mit besonderer Berücksichtigung der Frauen- und Kinderkrankheiten, Geburtshilfe und Kinderpflege,* 1907, Antiquariat Barbian

Seite 237
Packungen, in: Friedrich Eduard Bilz: *Das neue Naturheilverfahren,* 1926

Seite 238
Wasseranwendungen in der Krankenpflege, in: Anna Fischer-Dückelmann: *Die Frau als Hausärztin, Ein ärztliches Nachschlagebuch der Gesundheitspflege und Heilkunde in der Familie mit besonderer Berücksichtigung der Frauen- und Kinderkrankheiten, Geburtshilfe und Kinderpflege,* 1907, Antiquariat Barbian

Seite 241
**Alfred Grévin
(1827–1892)**

Croquis de la saison, 1864, in: Eugène Philipon (Hg.): *Petit Journal pour rire,* No. 442, Antiquariat Barbian

Seite 242
**Charles Emile Jacque
(1813–1894)**

Les malades et les médecins. Le système des brosses magnétiques, 1843, Lithografie, 35,7 × 26,8 cm, Blatt 21, in: *Le Charivari,* Sammlung Dieter Ante

Seite 243
**Charles Emile Jacque
(1813–1894)**

Les malades et les médecins. Les hydropathes. Deuxième traitement. Immersion, submersion, contorsion! 1843, Lithografie, 23,1 × 19,7 cm, Blatt 2 in: *Le Charivari,* Sammlung Dieter Ante

CROQUIS DE LA SAISON, — par A. GRÉVIN.

BAINS DE MER A DOMICILE.

Bonne eau de Seine, 8 litres 1/2; sel de cuisine, 240 gr.; sel d'Epsom, 45 gr.; chlorure de magnésium, 25 gr.; chlorure de potassium, 5 gr..... Ça n'est pas plus malin que ça !

LES MALADES ET LES MÉDECINS.

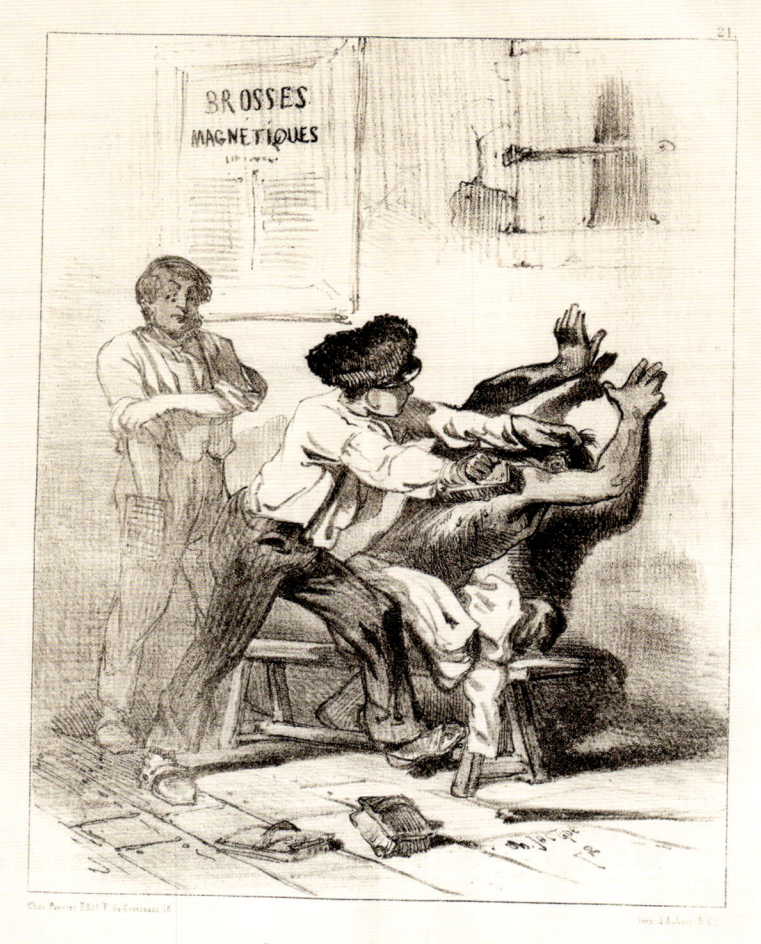

LE SYSTÈME DES BROSSES MAGNÉTIQUES.

– Oh! la la... oh là là!.. mais vous m'écorchez tout vif.... – Parbleu c'est tout simple puisqu'on m'a bien recommandé de vous faire circuler le sang... j'men vas vous le faire circuler dans tout l'appartement!...

LES MALADES ET LES MÉDECINS.

LES HYDROPATHES.
DEUXIÈME TRAITEMENT. — IMMERSION, SUBMERSION ET CONTORSION !

E' te drôle d'idée qu'a le médecin de monsieur de le faire rafraîchir comme ça trois fois par jour dans de l'eau glacée... y paraît qu'y l'prend décidément pour une cruche !......

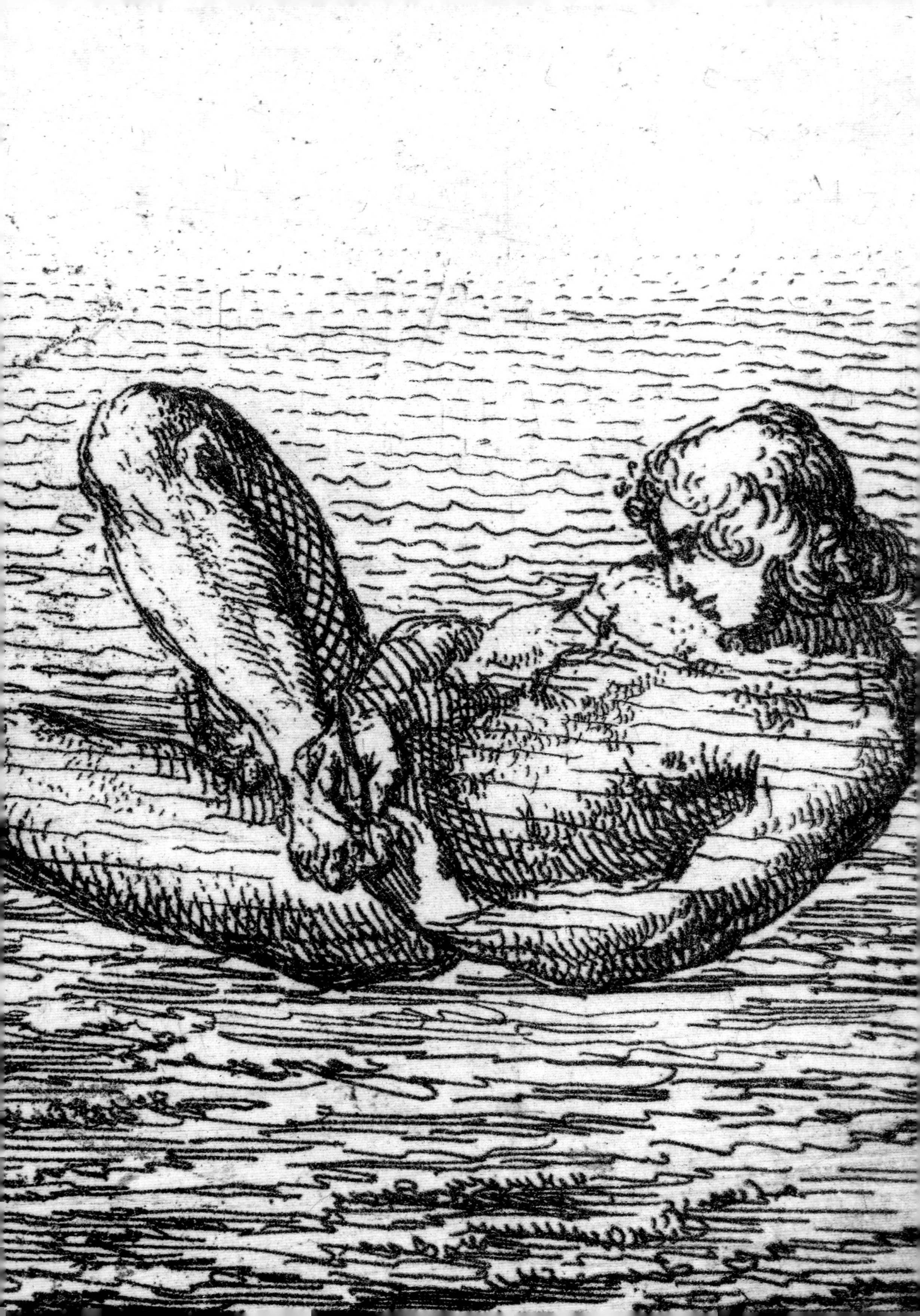

Fröhliche Chirurgie oder wie der wahre Körper endlich zur Ware wurde

Jutta Franzen

Unzufriedenheit mit dem eigenen Körper kann in Selbsthass enden. Oder in Schönheits-OPs. Im 19. Jahrhundert wurden kleine Makel behoben, heute können wir unsere Wunschnase auf Instagram aussuchen. Wie plastische Chirurgie fröhlich machen soll.

Was als die De/Konstruktion des *wahren* Körpers begann, endet in der *fröhlichen Chirurgie* als die Produktion eines Waren-Körpers. Die Vielfalt, die de/konstruktiv eröffnet wurde, wird auf eine Oberfläche der Erscheinungen reduziert, die wiederum durch die Vorstellung eines *wahren* Körpers organisiert ist: nämlich des Körpers als Ware. Diesen Weg möchte ich an vier ausgewählten Stationen vorstellen.

1

Chirurgische Eingriffe hat es seit Beginn der Menschheit gegeben. In prähistorischer Zeit bahnt der Schamane mit dem Schnitt in den Körper einen Ausweg für die bösen Geister, von denen er den Körper befreien will.[1] Sein Tun ist orientiert an den Vorstellungen eines wahren Körpers, der von Gott, Gottheiten oder Natur geschaffen ist. Diesen Körper will der chirurgische Schnitt nicht verändern, sondern vielmehr in seiner mythologisch und religiös geprägten Bestimmung erhalten und lobpreisen. Bis in die Neuzeit dringen medizinischer Blick und Praktiken nicht gestaltend, sondern nurmehr erhaltend und rekonstruktiv in die Organisationsstruktur des Körpers ein, eingebunden in das Anliegen: Was ist zu tun, um der göttlichen respektive natürlichen Bestimmung des wahren Körpers zu genügen?

2

Eine entscheidende Wende kündigt sich im späten 18. Jahrhundert vor dem Hintergrund der Industriellen Revolution an und setzt sich im 19. Jahrhundert fort: Das moderne Paradigma der Maschine prägt auch die Vorstellungen, wie der Körper begriffen und wie in ihn eingegriffen werden kann. Aus der mythologischen Verstrickung geheimnisvoller (göttlicher) Kräfte befreit, steht der Körper als Maschine fortan für einen Diskurs der Transparenz und Berechenbarkeit.

In seinen Ausführungen zum *L'Homme machine* hat der Arzt Julien Offray de La Mettrie (1709–1751) 1747[2] den Körper auf seine materiellen Bestandteile, Organe und Abläufe hin analysiert mit dem Ergebnis, dass der

Seite 14
Charles Moette
(Lebensdaten unbekannt)

Tafel 14, XXVIII, in:
Melchisédec Thevenot:
L'art de nager démontré par figures, (EA 1696), 1782, Sammlung Dieter Ante

Körper eine »Organmaschine« sei, die durch Reiz und Reaktion vom Menschen kontrolliert werden könne.[3] Wie der Körper funktioniert und wie er sich für gesellschaftliche Zwecke vervollkommnen lässt, werden zu den leitenden Fragen nach dem wahren Körper. Das »große Buch vom Menschen als Maschine« wird auf den »zwei Registern [der] Funktionen und Erklärung [sowie der] Unterwerfung und Nutzbarmachung«[4] geschrieben. Die weltlich gewendete Analyse des Körpers macht ihn verfügbar und gelehrig für Praktiken, die ihn nutzen und für Arbeitsprozesse optimieren. Der wahre Körper ist im 19. Jahrhundert der gesunde, produktive und gefügige Arbeitskörper, der in den gesellschaftlichen Produktions- und Herrschaftsverhältnissen so reibungslos funktioniert wie die Maschinen, an denen er im Zuge der Industrialisierung zunehmend arbeitet.[5] Disziplin und Praktiken der Optimierung tragen dazu bei, seine Produktivität und Effizienz zu steigern.

Zeit wird als endlos ausnutzbar organisiert, indem sie in immer kleinere Einheiten unterteilt wird, in denen der Körper mit größter Schnelligkeit und Intensität aktiv und produktiv ist, bis hin zum verkürzten Schlafrhythmus.[6] »Also wenn wir nur ordentlich tief schlafen und die ganzen Leichtschlafphasen beiseitelassen, dann können wir vielleicht schneller schlafen und sind schon in vier Stunden durch mit der Schlafarbeit.«[7] Diese Kalkulation geht allerdings nicht auf, sondern gefährdet vielmehr durch Schlafmangel den funktionierenden Körper.

Die Erfindung der Kalorie in den 1890er Jahren durch Wilbur Olin Atwater (1844–1907) mithilfe wissenschaftlicher Experimente[8] ermöglicht, einen Standard für die effiziente Essensaufnahme zu bestimmen, der die Eigenverantwortung für den normalgewichtigen Körper durch Messung und Kontrolle zur alltäglichen Norm macht.[9]

3
Die Chirurgie ist endgültig aus dem mythologisch-religiösen Kontext gelöst und exklusiv dem Mediziner vorbehalten, der nun mit dem Wissen um die Funktionsweise des Körpers gestaltend in ihn eingreift. Wichtige Fortschritte bringen Verfahren zur Desinfektion der Schnittwerkzeuge durch den Arzt Joseph Lister (1827–1912) und die Entwicklung der Anästhesie durch den Zahnarzt William Thomas Green Morton (1819–1868).

Auf der gezeigten Fotografie (→ Abb. 1) wird die Operation nachgestellt, die am 16. Oktober 1846 am Massachusetts General Hospital in Boston öffentlich von Morton und einem Chirurgenteam durchgeführt wurde, bei der der Patient unter Äther-Narkose stand. Das Datum gilt offiziell

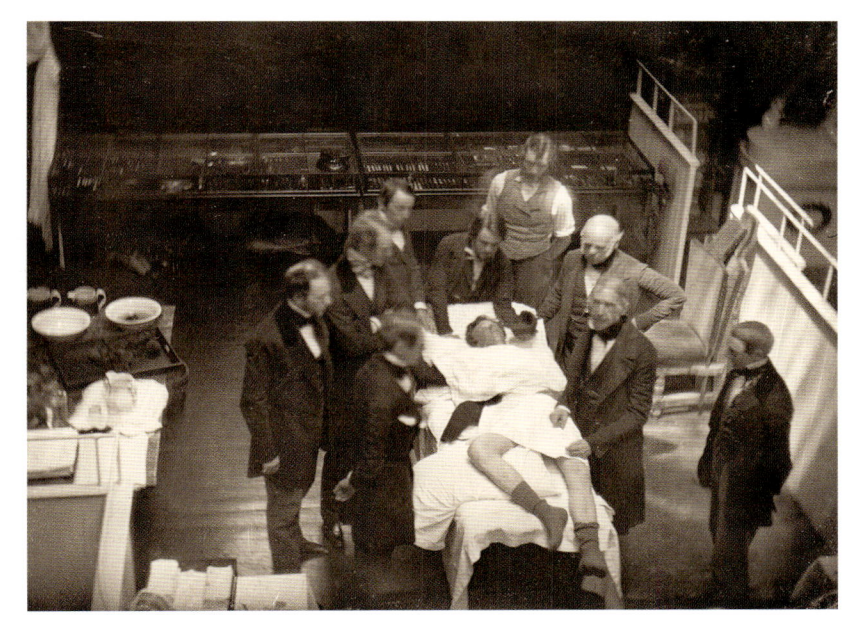

Abb. 1
Operationssaal des Massachusetts General Hospital Boston, 1847, Fotografie

als Beginn der modernen Anästhesie. Der Operationssaal im Massachusetts General hieß fortan der »Äther-Dom«[10] und weitere Operationen unter Narkose folgten rasch. In Deutschland veröffentlichte daraufhin Johann Friedrich Dieffenbach (1792–1847), Chefarzt und Chirurg an der Berliner Charité, seine Abhandlung *Der Aether gegen den Schmerz*.[11] Dieffenbach gehört zu den Wegbereitern der plastischen Chirurgie, die sich Mitte des 19. Jahrhunderts ausgehend von Berlin als besondere medizinische Fachrichtung etablierte.[12] »Plastisch« bezieht sich in Anlehnung an den griechischen Begriff »plastikos« auf die Absicht des Formgebens. Über die funktionale Rekonstruktion eines gesunden Körpers hinaus ist der chirurgische Schnitt am Muster eines gesellschaftlich als schön akzeptierten Körpers orientiert. Abweichende Körperformen, die als Makel gelten, werden so umgeformt, dass sie ansehnlich und gesellschaftlich vorzeigbar sind.[13] Chirurgie wird zur Schönheitsoperation. Es gilt die Gleichung: schön = erfolgreich = beliebt und geliebt.[14] Das Ergebnis soll indes natürlich, wie von der Natur perfekt geformt, wirken. Die Definition des schönen Körpers erfolgt wie die des produktiven und effizienten Körpers gleichfalls nach Kriterien, die transparent berechenbar und messbar sind. Die kunstanatomischen Betrachtungen von Leonardo da Vinci (1452–1519) und die klassizistische Proportionslehre von Johann Gottfried Schadow (1764–1850)[15] bilden für die plastische Chirurgie die Grundlage, um ästhetische Normen zu entwickeln, die auf Daten und nicht einem subjektiven ästhetischen Empfinden beruhen.

Der um 1900 in Berlin praktizierende Chirurg Jacques Joseph (1865–1934), der sich auf Nasenkorrekturen spezialisiert hatte, wertete Nasenprofile in bekannten Kunstwerken aus, um den »ästhetischen Profilwinkel« zu ermitteln, der als Norm für die Nasenform gesetzt werden könnte. Abweichungen von mehr als acht Grad gelten als abnormal und werden als hässlich bezeichnet.[16] Mithilfe eines eigens entwickelten Geräts, dem »Profilometer«, kann der Nasenwinkel einer Person exakt vermessen werden. Zur Korrektur abweichender Nasenformen entwickelte Joseph eine Methode der Nasenoperation,[17] die von innen erfolgt und keine sichtbaren Narben hinterlässt. So bleibt der chirurgische Eingriff im Resultat des scheinbar naturgeformten Körpers verborgen und kann verschwiegen werden.[18]

Ebenfalls unsichtbar bleiben die subkutanen Prothesen, die Robert Gersuny (1844–1924) erzeugte, indem er Paraffin und Vaseline unter die Haut spritzte, um Körperteile umzuformen oder fehlendes Gewebe zu ersetzen (→ Abb. 2). Das Material und die Methode der Injektion hinterließen keine Narben und schienen zunächst auch gut verträglich. Die Paraffineinspritzungen erfolgten, sowohl um den schönen Körper zu gestalten als auch den produktiven Körper wiederherzustellen. Es »konnten untüchtig gewordene Organe wieder dienstfähig gemacht und Verunstaltungen zum spurlosen Verschwinden gebracht werden.«[19]

Abb. 2
Paraffineinspritzung nach der von H. Eckstein modifizierten Gersunischen Methode, Nasenkorrektur, Die Operierte von der Seite gesehen, Abb. 1 vor der Einspritzung, Abb. 2 nach der Einspritzung, 1902/1903

Die Schönheitsoperation ist doppelt gesellschaftlich begrenzt: durch das normative Bild des wahren, schönen und produktiven Körpers sowie die Ideologie von Natürlichkeit, die sich über die Optimierung des Körpers durch die plastische Chirurgie stülpt und sie verhüllt. Es dauerte noch nahezu ein Jahrhundert, bis das Bekenntnis zum plastischen chirurgischen Eingriff öffentlich erfolgt und als Ausdruck eines neuen Selbstverständnisses inszeniert wird.

4

Mit der Entwicklung zur postindustriellen Gesellschaft im 20. Jahrhundert und weiteren Fortschritten in Medizin und Technologie entfaltete sich die Idee eines *Selfmade*-Körpers, dessen wahre Gestalt an einer Vielfalt von Optionen orientiert ist. Medien wie Fotografie, Film, Fernsehen, die zunehmend Verbreitung fanden, und heutzutage Internet und Social Media, liefern die Bilder von Körpern, die, obgleich gesellschaftlich geprägt, als eigene, individuelle Möglichkeiten der Selbstoptimierung wahrgenommen werden. »Man sieht also Körper, weibliche, männliche Körper, kombinierbar ohne Ende, und was im Bild kombinierbar ist, kann natürlich auch in der Wirklichkeit kombinierbar sein.«[20]

Der *wahre* Körper wird als ein Bild erobert,[21] das Potenziale freilegt und nicht abbildend, sondern produktiv wirkt, indem es den Anblick eines erst herzustellenden Körpers vermittelt.[22] »Wie will ich aussehen?« wird zur leitenden Frage nach dem wahren und schönen Körper. Natürlichkeit ist nurmehr eine von vielen Optionen und hat als Ideologie ausgedient: Die Umformung des Körpers durch plastische Chirurgie zählt wie Sport und Diät zu den Selbsttechniken, die in öffentlichen Szenarien enthüllt werden.

Ende der 1980er Jahre begann die Amerikanerin Cindy Jackson (*1956), ihren Körper einer Serie von über fünfzig plastisch-chirurgischen Eingriffen zu unterziehen. Obgleich am gesellschaftlich populären Körperbild der Barbie-Puppe orientiert, hat Jackson durch die Operationen zu ihrem *wahren* Körper gefunden, den sie von Anbeginn der Öffentlichkeit mit Stolz als »self-made« und »real me« präsentiert.[23] Jackson vertritt mit ihrem Barbie-Experiment prototypisch den Trend hin zu einer *fröhlichen Chirurgie,* die wie die *fröhliche Wissenschaft* positiv, »ja-sagend«[24] und an einem Lifestyle orientiert ist, der »bei der Oberfläche, der Falte, der Haut stehen«[25] bleibt. Der plastische chirurgische Eingriff in den Körper ähnelt dem Herstellungsprozess von Plastik, »auf der einen Seite der tellurische Rohstoff, auf der anderen Seite der perfekte Gegenstand. Zwischen diesen beiden Extremen nichts, nichts als ein zurückgelegter Weg, der [...] überwacht wird.«²⁶ Die *fröhliche Chirurgie* inszeniert den Körper als ein Vorher-Nachher-Ereignis. Dabei wird die chirurgische Operation selbst nur auf ihren Erfolg hin kontrolliert und verschwindet im gelungenen Ergebnis. Dem perfekt hergestellten Körper werden wie einem Fetisch besondere Wirkungen zugeschrieben. Der chirurgische Schnitt soll den Körper zwar nicht wie in prähistorischer Zeit von bösen Geistern befreien, aber vom negativ sanktionierten Körper vorher, der gleichsam weggeschnitten wird.²⁷ Die *fröhliche Chirurgie* leistet eine »wunscherfüllende Medizin«²⁸, indem sie als ihr Produkt einen Körper verspricht, der Selbstwertgefühl, Anerkennung und Erfolg mit sich bringt. Für die individuelle Selbstoptimierung bietet die *fröhliche Chirurgie* eine Produktpalette gesellschaftlicher Erfolgsmodelle zur Auswahl an. Ihre Verbreitung wird heutzutage vorwiegend durch Social Media wie Instagram oder Snapchat unterstützt, die über Bilder perfekt inszenierter Körper funktionieren.

Die beiden Screenshots (→ Abb. 3 und 4) zeigen Fotos, die auf der Social-Media-Plattform Instagram gepostet wurden, einmal unter dem Stichwort #plasticsurgery, einmal mit #schönheitschirurgie. Die Fotos vermitteln insgesamt ein fröhliches Bild: Die Ärzteteams stellen sich mit den üblichen Kennzeichen medizinischer Kompetenz dar, in weißer

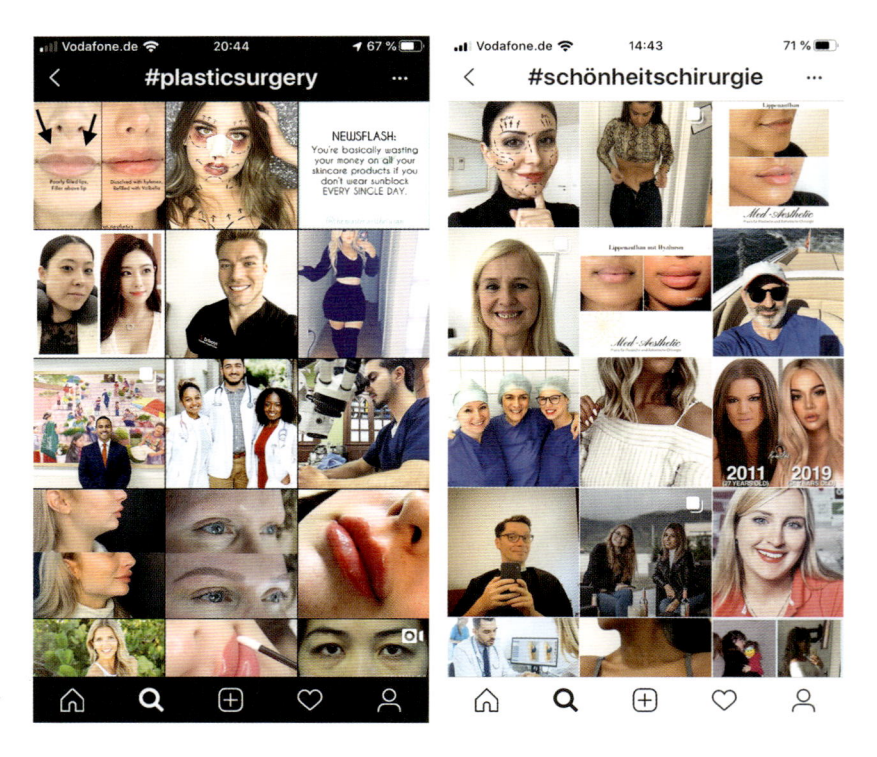

Abb. 3, links
Screenshot von Instagram unter #plasticsurgery, 17.10.2019

Abb. 4, rechts
Screenshot von Instagram unter #schoenheitschirurgie, 17.10.2019

Kleidung, mit chirurgischen Instrumenten und im Sprechzimmer. Sie wirken dabei aber einladend und werbend.

Die Skizzen auf der Haut zur Planung des chirurgischen Schnitts verbleiben auf der Oberfläche eines strahlenden Gesichts (→ Abb. 4 oben). Sie suggerieren Leichtigkeit und Machbarkeit des chirurgischen Eingriffs. So berichten Chirurgen, dass ihnen immer häufiger vor allem junge Frauen digital bearbeitete Bilder ihres Körpers vorlegen, in die sie bereits die Änderungen eingezeichnet haben, die im plastischen Eingriff realisiert werden sollen.[29] Spezielle Filter, die sich einfach installieren lassen, unterstützen diesen Trend.[30]

»Bearbeitete Selfies verschieben vor allem bei jungen Patientinnen die Wahrnehmung des eigenen Aussehens, was oft zu unrealistischen Vorstellungen dessen führt, was ein chirurgischer Eingriff an Ergebnissen liefern kann«, erläutert Dr. med. Alexander P. Hilpert, Facharzt für plastische und ästhetische Chirurgie.[31] Seit kurzem sind Filter, die Schönheitsoperationen simulieren, auf Instagram verboten.[32] Weitere der auf Instagram geposteten Fotos inszenieren im bekannten Vergleich den Körper vorher und nachher. Eine Ausnahme scheint auf den ersten Blick jenes Foto zu sein, das Verband und nachoperative Blutergüsse zeigt (→ Abb. 3, obere Reihe). Doch die Körperhaltung, der geschminkte Mund und der Gesichtsausdruck zeigen nicht Schmerz und Leiden, sondern entsprechen dem üblichen Stil von Selfies, die den Körper optimiert und in jeder Lebenslage perfekt gestylt präsentieren.

Der wahre Körper wird zur Ware. Die gesellschaftliche Entwicklung, die die Vorstellung des wahren Körpers aus religiösen, mythologischen und natürlichen Bindungen herausgelöst hat, bindet ihn zurück in eine zweite Natur. Wie ein Ding lässt sich der wahre Körper auf dem Markt der Schönheitschirurgie erwerben. In beruflichen wie in privaten Beziehungen dient der wahre Körper als Tauschwert oder »Investitionsgegenstand«[33]: Auf dem Arbeitsmarkt erweist sich für Frauen wie für Männer ein Körper, der auf Dynamik und Jugendlichkeit hin gestaltet ist, als Erfolgsfaktor. So ist die Lidstraffung 2018 der häufigste Eingriff.[34] Denn, wie Edgar Biemer, Professor für plastische Chirurgie feststellt: »... Falten und hängende Lider werden in manchen Berufen schon als Zumutung empfunden.«[35]

In den Geschlechterbeziehungen wird der optimierte Körper als Äquivalent für die begehrten Blicke und das Finden gleichfalls attraktiver Partner und Partnerinnen eingesetzt.[36] Auf den Social-Media-Plattformen wird der perfekte Körper als Selfie inszeniert, um im Belohnungssystem von Likes, Kommentaren und Followern erfolgreich zu sein und bestenfalls zum Influencer aufzusteigen. Über Popularität und Einflussnahme hinaus ist mit Werbung ein finanzieller Gewinn möglich. Das Happy End oder fröhliche Ende bleibt indes aus: Nur wenn der wahre Körper immer wieder neu als Ware erworben wird, kann der ihm zugeordnete Erfolg Bestand haben. Die schöne Gestalt muss aufgefrischt oder veränderten Körperbildern angepasst werden. Ein straffes Gesicht hat selbst nach einem umfangreichen Facelifting nur eine Haltbarkeit von bloß sieben bis zehn Jahren.[37] Was mit der Eroberung des Körpers als Bild und dem Ausschöpfen einer Vielfalt an Optionen für die individuelle Selbstoptimierung begann, endet als Plan zum Kauf des Körpers als Ware.

Cindy Jackson ist als Pionierin der *fröhlichen Chirurgie* längst abgelöst von Promis wie den Kardashians, die ihre Schönheitsoperationen öffentlich inszenieren. Jackson aber bietet eine neue Ware an: ihre Expertise auf dem Sektor der *fröhlichen Chirurgie.* Sie berät beim Kauf des wahren Körpers, Planung und Nachbetreuung inklusive.[38]

---

1 History of Medical Careers, 21.05.2014, unter: http://www.medicalcareersnow.com/history-of-medical-careers.html (abgerufen am 01.10.2019).
2 Julien Offray de La Mettrie: L'Homme machine. Leiden 1747.
3 Philipp Sarasin: Reizbare Maschinen. Frankfurt a. M. 2001, S. 20ff.
4 Michel Foucault: Überwachen und Strafen. Die Geburt des Gefängnisses. Übersetzt aus dem Französischen von Walter Seitter. Frankfurt a. M. 1977, S. 174.
5 Ursula Storost: Wie der Körper zum Kultobjekt wurde, Deutschlandfunk 13.12.2018, unter: https://www.deutschlandfunk.de/menschliche-optimierung-wie-der-koerper-zum-kultobjekt-wurde.1148.de.html?dram:article_id=435861 (abgerufen am 01.10.2019).
6 Foucault 1977 (wie Anm. 4), S. 198; Storost 2018 (wie Anm. 5).
7 Storost 2018 (wie Anm. 5).
8 James L. Hargrove: History of the Calorie in Nutrition, in: The Journal of Nutrition History 136, 2006, S. 2957–2961.
9 Storost 2018 (wie Anm. 5).
10 Ella Morton: The Ether Dome, Where Everything was Beautiful and Nothing Hurt, 08.01.2014, unter: https://www.slate.com/blogs/atlas_obscura/2014/01/08/the_ether_dome_at_massachusetts_general_hospital_where_surgical_anesthetic.html?via=gdpr-consent (abgerufen am 01.10.2019).
11 Johann Friedrich Dieffenbach: Der Aether gegen den Schmerz. Berlin 1847.
12 Deutsche Gesellschaft der Plastischen, Rekonstruktiven und Ästhetischen Chirurgen: Geschichte der Plastischen Chirurgie, o. J., unter: https://www.dgpraec.de/dgpraec/historie/plastische-chirurgie-geschichte/ (abgerufen am 01.10.2019).
13 John Orlando Roe, zitiert in: Deborah Caslav Covino: Amending the Abject Body. Aesthetic Makeovers in Medicine and Culture. New York 2004, S. 126.
14 Dimitrij Panfilov, Interview in: die tageszeitung, 30.11.2000.
15 Silke Ewald: Als Schönheit machbar wurde. Die Anfänge der Plastischen Chirurgie. o. J., unter: http://www.exmodels.de/als-schoenheit-machbar-wurde-die-anfaenge-der-plastischen-chirurgie/ (abgerufen am 01.10.2019).

16 Anneliese Ramsbrock: Jacques Joseph (1865–1934). Ein Streifzug durch die Geschichte der Schönheitschirurgie, in: Wissenschaftsportal Gerda Henkel Stiftung, 19.02.2010, unter: https://lisa.gerda-henkel-stiftung.de/jacques_joseph_1865_1934_._ein_streifzug_durch_die_geschichte_der_schoenheitschirurgie?nav_id=1031 (abgerufen am 01.10.2019).
17 Ramsbrock 2010 (wie Anm. 16).
18 Sander Gilman: Politisch korrekt geschnitzt. Warum soll Leitkultur beim Körper Halt machen? Auch die Nase lässt sich assimilieren, in: Die Zeit 46/2000, 09.11.2000.
19 Hugo Eckstein: Über Paraffineinspritzungen, in: Die Gartenlaube, Sammelausgabe 1903, S. 238.
20 Alain Finkielkraut: Glück ohne Ende, Kapitalismus und Depression II. Berlin 2000, S. 25.
21 Martin Heidegger: Die Zeit des Weltbildes, in: Gesamtausgabe Bd. 5. Frankfurt a. M. [1938] 1977a, S. 87.
22 Martin Heidegger: Kant und das Problem der Metaphysik. Frankfurt a. M. 1973, S. 89.
23 Cindy Jackson im Interview mit Danny Danzinger, unter: www.cindyjackson.com, »press-cuttings« (abgerufen 07.01.2002, nicht mehr online).
24 Friedrich Nietzsche: Ecce Homo, Kap. Die Fröhliche Wissenschaft, KSA 6. München, Berlin, New York [1888] 1988, S. 333.
25 Friedrich Nietzsche: Die fröhliche Wissenschaft [1882], in: G. Colli und M. Miotinari (Hgg.): Mörgenröte/Idyllen aus Messina/Die fröhliche Wissenschaft. KSA, Bd. 3. München, Berlin, New York 1988, S. 352.
26 Roland Barthes: Plastik, in: Plastikwelten. Ausst.-Kat. der Elefanten Press Galerie, Berlin 1985, S. 6.
27 Cindy Jackson, o. J. (wie Anm. 23).
28 Matthias Kettner und Iris Junker: Beautiful Enhancements. Über wunscherfüllende Medizin, in: Zeitschrift für Ästhetik und allgemeine Kunstwissenschaft 52/2007, S. 185–196, zitiert in: Birgit Hibbeler, Nicola Siegmund-Schultze: Ästhetisch-kosmetische Medizin. Schönheit hat ihren Preis, Deutsches Ärzteblatt 2011, 108 (26): A-1468, B-1238, C-1234, unter: https://www.aerzteblatt.de/archiv/95496 (abgerufen am 01.10.2019).
29 Mitgliederbefragung der Deutschen Gesellschaft für Ästhetisch-Plastische Chirurgie e. V. (DGÄPC), Juni 2019, unter: https://www.dgaepc.de/motiviert-der-selfie-boom-immer-haeufiger-zu-schoenheitsoperationen/ (abgerufen am 01.10.2019).
30 Anm.: Die Filtersoftware Fix Me ermöglicht dem Nutzer vor-operative Markierungen, wie sie der Chirurg vornimmt. Mit PLASTICA lassen sich Gesichtsformen »morphen«, d. h. so verändern, wie sie nach einem chirurgischen Eingriff aussehen könnten.
Vgl. hierzu: BBC News: Instagram bans ›cosmetic surgery‹ filters, 23.10.2019, unter: https://www.bbc.com/news/business-50152053 (abgerufen am 24.10.2019).
31 Aaron Clamann: Führen Selfies bei Instagram zu mehr Schönheitsoperationen?, in: Berliner Morgenpost, 26.06.2019, unter: https://www.morgenpost.de/vermischtes/article210177693/Instagram-Foerdert-das-Netzwerk-Wunsch-nach-Schoenheits-OP.html (abgerufen am 01.10.2019).
32 BBC News: Instagram bans ›cosmetic surgery‹ filters, 23.10.2019 (wie Anm. 30).
33 Ada Borkenhagen: Der Natur nachgeholfen. Spektrum der Wissenschaft, Gehirn und Geist. o. O. 2011, S. 30–36, zitiert in: Birgit Hibbeler und Nicola Siegmund-Schultze: Ästhetisch-kosmetische Medizin. Schönheit hat ihren Preis, Deutsches Ärzteblatt 2011; 108 (26): A-1468 / B-1238 / C-1234, unter: https://www.aerzteblatt.de/archiv/95496 (abgerufen am 01.10.2019).
34 Statista: Statistik zu den häufigsten Schönheits-OPs in Deutschland 2018, 09.08.2019, Quelle: Deutsche Gesellschaft der Plastischen, Rekonstruktiven und Ästhetischen Chirurgen (DGRÄPC), unter: https://de.statista.com/statistik/daten/studie/221664/umfrage/anteil-der-haeufigsten-schoenheitsoperationen-in-deutschland/ (abgerufen am 01.10.2019).
35 Der Spiegel, 12/2000, 20. März 2000.
36 Cindy Jackson, o. J. (wie Anm. 23 und Anm. 27).
37 Blog Facelift, o. J., unter: https://www.facelift.blog/news/wie-lange-haelt-ein-facelifting/ (abgerufen am 01.10.2019).
38 About Cindy Jackson, o. J., unter: https://www.cindyjackson.com/about-cindy-jackson/ (abgerufen am 01.10.2019).

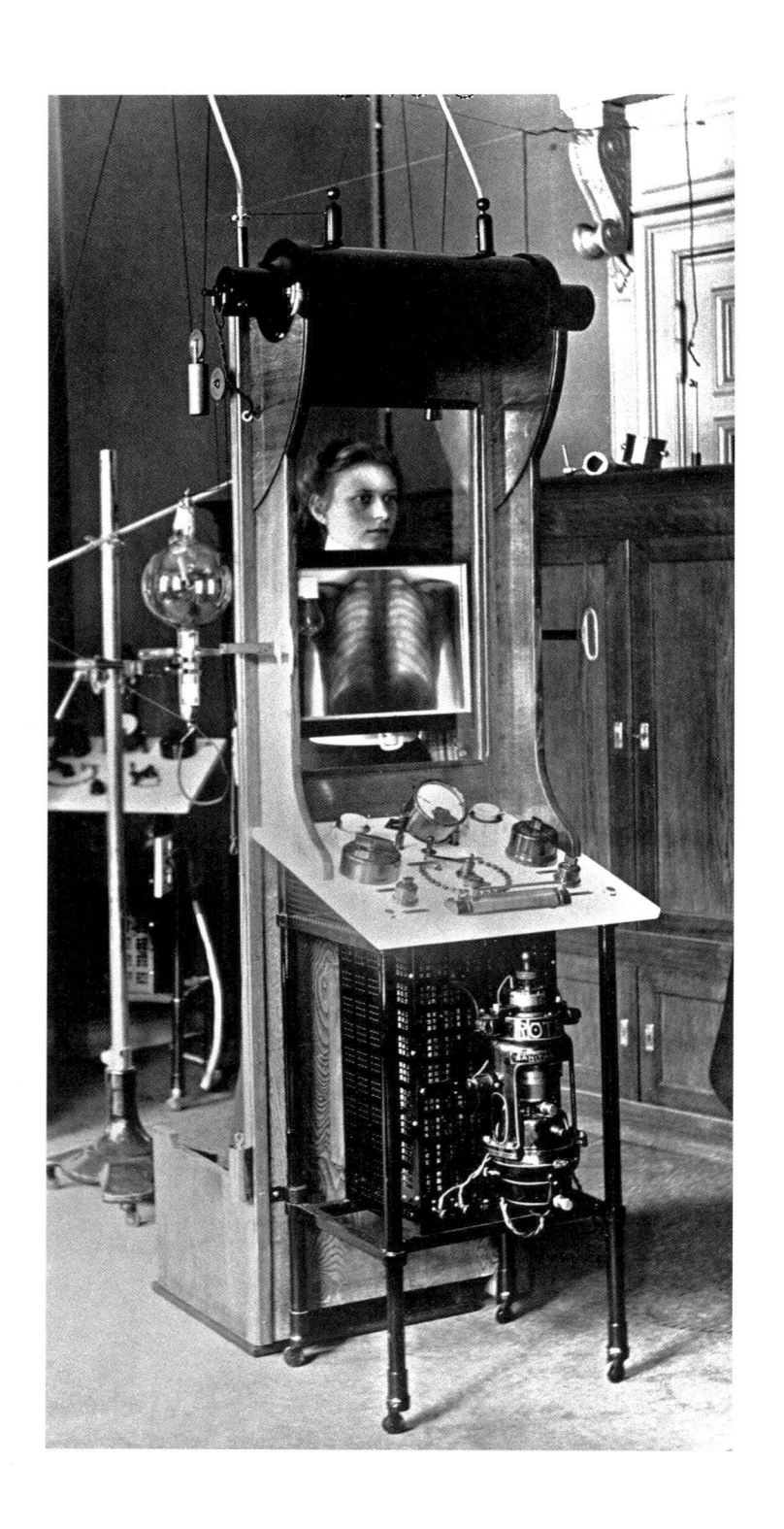

Abb. 1
Franz Stoedtner (1870–1946)

Röntgen-Untersuchungstisch für Brustkorbdurchleuchtung, 1900–1940, SLUB Dresden/Deutsche Fotothek/Franz Stoedtner-Archiv

»Ich habe meinen Tod gesehen« – der medizinische Blick ins Körperinnere

Die mikroskopische Betrachtung und Erkenntnis von Bazillen und Erregern führte zu allgemeiner Hygiene, klinischer Antisepsis und völlig neuen chirurgischen Möglichkeiten. Ab 1895 konnte mit der Röntgentechnik direkt in das Körperinnere hineingeschaut werden. Die moderne Technik schien eine Art rationalen Gesundheitszauber zu erlauben.

»Ich habe meinen Tod gesehen«, soll Anna Bertha Röntgen (1839–1919) gesagt haben, als ihr Mann Wilhelm Conrad Röntgen (1845–1923) am 22. Dezember 1895 für das erste Röntgenbild der Geschichte ihre Hand 25 Minuten lang bestrahlte und auf der Fotoplatte ihre Handknochen sichtbar wurden. Nur wenige Tage später reichte er seinen Aufsatz *Über eine neue Art von Strahlen* zur Veröffentlichung ein.

Schnell wurde die Entdeckung zu einem Massenphänomen, da der wohlhabende Röntgen auf den Schutz seiner Entdeckung verzichtet hatte. Die Versuchsanordnung wurde allerorts nachgebaut und man schreckte vor langen Belichtungszeiten nicht zurück, da über das Risiko der Bestrahlung nichts bekannt war. Selbst die Spielzeugfirma Märklin eruierte die Möglichkeit des Baus und Vertriebs eines Röntgenapparats für Kinder inklusive der stromerzeugenden Elektrisiermaschine. Ebenso wie der Elektrisierapparat wurde der Röntgenapparat zum Party-Gag unter dem Motto »Ich seh' dich von innen!« Der Verkauf von strahlendichter Wäsche für die Dame zum Schutz ihrer Intimsphäre tauchte als Werbeidee auf.

Thomas Alva Edison betrieb auch auf diesem Gebiet die Kommerzialisierung der Erfindung. Sein Versuch der gewinnbringenden Vermarktung der Röntgenstrahlen hatte für seinen Assistenten Clarence Madison Dally (1865–1904) tödliche Folgen. Der gelernte Glasbläser ging als erstes Opfer von Strahlendermatitis in die Geschichte ein. Er stirbt schließlich an Mediastinalkrebs.

Dally hatte Edison dabei unterstützt, ein günstiges Volks-Fluoroskop zu entwickeln und eine Forschungsabteilung aufzubauen. Als nach zahlreichen Versuchen Dally die Haare ausfallen, er Verbrennungen am Körper aufweist und sich schließlich Karzinome bilden, wird Edison hellhörig. Er stellt den Verkauf der Fluoroskope ein und forscht nicht länger an den Röntgenstrahlen.

1901 bekam Röntgen für seine Entdeckung den ersten Nobelpreis für Physik. Die Entdeckung der X-Strahlung – so nannte Röntgen diese – und die anschließende lukrative Vermarktung durch Thomas Alva Edison bedeutete einen epochalen Wandel, nicht nur für die Medizin. Es war fortan möglich, ins Innere des lebendigen menschlichen Körpers zu schauen und Zusammenhänge zwischen körperlichem Innen und Außen herzustellen.

Durch die damit verbundene Gleichstellung aller Körper – das Knochengerüst und die Organe variierten beim gesunden Menschen nicht, egal ob er dem Bürgertum angehörte oder ein Arbeiter war – musste das Körperäußere nun individuell gestaltet werden, sei es durch Mode, Schminke oder schließlich mit Hilfe des Skalpells. In seinem *Handbuch der plastischen Chirurgie* erwähnte Eduard Zeis 1838 erstmals den Begriff »plastische Chirurgie«. Dabei handelt es sich primär um rekonstruktive Eingriffe. Formverändernde Eingriffe ohne medizinische Indikation – zusammengefasst in der ästhetischen Chirurgie – finden aber auch hier bereits Erwähnung. 1906 wird das erste Face-Lifting in Deutschland durchgeführt. Der Körper ist nicht mehr Gott und Natur als Leib ergeben, sondern Austragungsort der eigenen Subjektivität und Identität. Die Geschichte der Menschheit ist geprägt von dem Bedürfnis nach Veränderung des Körpers – sei es im Dienste von religiösen oder politischen Ideologien. Das heutige Selbstoptimierungskonzept, das seinen Ursprung im 19. Jahrhundert hat, weicht aufgrund der Individualisierung von bis dahin Bekanntem ab. Die unter anderem von der Werbung propagierten Idealbilder führen zu defizitärem Denken des Einzelnen und dem Anerkennen der Optimierungsnotwendigkeit.

Die Aufnahme des Kunsthistorikers Franz Stoedtner (1870–1946) zeigt den Blick ins Innere – einen »skelettierten« Brustkorb und gleichzeitig die äußere Erscheinung von Kopf und Extremitäten der Patientin (→ Abb. 1). Stoedtner gründete 1895 in Berlin den ersten kommerziellen Lichtbildvertrieb mit wissenschaftlich-pädagogischer Zielsetzung, das Institut für wissenschaftliche Projection, und wurde zum Pionier der Dokumentationsfotografie.

Während die Wissenschaft immer weiter ins menschliche Innere vordringt und die industrialisierte Gesellschaft nach funktionstüchtigen, maschinenähnlichen Körpern verlangt, tummeln sich auf den Leinwänden – entsprechend der Freikörperkultur – leichtbekleidete oder nackte weibliche und männliche Körper in einer fabrikschlotfreien, unberührten Natur, zumeist am Meer. Hier wird der Körper nicht als industrielle Maschine oder Untersuchungsobjekt betrachtet, sondern als gesunder, freier und in die Natur eingebetteter Körper. Ein Bad in Wasser und Sonne konnte Entspannung, Erholung, Heilung, Training, Straffung, Verjüngung, Verschönerung bieten – und das zeigt sich in den jugendlichen, zwangsbefreiten, aber auch entsexualisierten Körpern. Denn auch wenn der äußerlich von Textilien befreite Körper ein intensiveres Erleben der Natur und der Gesundung ermöglichte, war aufgrund einer sittsamen Ideologie an eine sexuelle Befreiung nicht zu denken. So inszeniert unter anderem Christian Adam Landenberger (1862–1927), ab 1905 Professor an der Stuttgarter Kunstakademie und Vorreiter der deutschen Pleinairmalerei, heranwachsende Knaben unschuldig, romantisch, in die Natur versunken und ursprünglich. Das Motiv der Badenden Knaben beschäftigt den Maler 22 Jahre – von 1893 bis 1915 (→ Abb. Seite 265–267). (me)

Röntgengerät, C. G. R.
Compagnie Générale De
Radiologie, Paris, 1920–30,
Technoseum Mannheim

L'ORTHOPÉDISTE.

Monsieur.... voici votre fils qui grace à mes soins est radicalement guéri de sa déplorable gibbosité.... du reste il est dans un état de santé parfaite.... trop parfaite même, car au premier abord on pourrait croire qu'il est encore un peu bossu,... mais cela tient uniquement à ce qu'il est trop gras du dos !

Seite 258
Charles Emile Jacque (1813–1894)

L'Orthopediste, in: *Les malades et les médicins,* Blatt 9, kolorierte Lithografie, Sammlung Dieter Ante

Fidus (Hugo Reinhold Karl Johann Höppener) (1868–1948)

Ohne Titel, in: *Die Schönheit,* Fidus-Heft, Heft 1, 1919/20, Antiquariat Barbian

Silberner Fjord

Fidus (Hugo Reinhold Karl Johann Höppener) (1868–1948)

Silberner Fjord, in: *Die Schönheit,* Fidus-Heft, Heft 1, 1919/20, Antiquariat Barbian

Original Radirung von V. Bobrof.

RUHENDE NER[EIDE]

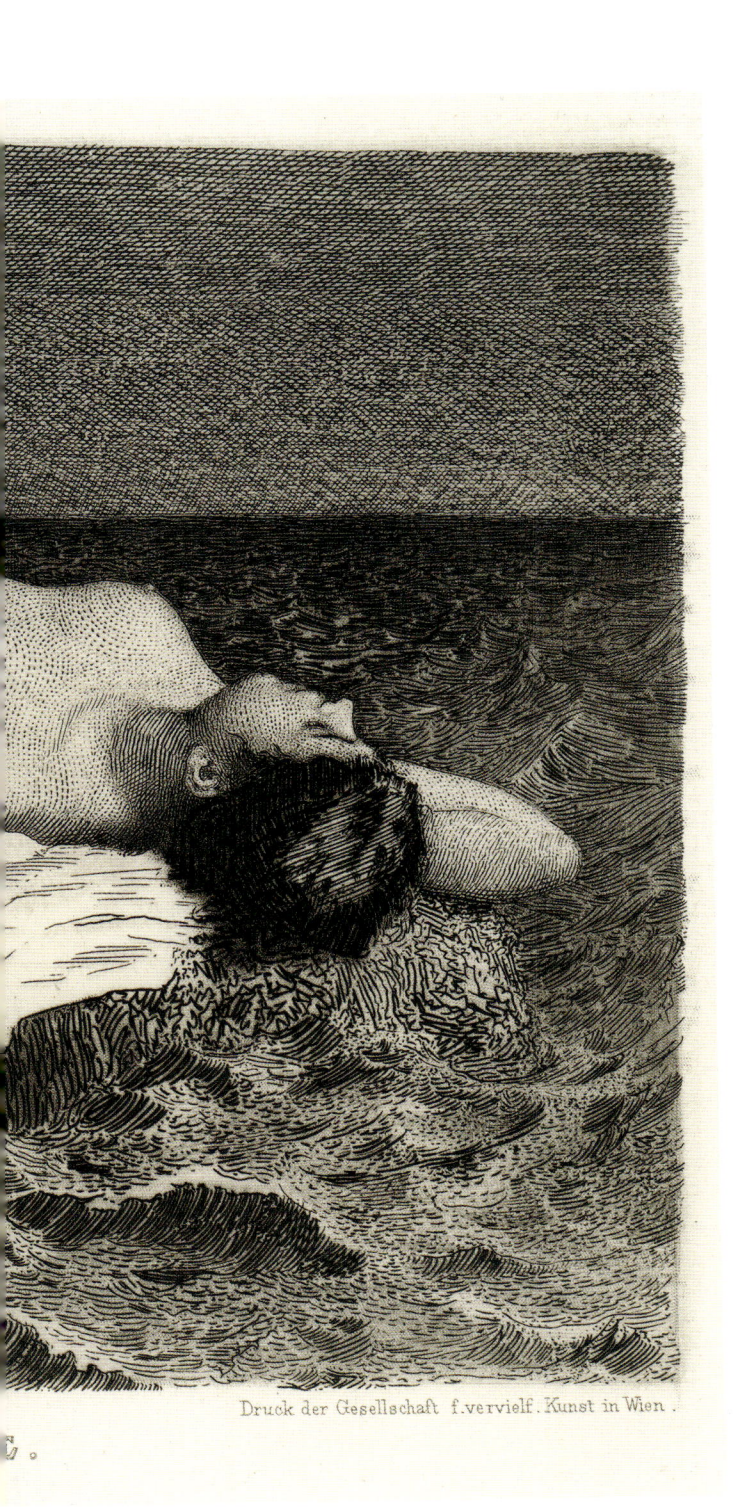

Druck der Gesellschaft f. vervielf. Kunst in Wien.

Unbekannter Künstler

Ruhende Nereide,
Radierung, um 1892,
12 × 16,5 cm,
Antiquariat Barbian

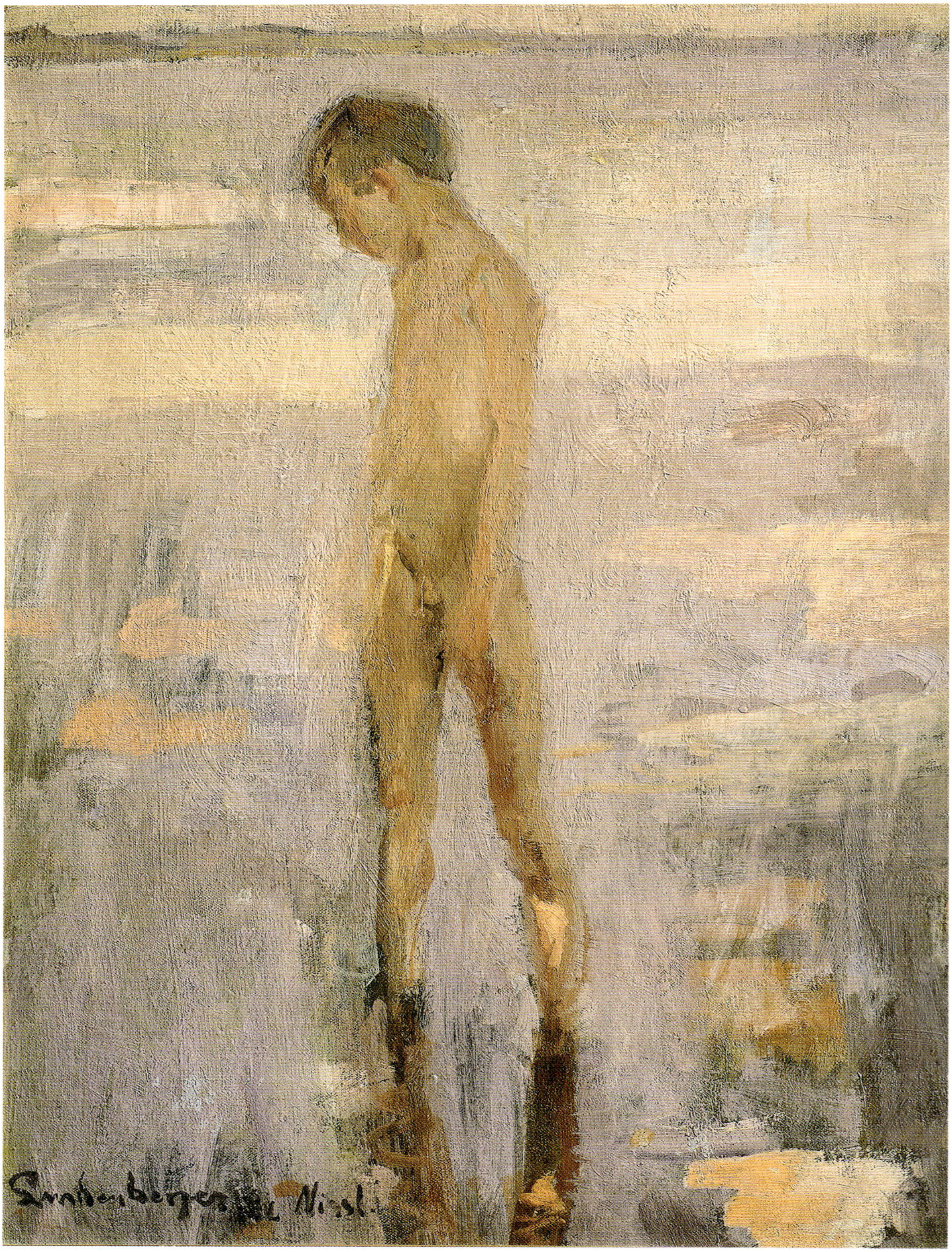

Seite 264
Christian Adam
Landenberger
(1862–1927)

Badender Knabe (Nissl) (Badender Bube im See), um 1905, Öl auf Leinwand auf Pappe aufgezogen, 72 × 54,5 cm, Kunstmuseum Stuttgart

Seite 267
Christian Adam Landenberger (1862–1927)

Badende Knaben (Rechtenstein) (Badende Buben), 1900, Öl auf Leinwand, 122,5 × 96,5 cm, Kunstmuseum Stuttgart

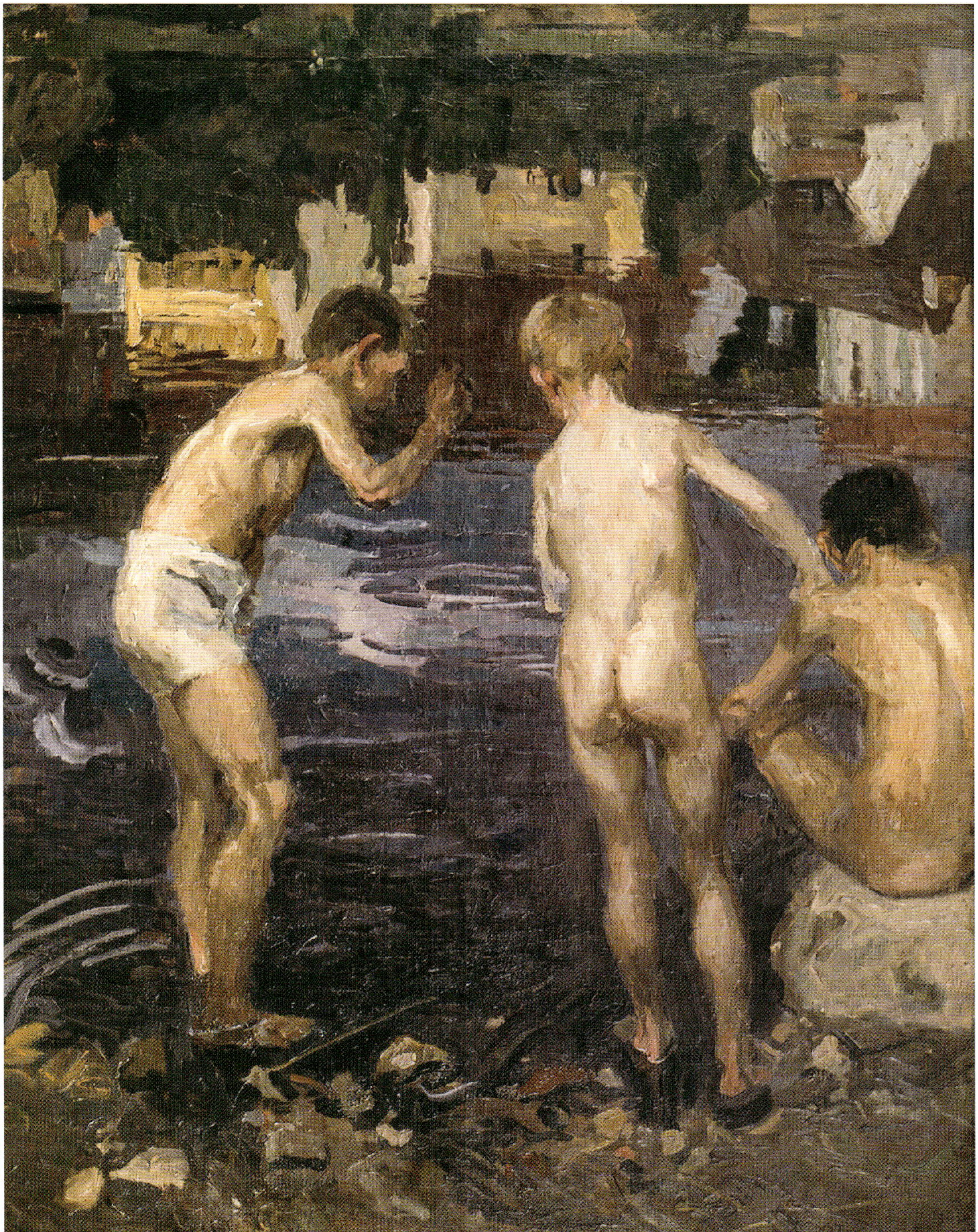

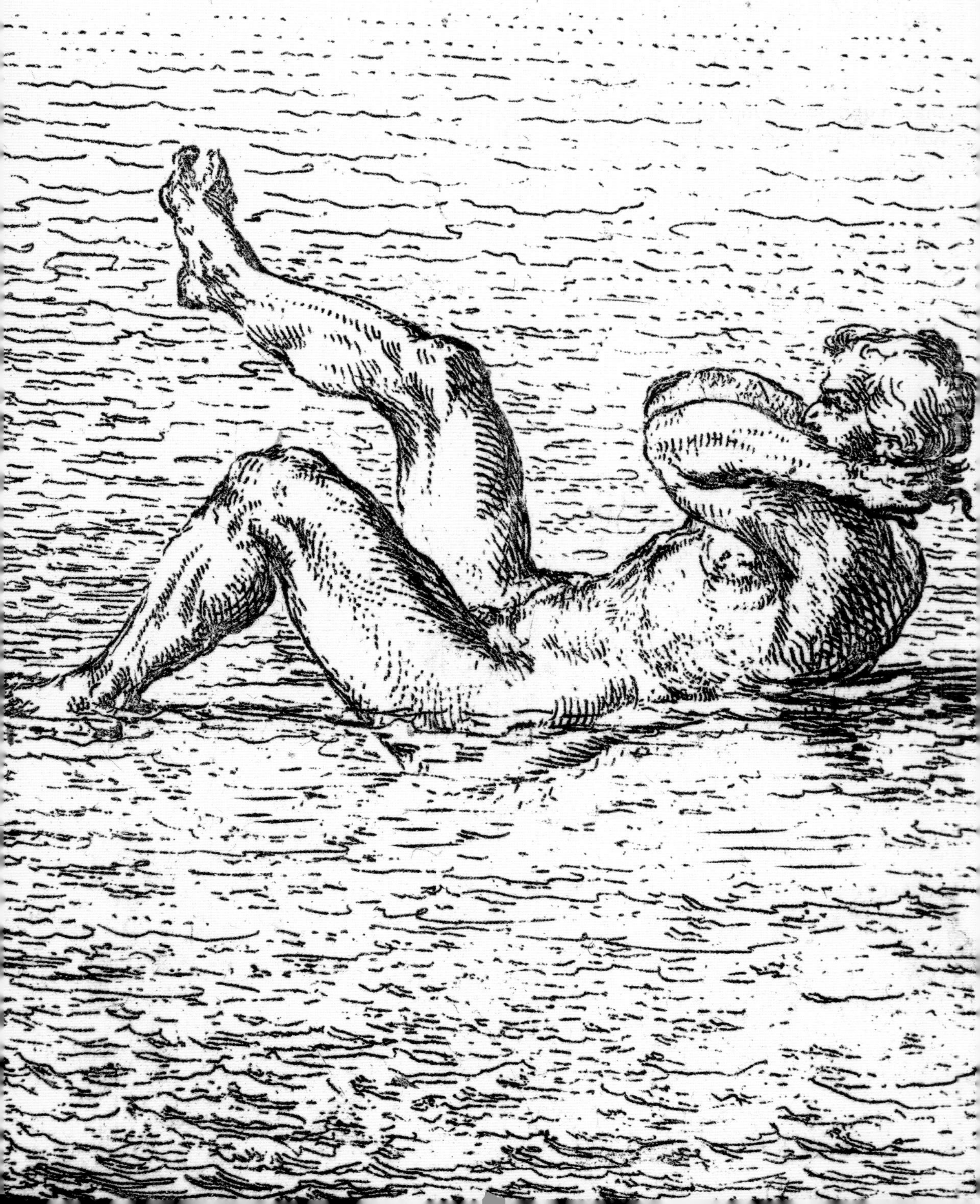

Die kulturellen Zusammenhänge zwischen Diätkost, Körperkult und Schlankheitswahn seit dem 19. Jahrhundert

Sabine Merta

Diäten und Bewegungstherapien sind eine Erfindung des 19. Jahrhunderts und nehmen heute noch Einfluss auf unsere Schlankheits- und Schönheitsideale. Eine Entstehungsgeschichte von Essens- und Körperkult am Beispiel von Birchermüsli und FKK.

»Die fetten Jahre«, so lautet der Titel eines Artikels in einer viel gelesenen Tageszeitung (→ Abb. 1), worin die Weltgesundheitsorganisation warnt, dass die Europäer, auch die Deutschen, immer dicker werden.[1]

Abb. 1
Die fetten Jahre, Grafik von Radowski, Die evolutionäre Entwicklung des Menschen zum zivilisationsgeschädigten Dickleibigen, in: *Rheinische Post,* 2015

Die Ursachen sind überwiegend zu viel Fast Food, versteckter Zucker und Fette in Fertigprodukten und akuter Bewegungsmangel im Computerzeitalter. Wer kennt ihn nicht, den ewigen Kampf gegen die Kaloriensünden, gegen die überflüssigen Pfunde, der schlanken Linie zuliebe? Mittlerweile hat jedes fünfte Kind in Deutschland Übergewicht; die Tendenz ist steigend.[2] Es wird aktuell auch in Deutschland über eine Zuckersteuer in Getränken nachgedacht, wie sie in manchen europäischen Ländern bereits erfolgreich eingeführt wurde. Die Fettpolster führen schon in jungen Jahren zu Gesundheitsproblemen, zu Diabetes oder Bluthochdruck, und können sogar Krebs verursachen. Aber die Kilos belasten nicht nur die körperliche Gesundheit, sondern auch die Seele durch soziale Ausgrenzung von »Dicken«. Ein dramatischer Anstieg von gefährlichen Essstörungen belegt dies.

Seite 268
Charles Moette
(Lebensdaten unbekannt)

Tafel 2, I., in: Melchisédec Thevenot: *L'art de nager démontré par figures,* (EA 1696), 1782, Sammlung Dieter Ante

Der Begriff *schlank* hingegen wird mit den positiven individuellen und sozialen Eigenschaften *attraktiv, jung, fleißig, erfolgreich* und *leistungsfähig* gleichgesetzt. Die *gute Figur* ist offenbar zu einem verinnerlichten Schönheitsideal der Überflussgesellschaft geworden. Die öffentliche Aufmerksamkeit richtet sich auf die schlanke Körpergestalt. Sogar vor gefährlichen Schönheitsoperationen, bei denen Fett abgesaugt und an anderen Körperstellen wieder eingespritzt wird, um zum Beispiel das Gesäß aufzupolstern, schrecken eitle Menschen nicht zurück. Es werden gesundheitsschädliche Mittel zur Entfettung eingenommen, um eine perfekte Körpersilhouette zu erhalten. Durch eine bewusste Ernährung oder ein gezügeltes Essverhalten, kurz Diäten genannt, kombiniert mit Sport, kann bekanntermaßen Einfluss auf die Figur genommen werden.

Das heutige Körperideal liegt gemäß einer repräsentativen Studie, die mit Unterstützung des Bundesministers für Gesundheit im Auftrag der Ernährungspsychologischen Forschungsstelle Göttingen[3] durchgeführt wurde, bei einem durchschnittlichen Body-Mass-Index von 18 bis 20. Dies entspricht der untersten Grenze des relativen Normalgewichtes bei Frauen und Männern. Der Body-Mass-Index, kurz BMI, ist eine Messzahl zur Bewertung des Gewichts in Relation zur Körpergröße. Mithilfe des BMI-Rechners, der das Körpergewicht (in Kilogramm) durch die Körpergröße (in Metern) zum Quadrat teilt, kann man ermitteln, ob man Über-, Unter-, oder Idealgewicht hat. Errechnet der BMI-Rechner einen Wert zwischen 19 und 25, weist das auf ein gesundes Gewicht hin. Ein BMI-Wert unter 19 deutet auf Untergewicht hin, ab einem Wert von 25 spricht man von Übergewicht, wenn der BMI über 30 liegt, sogar von der Krankheit Adipositas. In diesem Fall sollte unbedingt zwecks einer Diät ein Arzt zu Rate gezogen werden. Im Allgemeinen gilt bei Frauen ein BMI von 19 bis 24 und bei Männern ein BMI von 20 bis 25 als Normalgewicht. In der Durchschnittsbevölkerung wird eine schlanke, aber nicht dünne, jugendlich-sportliche Figur bevorzugt, wie sie in den Massenmedien von *Idealtypen* verkörpert wird.

Fragt man jedoch nach der Entstehungsgeschichte der Diätkost, die als Folge eines veränderten Körperideals zunehmend die Aufgabe eines Schlankmachers erhielt und nie ihren gesundheitsfördernden Aspekt verloren hat, so stößt man auf eine historische Forschungslücke. Ebenso liegen die Ursprünge des Bedürfnisses beider Geschlechter zur körperlichen Ertüchtigung, die der Schlankheit und körperlichen Fitness dienten, im Dunkeln. Die Wahrnehmung und Darstellung des Körpers ist kulturell vermittelt, und das Essen stellt nur eine Möglichkeit dar, die körperliche Erscheinung zu gestalten. Die Norm des schlanken Körpers ist und bleibt ein Abstraktum, das sich im Mentalitätsgefüge der Geschichte stetig wandelt und in dem klare Definitionen nur semantische Momentaufnahmen darstellen. Der Schlankheitsbegriff ist interkulturell konstruiert, verändert sich mit dem jeweils veränderten Gesellschaftsbild und unterliegt deshalb mentalitätshistorischen Wandlungsprozessen. Diese vielschichtige Verknüpfung habe ich auf der Basis eines interdisziplinären Quellenstudiums intensiv untersucht. Alle den modernen Schlankheitskult tangierenden Bereiche, von der Theorie und Praxis der Diätkost bis hin zum Fitnesstraining, stehen hier im Fokus. Die mentalitätsgeschichtlichen Hauptphänomene, die zu diesem heute zweifelsohne feststellbaren Schönheitsideal der schlanken Figur geführt haben und stets vor dem Hintergrund eines sich wandelnden Gesundheits-, Ernährungs- und Körperbewusstseins zu sehen sind, werde ich im Folgenden skizzieren.

Der Begriff »Diät« vom griechischen »diaita« für Lebensweise abgeleitet, begegnet uns in seiner ursprünglichen Bedeutung Mitte des 19. Jahrhunderts in der so genannten Lebensreformbewegung. Wenn auch viele Menschen davon ausgehen, dass Müsli, Kellogg's Cornflakes und Vollkornbrot zum Frühstück neuere Erfindungen der *Alternativen Szene* der späten 1970er und frühen 1980er sind, so stammen diese aus der deutschen Lebensreformbewegung der Jahrhundertwende, die Ursprungsrezepte bereits aus dem 19. Jahrhundert. Die erste biologisch-ökologisch erzeugte, heute als nachhaltig bezeichnete Nahrung sowie die Rohkost-Ernährung entstammen dieser Zeit. Das Gesellschafts- und Ernährungsmodell waren wichtige Wegweiser der Moderne.

Der Diätbegriff wurde von den Lebensreformern als Synonym für die gesamte Lebensweise verwendet und erfuhr seine heute übliche Beschränkung auf eine kalorienreduzierte Kost erst in den 1920er und 1930er Jahren. Da die Lebensweise als solches im Mittelpunkt stand, wurden auch in diesem Umfeld die ersten Ideen von körperlicher Fitness und sportlichen Übungen entwickelt. Die Lebensreformbewegung strebte an, den durch den Zivilisationsprozess degenerierten menschlichen Körper des Industriezeitalters in allen Lebensbereichen wieder der Natur näher zu bringen. Den gedanklichen Überbau für diese Protestbewegung gegen die zunehmende Entfremdung des Menschen von der Natur bildete der Naturismus, eine neue Weltanschauung basierend auf dem emotionalen Aufruf »Zurück zur Natur!«[4] des französischen Aufklärers, Philosophen und Pädagogen Jean-Jacques Rousseau (1712–1778). Die natürlichen körpereigenen Lebenskräfte sollten durch Licht, Luft, Wasser, Erde und eine gesunde Ernährung gestärkt werden.

Der Jenaer Mediziner, Leibarzt und Freund Johann Wolfgang Goethes Christoph Wilhelm Hufeland (1762–1836) führte mit seinem Buch *Makrobiotik oder die Kunst, das menschliche Leben zu verlängern*[5] den Gedanken von Rousseau weiter in Richtung der Naturheilbewegung des 19. Jahrhunderts. Darin verfolgte er den Gedanken von der Lebenskraft als Heilkraft der Natur. Die »Un-Natur« zehre an unserer Lebenskraft und verkürze das Leben. So gelte es, alles Schädigende, insbesondere die Unmäßigkeit auf allen Lebensgebieten zu vermeiden, um die Lebenskraft zu stärken. Unschöne Fettansammlungen am Körper wurden als offensichtliches und unmittelbares Indiz einer widernatürlichen Lebensweise der degenerierten Zivilisationsgesellschaft interpretiert. Natürliche Bekämpfung der Fettleibigkeit war daher ein Hauptargument für den lebensreformerischen Zurück-zur-Natur-Appell. Das Ziel war der »gesunde Normalkörper« nach griechisch-römischem Vorbild, den der Mensch erst wieder zu gestalten lernen müsse. Für Naturheiler und Lebensreformer war Schlankheit das wesentliche Element der Schönheit. Die geistige und körperliche Schönheit als Geschenk der Natur müsse durch eine naturgemäße Lebensweise wiederhergestellt werden. Hufeland empfahl, mehr Vegetabilien zu essen, da Fleisch phlegmatisch mache – eine Idee, die der antiken Viersäfte-Lehre entstammt. Die Viersäfte-Lehre war eine von der Antike bis ins 18. Jahrhundert allgemein anerkannte medizinische Konzeption, die erstmals im *Corpus Hippocraticum*[6] zur Erklärung allgemeiner Körpervorgänge und zum Verständnis von Krankheiten entwickelt wurde. Die richtige Mischung der Körpersäfte garantiere Gesundheit, das Ungleichgewicht der Säfte dagegen verursache Krankheit. Auf den Gleichgewichtszustand der Körpersäfte könne man durch Lebensreize wie Bewegung, Diät, Wasser, Erde und Licht Einfluss nehmen. Zudem solle für ausreichenden Schlaf, tägliches Gehen oder Reiten an der frischen Luft und die tägliche Waschung des Körpers mit kaltem Wasser, das Stillen der Säuglinge und für eine vernünftige Erziehung gesorgt werden. Viele Zivilisationsmenschen würden über das natürliche Maß hinaus essen und zu wenig körperliche Arbeit verrichten.

Bereits Mitte des 19. Jahrhunderts wurde auch die Kaltwasser-Therapie zur Gewichtsreduktion eingesetzt und weist damit eine längere Tradition als die Diättherapie auf. Ein berühmter Wasserdoktor war Vincenz Prießnitz (1799–1851), der stoffwechselbedingte Krankheiten mit einer Kaltwasser-Therapie behandelte und am Anfang der deutschen Naturheilbewegung stand. Die Tradition hydrotherapeutischer Maßnahmen setze sein Schüler, der Naturheiler Wilhelm Winternitz (1835–1917) fort. Er behandelte fast ausschließlich hartnäckige Fettleibigkeit durch Kurdiäten. Der Organismus wurde mit dem kalten Wasser bis zum Kältefieber angeregt, um auf diese Weise die krankheitsauslösenden Stoffwechselgifte aus dem Körper zu spülen (→ Abb. 2). Diese erste Gesundheitsbewegung, die so genannte Naturheilbewegung, wurde zu einem Massenphänomen. Naturheil-Sanatorien entstanden über ganz Deutschland verteilt. Kurbäder wie Marienbad, Karlsbad, Friedrichsbad oder Bad Homburg wurden zu »Pilgerstätten der Dicken« oder »zum Mekka der Feisten«, so hieß es in zeitgenössischen Schriften.[7] Dort wurden Mineralwasser-Trinkkuren an fettsüchtige und übergewichtige Patienten verordnet, die zur Anregung des Stoffwechsels durch übermäßiges Mineralwassertrinken und damit zur Gewichtsabnahme führen sollten. Gesundheitslehren für den täglichen Hausgebrauch wurden verfasst und ihre Verfasser warnten bereits zu jener Zeit aus hygienischen und ästhetischen Gründen vor abnormen Körperformen, vor übermäßiger Magerkeit (Magersucht) oder Fettleibigkeit (Adipositas) (→ Abb. 3).

Abb. 2
Großstädter in Reparatur. Fettleibiger während einer hydrotherapeutischen Behandlung mit der schottischen Dusche nach Winternitz, in: *Berliner Illustrirte Zeitung,* Nr. 26, 1916

Eine auch heute noch als geeignete Methode zum Abspecken bekannte Diätkost aus der frühen Naturheilkunde ist die populäre Schroth-Kur. Die nach ihrem Erfinder Johann Schroth (1798–1856) benannte Fastenkur entstand Mitte des 19. Jahrhunderts durch genaue Naturbeobachtung an kranken Tieren und Menschen. Das Ziel dieser Kur war die Ausschwemmung von Krankheitskeimen über den Darm und die Nieren. Schroth sah im häufigen Zuviel-Essen ein großes Hindernis für die Befreiung von gesundheitsschädlichen Schlacken. Außerdem sollte durch den Nahrungsentzug ein gewisser Ruhezustand zur Regeneration, zur Stärkung der körpereigenen Abwehrkräfte erreicht werden. Das Schroth-Fasten bestand aus einem Wechsel von »Trockentagen« und »Trinktagen«. Zur Zehrung von überflüssigem Körperfett ließ Schroth seine Patienten einige Stunden in feuchter Wärme schwitzen, entzog ihnen tagelang jedes Getränk, bis auf wenige Viertelgläser leichten Landweins, und beschränkte die Nahrung auf trockene Semmeln. Diese Phase der Schroth-Kur nannte er »Trockentage«. Altbackene Semmeln, Weißbrot und ein wenig Rotwein bildeten die Grundlage dieser Diät. Später ergänzten Kurärzte diese einseitige Semmelkost jeden zweiten Tag des Mittags um eingedickte Breie aus Hafer, Reis, Grieß, Graupen, Sago, Hirse, Buchweizen oder Nudeln. Diese Diätbreie wurden nur mit Wasser und ein ganz wenig Salz zubereitet; manchmal auch mit etwas Zucker oder dem Saft einer halben Zitrone geschmacklich verfeinert. Die starke Flüssigkeitsbeschränkung führte zur Entwässerung. Nach dieser Trockenphase ließ Schroth eine Trinkphase folgen. An den »kleinen Trinktagen« war es gestattet, nach dem Mittagessen den Durst mit einem kleinen Glas angewärmtem Wein und danach mit einem halben Liter kalten Wein zu stillen. Bei Schroth heißt es:

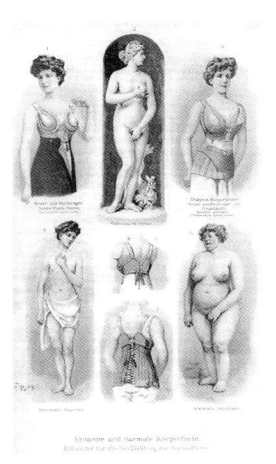

Abb. 3
Darstellung »abnormer und normaler Körperformen«, in: Anna Fischer-Dückelmann: *Die Frau als Hausärztin,* 1908

»Der Wein wird nur ganz langsam in kleinen Schlucken genossen, über den ganzen Nachmittag verteilt, und es wird immer etwas altbackene Semmeln dazu gegessen.«[8]

An zwei Tagen in der Woche, den so genannten »großen Trinktagen«, konnte schon frühmorgens im Bett ein Glas warmer, gesüßter Rotwein und nach dem etwas reichlicheren Mittagessen, weil ergänzt mit Suppe, durfte nachmittags nach dem ersten warmen Glas Wein ein ganzer Liter kalter Landwein getrunken werden. In der Regel pflegte man die »Trockentage« auf Montag, Mittwoch und Freitag zu legen, die »kleinen Trinktage« auf Dienstag und Samstag und die »großen Trinktage« auf Donnerstag und Sonntag. Auf jeden »Trockentag« folgte also im Intervall ein »Trinktag«.

In der schrothschen Tradition folgten um die Jahrhundertwende viele Fastenheiler, wie der US-amerikanische Arzt Edward Hooker Dewey (1840–1904), der Schweizer Arzt Friedrich von Segesser (1843–1900), die Deutschen Gustav Riedlin (1861–1949), Siegfried Möller (1871–1943) und Otto Buchinger (1878–1961), um nur die wichtigsten zu nennen. Es hieß, dass Hunger der beste Arzt sei. Die Hungerkur oder Nulldiät wurde ebenfalls mit der Haigschen Harnsäureverschlackungstheorie begründet und diente häufig der Blutreinigung, der Entgiftung, der Verjüngung und der Reduktion von Körpergewicht. Man unterschied dabei zwischen »intermittierendem Fasten« und »kontinuierlichem Fasten«. Das kontinuierliche Fasten bedeutete völligen Nahrungsentzug. Beim intermittierenden Fasten wurden kurze Essphasen eingeschoben. Das Fasten nach Buchinger steht auch heute noch in zahlreichen Naturheil-Sanatorien und auf renommierten Wellness- und Schönheitsfarmen auf dem Programm, als Einstieg in eine Reduktionsdiät, Entschlackungs-, Verjüngungs- und Schlankheitskur (→ Abb. 4). Schroth hatte somit den Übergang von der Wasserheilkunde zur Fasten-Therapie eingeleitet.

Den entscheidenden Wendepunkt zu einer eigentlichen Diättherapie brachte der Gründer des naturheilkundlichen Vegetarismus Hermann Theodor Hahn (1824–1883). Abnorme äußerliche Lebensreize waren für ihn vor allem giftiger Art. Unter einer naturgemäßen Diät verstand er die vegetarische Ernährungsweise als Heilkost und Dauerkost. Im Jahre 1852 begann er, konsequent fleischlos zu leben und trat zeitlebens für den Vegetarismus ein. Seine ganzheitliche Nährreform beschrieb er wie folgt:

»Hat der Vegetarianismus auch eine weitergehende Bedeutung, als bloß die Art und Weise der Ernährung, der Hunger- und der Magenbefriedigung –

Abb. 4
Biologische Entfettungskur mit Obst-, Gemüse und Kräuterrohsäften, Titelblatt der gleichnamigen Schrift, die eine Thalysia-Säfte-Kur zur Blutreinigung empfiehlt, Nr. 2, Leipzig, um 1920

er bedeutet wirklich voll und ganz die rechte Lebenskunst nach allen drei Richtungen, des Lebens, des Geistes und des Herzens.«[9]

Der Vegetarismus brachte nach Meinung Hahns große, schlanke und muskulöse Gestalten mit Ebenmaß und Schönheit hervor. Für alle Vegetarier bildete eine naturgemäße Diät meist nur den Ausgangspunkt zu einer gesamtgesellschaftlichen Diätreform. Eine klare Definition für eine naturgemäße Diät gab es nicht. Im Allgemeinen verstanden die Vegetarier diese Diät als eine Ernährung, die ausschließlich auf Früchten beruhte. Der Vegetarier Gustav Schlickeysen (1843–1893) formulierte es so:

»Der Mensch ist ein Fruchtesser. […] Die naturgemäßen Nahrungsmittel des Menschen sind die Früchte, das naturgemäße Getränk ist das Wasser. […] Die naturgemäße Lebensweise des Menschen ist ein Weltgesetz. Die frugivore Diät des Menschen ist ein kosmisches Gesetz.«[10]

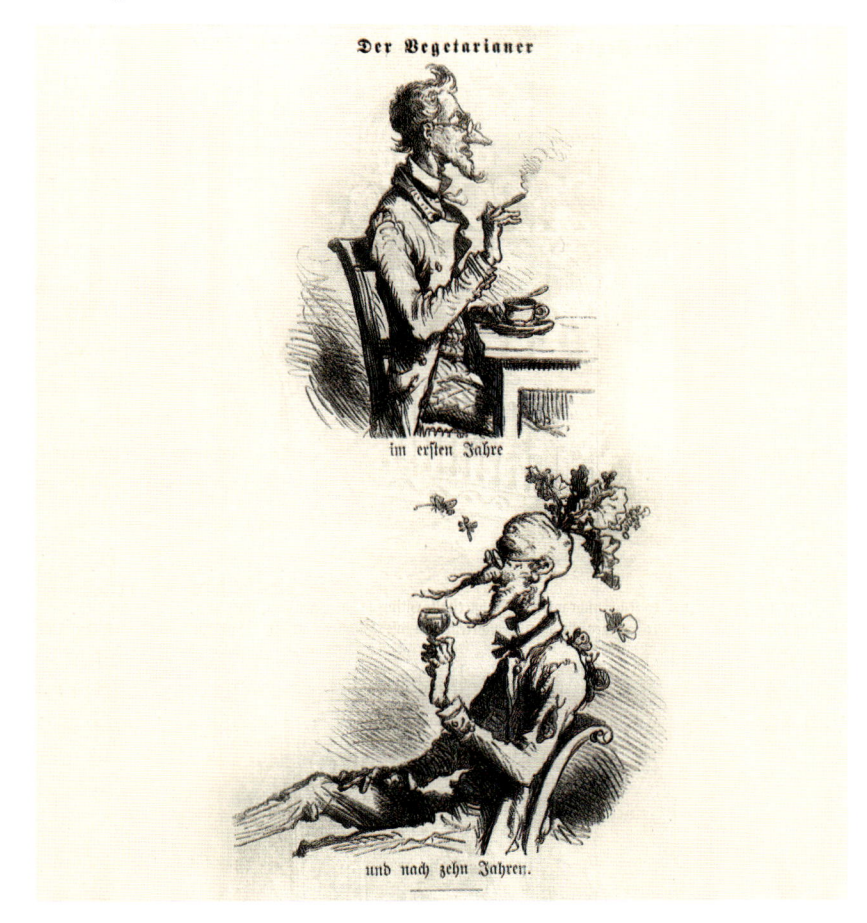

Abb. 5
Edmund Harburger (1846–1906)

Der Vegetarianer im ersten Jahre und nach zehn Jahren, in: *Fliegende Blätter*, 1879

Abb. 6
Werbeanzeige für vegetarische Diätprodukte der Reformwarenfirma Thalysia gegen Körperfett, in: *Biologische Entfettungskur.* Thalysia-Säfte-Kur, um 1920

Abb. 7
»Dicke« während einer Abmagerungskur bei ausschließlich vegetarischer Diät im »Salatorium«, in: *Berliner Illustrirte Zeitung,* Nr. 27, 1917

Mittags im Speisesaal, Abteilung für Dicke.

»Früher hat man sowas als Beilage liegen lassen! – Ist nur als Vorspeise gedacht, gnädige Frau, als Hauptgang gibt's 80 Gramm Mohrrüben und 65 Gramm Spinat« — »Darum ist ja das Rindvieh auch so gesund, meine Herren, weil es sich von diesen Sachen ernährt!« — »Jetzt müßte man sein Geheimschnitzel in der Brieftasche haben!«

Vegetarische Kochbücher warnten schon um 1890 vor Speisen, die nicht gegessen werden sollten, wenn man zum Dickwerden neige oder schon sehr beleibt sei. Dass eine verstärkt auf Vegetabilien beruhende Kost eine zucker- und fettreduzierte Ernährung garantierte, war schon seit Längerem bekannt. Fleischessen mache hässlich, träge, schwerfällig, faul, dumm und plump. Im Volksmund wurden die Vegetarier allerdings mit Schimpfwörtern wie Himbeersaftstudenten, Zwiebacknasen, Kohlrabiaposteln, Rohköstlergesichter oder als Hungerkünstler beschimpft (→ Abb. 5).

Die Vegetarier der Jahrhundertwende beeinflussten das gesellschaftliche Bewusstsein und sensibilisierten für Diätkost. Eine ethisch-vegetarische Lebensweise würde, so die Theorie des evangelischen Theologen Eduard Wilhelm Baltzer (1814–1887), die Tierhaltung der Großgrundbesitzer überflüssig machen. Er forderte eine Bodenreform, wie sie modellhaft in der genossenschaftlichen Obstbau-Kolonie Eden realisiert wurde. Eden und die vegetarische Genossenschaft Thalysia versandten Frischobst und erzeugten die ersten *Entfettungswaren,* unter anderem in Form von naturreinen Frucht- und Rohkostsäften, Fruchtpasten, Rohkostflocken, Vollkornkeksen und Schlankheitstees (→ Abb. 6). Baltzer beschwor eine soziale Pflicht zur Mäßigkeit, sowohl der quantitativen als auch der qualitativen. Die Vegetarier waren maßgeblich verantwortlich für den Bedeutungswandel von Salaten und anderen Gemüsearten, die bis dato lediglich als Beilage zum Fleisch galten. Lange Zeit galt Obst als ein Genussmittel (→ Abb. 7).

Die vegetarische Diät wurde um 1910 von Lebensreformern als moderne Schlankheitskost entgegen aller medizinischen Widerstände weiterentwickelt. Erst in den 1920er und 1930er Jahren, nachdem die internationale Ernährungswissenschaft die Vitamine entdeckt hatte und sportliche Schlankheit als Schönheitsideal galt, konnte man von einem Rohkostboom sprechen. Denn damals bestätigte auch die wissenschaftliche Forschung, dass eine auf Vegetabilien basierende Ernährung die ideale, weil kalorienarme, zucker- und fettreduzierte Entfettungsdiät darstelle. So bildeten nun vegetarische Diäten eine Hauptkategorie in der modernen Reduktionskost.

Neben der deutschen Naturheilkunde-Bewegung des 19. Jahrhunderts brachte die internationale Vegetarismus-Bewegung den entscheidenen Anstoß für neue alternative Diäten. Die Industrialisierung bewirkte einen Wandel in der Ernährung, der gekennzeichnet war von einem allmählichen Anstieg des Verzehrs von Fleisch- und Wurstwaren, einem steigenden Konsum von Eiern, Milch und Milchprodukten, von Konservenkost und industriell produzierten Lebensmitteln. Darin spiegelte sich die zu jener Zeit weit verbreitete und von Ernährungswissenschaftlern gestützte Auffassung, dass »Fleisch [...] die Quelle der Muskelkraft«[11] sei. Die Ernährungsreformbewegung war eine Gegenbewegung hierzu. Sie war elementarer Kernbestandteil der Lebensreformbewegung und entwickelte erste alternative vegetarische Diäten.

Der eigentliche Begründer der Vollwerternährung war Maximilian Oskar Bircher-Benner (1867–1939). Er war wie viele andere Ernährungsreformer über die oben erwähnte Theorie der Harnsäureverschlackung des englischen Arztes Alexander Haig (1853–1942) zur vegetarischen Diät gelangt. Haig ging davon aus, dass die Verschlackung des Blutes und des Gewebes durch Harnsäure ursächlich für Krankheiten sei. Übermäßiger Fleischverzehr führe zur Anreicherung von Harnsäure und den der Harnsäure ähnlichen Stoffen Xanthin und Hypoxanthin, und damit zu einer Übersäuerung des Blutes. Nur eine Ernährung mit einem Überschuss an Basen könne dies verhindern. Hierzu zählte er Milch- und Milchprodukte, Körner- und Halmfrüchte, Brotstoffe, Reis und Grütze, Nüsse, Kastanien, und ähnliche Baumfrüchte, frische Gartenfrüchte, Obst, getrocknete Früchte und Südfrüchte, Gartengemüse, Knollen, Wurzeln, Blattgemüse.

Diese Theorie bildete auch den Ausgangspunkt für die ersten »Brotreformer«. Der bereits erwähnte Gustav Schlickeysen schrieb in seinem ersten Ernährungsreformbuch, dass jedes Korn ein Brot sei.[12] Auf dieser Kernaussage basierten alle späteren Vollkornbrote. Ein Vorläufer der Vollkornbrote war das Brot des Amerikaners Sylvester Graham (1794–1851). Er befürwortete das »Ganzmehl« zum Brotbacken, da hier noch wichtige Kleie-Randschichten mit gebacken wurden, die die Verdauung anregen würden. Dazu gehörten das Schrotbrot, das Grahambrot, das Simonsbrot, Steinmetzbrot und das Klopferbrot. Beim Schrotbrot wurden die Weizenkörner nach einem speziellen Mahlverfahren mit Schrotmühlen hergestellt, d. h. die ganz trockenen Weizenkörner wurden durch Schütteln in einem Sieb von anhaftendem Staub befreit und in einer Schrotmühle grob geschrotet. Dabei blieben die für die Verdauung wichtigen Bestandteile der Kleie erhalten – heute besser bekannt unter dem Namen Ballaststoffe. Für das Steinmetzbrot, nach seinem Erfinder Stefan Steinmetz (1858–1930) benannt, wurde das Korn nach einem Nährwertschonenderen Nass-Schälverfahren vitaminschonend geschält (→ Abb. 8). Der Lebensreformer Gustav Simons (1861–1914) stellte ein Vollkornbrot aus vorher gequollenen Roggenkörnern her. Volkmar Klopfer (1874–1943) entwickelte ein Schleudermahlverfahren für ein Roggenvollkornbrot.

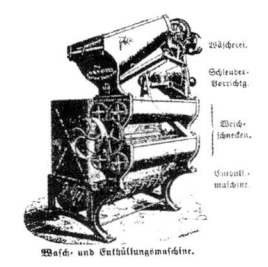

Abb. 8
Patentierte Wasch- und Enthülsungsmaschine für Vollwertkörner nach Steinmetz, in: Stefan Steinmetz: *Unser tägliches Brot wie es ist und wie es sein sollte!* 1894

Abb. 9
Original Rezept des Bircher-Müslis aus den 1930er Jahren, in: *Lebensreform*, Nr. 5, 1928

Die Sonnenlichtquantentheorie des Aargauer Arztes und Ernährungsreformers Bircher-Benner war der erste Versuch, die besondere Heilwirkung von rohen Früchten und Gemüse wissenschaftlich zu erklären. Als »Licht-Akkumulatoren erster Ordnung« wurden alle lebenden Nährstoffe bezeichnet, d. h. alle roh genießbaren Pflanzenteile wie Blätter, Früchte, Samen, Körner, Knollen und Wurzeln. Sie besäßen den höchsten Nährwert, weil sie das Sonnenlicht in seiner unmittelbarsten Form mit Hilfe von Chlorophyll aufnehmen und somit aus anorganischen Stoffen organische Stoffe, sprich aus lebloser Materie Leben herstellen können.[13] Als »Akkumulatoren zweiter Ordnung« galt nach Bircher-Benner gekochte oder auf andere Weise zubereitete Pflanzennahrung. Fleisch, Pilze, Reizmittel wie Kaffee und Tee, Schokolade und Kakao, Konserven aller Art sowie stark erhitzte und gewürzte Gerichte zählten zu den »Akkumulatoren dritter Ordnung«. Bircher ist der Erfinder des heute noch populären Müslis, das auf den meisten Frühstückstischen zu finden ist (→ Abb. 9).

Ein amerikanisches Pendant zum Bircher-Müsli waren die Frühstücksflocken Kellogg's Cornflakes, die ebenfalls nicht mehr vom Frühstücksbuffet wegzudenken sind. Sie wurden im Sanatorium von John Harvey Kellogg (1852–1943) in Michigan als Frühstücksdiätkost entwickelt. Heute steht außer Zweifel, dass Bircher-Benner und der Naturarzt Kellogg über die Zufuhr von sonst wenig vorhandenen Nährstoffen, Vitaminen und Mineralstoffen, die in Frischkost enthalten sind, förderlich auf die Gesundheit ihrer Patienten einwirkten, die sie bereits Jahre vor der Etablierung der Kenntnis von Vitaminen in ihren Sanatorien mit diesen versorgten. Die Vitamine und Ergänzungsstoffe in der Nahrung wurden erst nach 1890 von den Wissenschaftlern Christiaan Eijkman (1858–1930), Frederick Gowland Hopkins (1861–1947), Thomas D. Osborne (1859–1929), Casimir Funk (1884–1967), Elmer Verner McCollum (1879–1967) und Marguerite Davis (1887–1967) entdeckt und lösten in den 1920er Jahren in vielen Ländern eine wahre Vitamin-Euphorie aus. Insbesondere Ende der 1920er und 1930er Jahre ließ sich eine auffällige Häufung von Diätkochbüchern feststellen, was auf die Durchsetzung des Schlankheitsideals als allgemeingültige Körpernorm zurückgeführt werden kann.

Die Haigsche Harnsäureschlackungstheorie bildete auch den Ausgangspunkt für die so genannte Nährsalz-Bewegung. Begründet wurde sie durch den deutschen Forscher Heinrich Lahmann (1860–1905), den schwedischen Ernährungsreformer Ragnar Berg (1873–1956) und den deutschen Arzt Carl Röse (1864–1947). Um schlank und gesund zu bleiben, lautete ihre Faustregel: »Iss fünf- bis siebenmal so viel Kartoffeln wie Fleisch und siebenmal so viel Gemüse und Obst wie Brot, Hülsenfrüchte, Eier und Mehlspeisen.«[14] Ergänzend sollte reichlich mineralstoffreiches Wasser getrunken werden. Die Faustregel erinnert an die heutigen Empfehlungen der Weltgesundheitsorganisation, dass man fünfmal so viel Gemüse und Obst wie Fleisch essen soll.

Ein besonderer Kaukult kam aus den USA. Der amerikanische Ernährungsreformer Horace Fletcher (1849–1919) propagierte, dass wir nicht von dem leben, was wir essen, sondern von dem, was wir verdauen und assimilieren. Er erklärte der »Schlingsucht« den Kampf. Fletcher sah vor allem im zu schnellen Essen die eigentliche Ursache für das Überessen und damit für Übergewicht. Er empfahl ein besonders intensives Kauen der Nahrung. Beim »Fletcherisieren« handelte es sich um eine völlig neuartige Essmethode. Die Verdauung sollte schon im Mund passieren. Er schlug das Ausschmecken der Speisen vor. Das heißt, es sollte so lange intensiv gekaut werden, bis ein natürlicher instinktiver Schluckreflex eintrat. Wenn etwas nicht instinktiv geschluckt wurde, sollte es wieder ausgespuckt werden. Diesen Vorgang hielt er für noch wichtiger als das eigentliche Kauen. Das Ausschmecken könne nur bei gründlichem Durchspeicheln stattfinden, und das sei wiederum nur möglich, wenn die Nahrung gut zerkleinert werde. Mit Ausnahme der Milch sei auch flüssige Nahrung zu fletchern. Auf Fletcher geht der Begriff des »Instinktessens« zurück, d. h. man sollte erst dann essen, wenn ein spürbares Hungergefühl vorhanden sei. Seiner Theorie nach müsse man sich erst Appetit durch Arbeit verdienen. Deshalb gab es in seinem Diätsystem kein Frühstück. Sowohl die Diätreform als auch die Körperreform stammten aus den Federn der Lebensreformer, das bedeutet sie waren die ersten Initiatoren für eine gesündere Ernährung und Körperfitness.[15] Die Lebensreformbewegung bezog auch die Einstellung zum eigenen Körper und zur Sexualität in ihr Reformprogramm mit ein. Sie unternahm die ersten öffentlichen Versuche, das Bewusstsein für den Körper zu stärken und ihn von anerzogenen Schamgefühlen zu befreien. Ein wichtiges Charakteristikum dieses Umbruchs war die Wiederentdeckung der Schönheit des natürlich nackten Körpers. Zu den verschiedenen Körperreformbewegungen gehörten die Nacktkulturbewegung mit sexualreformerischen Ambitionen, die Kleiderreformbewegung mit hygienischen und emanzipatorischen Bestrebungen und die Gymnastik-, Tanz- und Sportbewegung mit erzieherischen, gesundheitlichen, ästhetischen und künstlerisch-tänzerischen Motivationen.

Den ersten Ausgangspunkt für das Interesse am eigenen Körper bildeten hygienische Überlegungen. Durch naturheilkundliche Freilufttherapien, die Kombination von Licht-Luftbädern mit gymnastischen und turnerischen Übungen, sollte der zivilisationsgeschädigte, degenerierte Körper gestärkt werden. Der deutsche Orthopäde Daniel Gottfried Moritz Schreber (1808–1861) entwickelte zur körperlichen Ertüchtigung die Idee des städtischen Kleingartens, der nach seinem Tod als »Schrebergarten« bekannt wurde. Seine Patienten hielt er zur körperlichen Betätigung an der frischen Luft an. Der »Gartenprophet« entwickelte gezielte Turnübungen zur Erreichung einer athletischen Gestalt und zur Bekämpfung von Korpulenz. 1844 gründete er seine Orthopädische und heilgymnastische Anstalt zu Leipzig, wo er neben der Prießnitzschen Kaltwassertherapie mit seinen Patienten eine spezielle Heilgymnastik an Geräten entwickelte (→ Abb. 10).

Abb. 10
Heilgymnastischer Apparat »Werde gesund« nach Daniel Gottlob Moritz Schreber, in: Anna Fischer-Dückelmann: *Die Frau als Hausärztin*, 1908

Seine orthopädische Heilgymnastik umfasste um die 47 Freiübungen sowie 25 Geräteübungen, die er in seinen beiden Schriften, *Kinesiatrik oder die gymnastische Heilmethode* von 1925 und der bereits 1853 publizierten *Kallipädie oder Erziehung zur Schönheit*, beschrieb. Die Kinesiatrik war primär eine Heilgymnastik, während seine Kallipädie primär der Förderung harmonischer Körperformen diente.

Diese gesundheitliche Intention bildete die Basis für die deutsche Nacktkultur-Bewegung. Der Initiator der deutschen Freikörperkultur, der Maler Karl Wilhelm Diefenbach (1823–1913), fand durch den Schweizer Naturheiler Arnold Rikli (1825–1906), dem Begründer der Atmosphärischen Kur und Erfinder der Licht-Lufthütten zum atmosphärischen Baden (→ Abb. 11). Für den Lebenskünstler Diefenbach war das Nacktbaden an frischer Luft und in wärmender Sonne mehr als nur ein Befreiungsakt von auferlegten Kleidungszwängen und ein protesthafter Verstoß gegen damalige Anstandsregeln, es war ein personales Ganzheitserleben. Dieses Körpergefühl wurde in der Nacktkultur-Bewegung als neue Lebensauffassung emphatisch gefeiert. Körper und Natur sollten wieder eine unzertrennliche Einheit bilden (→ Abb. 12). Diefenbachs Schüler Hugo Reinhold Karl Johann Höppener (1868–1948), der unter seinem Künstlernamen Fidus bekannt wurde, verlieh dem neuen Körpergefühl mit künstlerischen Mitteln bildhaften Ausdruck.

Abb. 11
Licht-Lufthütte nach Arnold Rikli, in: Anna Fischer-Dückelmann: *Die Frau als Hausärztin,* 1908

Abb. 12
Sanatoriumsgäste im »Naturkleid« bei der Gartenarbeit, Fotografie aus dem Museum Casa Anatta, Monte Verità, Schweiz

Dem Körperkult folgte bald der Sonnenkult. Lebensreformer hatten das Sonnenbaden zunächst als präventive und therapeutische Maßnahme eingeführt, dann als Körper- und Bewegungserfahrung unter freiem Himmel fortgeführt und schließlich zu einer ideellen Lebensphilosophie ausgebaut. Sie waren die ersten Produzenten von Sonnenmilch. Im Zuge der Sportwelle entstanden in ganz Deutschland zahlreiche Freiluftbäder in Kombination mit öffentlichen Schwimmbädern, Gymnastik- und Sportinstitutionen. Dieser mentalitätsgeschichtliche Wandel führte zu einer neuen Definition von Gesundheit und Schönheit. Der nackte, junge, schlanke Körper wurde zu einem Leitbild in der zeitgenössischen Kunst. Unterstützt durch die Entdeckungen der modernen Psychologie wurde das Bild der Jugend zu einem neuen Symbol des 20. Jahrhunderts hochstilisiert. Viele Mitglieder der deutschen Wandervogel- und Jugendbewegung fanden neue ästhetische Identifikationsfiguren (→ Abb. 13).

Abb. 13
Fidus
(1868–1948)
Jugend, 1897

Jugendbewegte und Mitglieder der Wandervogelbewegung, entstanden 1896 in Steglitz, zogen hinaus in die Natur. Ihre Ausflüge wurden begleitet von musikalischen, tänzerischen und sportlichen Freizeitaktivitäten. Sport war eine völlig neue Art der Freizeitgestaltung. Der Zeitvertreib für Adelige und das Großbürgertum entwickelte sich um die Jahrhundertwende zu einem Massenphänomen. Aber die frühen Anfänge der deutschen Sportbewegung hatten ihren Ursprung in der Hygiene-Lehre. Gymnastische Freiluftübungen gehörten zum alltäglichen Sanatoriumsrepertoire seit Anbeginn der deutschen Massengesundheits-Bewegung. Die Grundlagen der deutschen Turn- und Gymnastikbewegung bestanden bereits, als eine Sportwelle aus England kommend Deutschland erreichte und allgemeine Sportbegeisterung auslöste. Die 1901 erstmals erschienene Sportzeitschrift *Kraft und Schönheit* sowie andere Lebensreform-Zeitschriften und -Bücher zelebrierten enthusiastisch den neuen Körperkult und Bewegungsdrang in der Öffentlichkeit. Sport und Körperschönheit bildeten eine unzertrennliche Einheit. Das Gesundheits- und Schönheitsmotiv blieb Kerngedanke des Fitnesskults. Lebensreformer hatten das Sonnenbaden, zunächst als präventive und therapeutische Maßnahme in die Naturheilkunde eingeführt, als Bewegungserlebnis unter freiem Himmel fortgeführt und schließlich zu einer idealen Lebensphilosophie ausgebaut. Während für den Mann Trainingsprogramme zum gezielten Muskelaufbau, heute als Bodybuilding bezeichnet, entworfen wurden (→ Abb. 14a), entwickelte man für Frauen Bewegungsübungen, die förderlich für die physische Attraktivität sein sollten. Ziel der Frau war es, sich möglichst lange gesund, jung und schlank zu halten (→ Abb. 14b).

Abb. 14a
Titelblätter von *Mannesschönheit*, 1912 und *Lehrbuch der Kraft- und Muskelausbildung*, 1913

Die neue Bewegungsfreiheit sollte nicht mehr durch einengende Kleidung behindert werden. Locker fallende und schlichte Reformkleider wurden von den Lebensreformern entworfen, fanden jedoch aufgrund ihrer Schlichtheit zunächst wenig Publikumsanklang (→ Abb. 15). Erst der französische Modedesigner Paul Poiret (1879–1944) griff die modernen Ideen der Lebensreformer auf und machte sie um die Jahrhundertwende

Abb. 14b
Schlankheitsgymnastik für Frauen um 1900, Titelblatt von: Bess Marguerite: *Die Körperkultur des Weibes*, 1906

Abb. 15
Bruno Paul
(1874–1968)

Streit der Moden, in: *Simplicissimus,* Bd. 9, Nr. 36, 1904

»Das Reformkleid ist vor allem hygienisch und erhält den Körper tüchtig für die Mutterpflichten« — »So lange Sie den Fetzen anhaben, werden Sie nie in diese Verlegenheit kommen.«

salonfähig. Er entwarf zweiteilige Kostüme und erste Hosen für Frauen. Sportkleidung und Hosenröcke für die sportliche Betätigung folgten. Diese Entwicklung wurde als Einführung der »schlanken Linie« in der Mode beschrieben. Unter dieser Kleidung konnte nicht mehr ohne Weiteres ein Korsett verborgen werden. Zunächst wurden Reformkorsetts auf den Markt gebracht, schließlich stand zunehmend die individuelle Körperform im Mittelpunkt des Interesses. Der Schnürwahn um 1900 (→ Abb. 16) wurde vom Schlankheitswahn um die Jahrhundertwende abgelöst.

Äußere Mittel zur Erlangung von schlanken Körperformen, die Korsetts, wurden durch innere Mittel, Diäten und Fasten, ersetzt. Die Kleidung wurde immer figurbetonter bei sich wandelnden Schönheitsidealen. Während um die Jahrhundertwende aus heutiger Sicht ein noch etwas kräftiger, pummeliger Körper mit betont weiblichen Rundungen dem allgemeinen Schönheitsideals entsprach und es einfach war, Problemzonen geschickt mit Korsetts zu kaschieren, durften in den Golden Twenties erstmals entblößte Arme und etwas mehr Bein gezeigt werden. Fließende Stoffe schmiegten sich eng an den Körper. Darunter konnten lediglich Hüftgürtel relativ unauffällig getragen werden. Eine knabenhafte Erscheinung, die sehr schlanke *Garconette*-Figur, wurde modern. Gleichzeitig kamen erste Rohkost- und Diätbücher zur Erlangung einer schlanken Silhouette auf den Markt. Erstmals erreichte ein extremes Schlankheitsideal seinen Höhepunkt, ein erstes Ansteigen von Fällen gefährlicher Magersucht wurde publik.

Nach den Entbehrungen des Zweiten Weltkriegs kamen wieder weibliche Körperformen in Mode, die aber nicht mit denen der Jahrhundertwende verglichen werden können. Hier spielten andere Körper-Proportionen eine Rolle; es kam auf einen großen Busen mit schmaler Taille, üppig wirkende Hüften und doch sehr lange schlanke Beine an. Der Wandel in den 1960er und 1970er Jahren hatte mit der neuen Minikleid-Mode ein extremes Schlankheitsideal zur Folge, das Ideal eines Mädchentyps (→ Abb. 17a). Erste Todesfälle infolge eines übertriebenen Diätwahns, der zu krankhaften Essstörungen führen kann, waren zu verzeichnen. Der Wandel von Körperidealen (→ Abb. 17b) vollzog sich demnach parallel mit dem Wandel der Mode, die zu einer bewegungsfreundlicheren Kleidung führte und den schlanken, jugendlich-sportlichen Körper in das Zentrum der Schönheitsbetrachtung rückte.

Erst als ab dem 18. Jahrhundert durch ein verbessertes Transport- und damit auch Versorgungswesen eine relative Balance der Nahrungsversorgung eintrat, hatte das aufkommende Bürgertum begonnen, dem bis

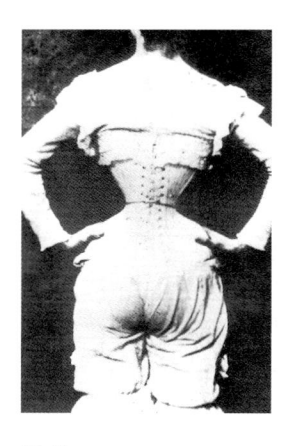

Abb. 16
Extremer Schnürwahn um 1900, in: C.H. Stratz: *Die Frauenkleidung und ihre natürliche Entwicklung,* 1907

dahin adeligen Schlankheitsideal nachzueifern, das sich im 19. Jahrhundert verfestigte und im 20. Jahrhundert bereits erste historisch feststellbare Höhepunkte erzielte, denn die wachsende Kontinuität in der Nahrungsversorgung schuf Raum für die Definition alternativer Ziele der Ernährung. Essen und Trinken konnten einer rationalen Kontrolle unterworfen und sozialen Intentionen verpflichtet werden. An die Stelle unreflektierter Verzehrtraditionen trat das bewusst gesteuerte Essverhalten zugunsten von Gesundheit und Schönheit.

Da der Mensch jedoch nicht ausschließlich verstandesgemäß handelt, sondern auch seinen Emotionen folgt, gelingt die vernunftgesteuerte Zügelung des Esstriebs nicht immer. Es handelt sich hierbei streng genommen um eine Schlankheitsutopie, die in Wirklichkeit nur von einem schwindend kleinen Prozentsatz der durchschnittlichen Bevölkerung laut genetischer und konstitutioneller Voraussetzungen erreichbar ist. Körperfülle, einst ein Wohlstandsindiz, wurde zunehmend zum sozialen Makel. Die Werbeslogans der leistungsorientierten Konsumgesellschaft werden seit der Jahrhundertwende von Begriffen wie sportlich, dynamisch, jung und produktiv dominiert. Um diese Standards erfüllen zu können, musste man sich lange gesund, jung und schlank halten. Auf den menschlichen Körper musste nun ohne Korsetts formgebend eingewirkt werden. Daher war ein bewusster Lebenswandel notwendig. Durch Diäten und Sportübungen wurde der eigene Körper getrimmt, um ihn in eine schlanke Körperform zu bringen. Man entdeckte die schlank machende Wirkung der von Naturheilern, Vegetariern und Ernährungsreformern entwickelten Diäten wieder neu. In frühen Diät- und Schönheitsratgebern, insbesondere der 1920er Jahre, lassen sich die folgenden lebensreformerischen Diätvorschläge wiederfinden: Mineralwasser-, Schroth-, vegetarische und Fastenkuren, Rohkostdiäten und Fletcherismus.

Die Geschichte des Schlankheitsideals ist eine Paradoxie-Geschichte, da es um die Lebenswirklichkeit des Überflusses und um das daraus resultierende Schönheitsideal des schlanken Körpers als Statussymbol geht. Eine elitäre Minderheit mit schlanken Idealkörpern vermarktet ihre metrisch-kanonischen Vorzüge meist direkt auf den Laufstegen, Leinwänden oder sonstigen Tribünen der Öffentlichkeit. Nur wenige Auserwählte verfügen über einen solchen Körper, einen perfekten jugendlichen Idealkörper (→ Abb. 18). Eine Folge dieses künstlichen Schlankheitsideals sind Manipulationen jeder Art. Augenfällig ist im Hinblick auf die Entwicklungsgeschichte nicht nur der Prozess der Rationalisierung, Disziplinierung, Normierung, Metrisierung und Taylorisierung des Körpers,

Abb. 17a
Fotomodell Lesley Hornby, genannt Twiggy, Postkarte, 1960er Jahre

Abb. 17b
Körperschönheitsideale um 1880 und 1900, *Die Körperkultur des Weibes*, 1906 (oben), *Das üppige Weib,* 1928 (unten)

Abb. 18
Werbung von The Body Shop, *There are 3 billion women who don't look like supermodels and only 8 who do.* Postkarte, 2013

sondern insbesondere seine Perfektionierung. Nicht nur die Technik und die Kommunikationsmittel werden zunehmend perfektioniert, sondern auch der menschliche Körper und seine Lebensvorgänge. Schlankheit genügt nicht mehr. Nein, zusätzlich müssen die sekundären Geschlechtsmerkmale hervorstechend modelliert werden. Hervorragende Beispiele hierfür sind die im Internet kursierenden Cyber-Space-Heldinnen und -Helden. Die weiblichen Exemplare haben überdimensionale schlanke Beine, schmale Hüften und dennoch große Brüste. Die Männerkörper verfügen über einen Waschbrettbauch, breite Schultern, einen muskulösen Oberkörper, Beine und einen straffen Po. Bodybuilding- und Fitnesszentren haben enorme Zuwachsraten. Spezialpräparate schwemmen, wenn auch oft verboten, per Internet den Schwarzmarkt der persönlichen Eitelkeit. Und da diese künstlich konstruierten und von den Medien propagierten Körperideale kaum noch auf natürlichem Weg, durch Diäten und Bewegung, zu erreichen sind, greifen Männer fürs perfekte Gesäß und Frauen für die Brustoptimierung zu Silikonimplantaten. Diese Tendenz ist besonders in den USA steigend, da hier der Wahn um den perfekten Körpers wesentlich stärker ausgebildet ist als in Europa.

Parallel hierzu findet eine Besinnung auf den Ursprung der Schlankheitsidee statt und ihre Adepten bemühen sich aus rein gesundheitlichen Gründen, in Form zu bleiben. Denn das moderne Schlankheitsideal hat sich zunehmend vom Gesundheitsideal der Lebensreformer entfernt und ist dem allgemeinen Bedürfnis nach Perfektion der Gegenwart untergeordnet worden. Im Zeitalter der Genmanipulation werden wohl zukünftig noch mehr Eingriffe möglich, ist es in den USA doch jetzt bereits erlaubt, von hoch dotierten Fotomodellen Eizellen zur exkorporalen Befruchtung zu erwerben. Dort scheint der oberflächliche Perfektionierungswahn und der Drang zur Manipulation noch deutlicher ausgeprägt zu sein, belegen doch empirische, psychologische Studien, dass das äußere Erscheinungsbild bei der Beurteilung der Charaktereigenschaften eines Menschen großen Einfluss hat.

---

1 Die Grafik »Die fetten Jahre« von Radowski stellt die evolutionäre Entwicklung des Menschen zum zivilisationsgeschädigten Dickleibigen dar, in: Rheinische Post Jg. 70, Nr. 105 vom 7.05.2015, Titelseite.
2 Vgl. hierzu: Arbeitsgemeinschaft Adipositas im Kindes- und Jugendalter, in: WHO Technical Report, Series 894. Genf 2000.
3 Vgl. hierzu: So dick war Deutschland noch nie. 13. Ernährungsbericht der Deutschen Gesellschaft zur Übergewichtsentwicklung, 1. Februar 2017.
4 Jean-Jacques Rousseau: Vorwort, in: Emil oder über die Erziehung. Paderborn 1971.
5 Christoph Wilhelm Hufeland: Makrobiotik oder die Kunst, das menschliche Leben zu verlängern. Jena, Wien 1798.
6 Anm. Corpus Hippocraticum – Die hippokratischen Schriften, um 400 v. Chr. entstandene Sammlung von über 60 medizinischen Texten.
7 Karl Böttcher: Brunnengeister. Marienbader Saisonbilder, aus: Feller's Bade- und Reisebibliothek, Nr. 13, Karlsbad, o. J. [1885], S. 23.
8 Siegfried Möller: Die Schroth Kur, ihre Anwendung, Verlauf und wissenschaftliche Begründung. Dresden 1925, S. 14.
9 Theodor Hahn: Die naturgemäße Diät, die Diät der Zukunft. Cöthen, 1873, XI–XII.
10 Gustav Schlickeysen: Blut oder Frucht. Die Erlösung des Menschen und seine Versöhnung mit sich, mit Natur und Gott, durch neues Leben, neue Religion und neue Ideale. New York, 1892, S. 15, S. 19, S. 20.
11 Justus Liebig: Über die Gärung und die Quelle der Muskelkraft. Leipzig 1870.
12 Gustav Schlickeysen: Obst und Brod. Eine wissenschaftliche Diätetik. Neue wohlfeile Ausgabe. Mit einer Tafel und mehreren Abbildungen. Berlin 1880.
13 Vgl. Maximilian O. Bircher-Benner: Grundzüge der Ernährungstherapie auf Grund der Energie-Spannung der Nahrung. Berlin 1926.
14 Lisa Mar und Friedrich Wolf: Schlank und gesund. Ein natürlicher Weg zur Beseitigung des heutigen Kultursiechtums. Ein zuversichtlicher Weg zur Beseitigung der Körperfülle, in: Lebensbücher des modernen Menschen, Bd. 19. Stuttgart 1928, S. 21.
15 Vgl. Schaubild Lebensreformerische Bewegungen um 1900 und ihr Einfluss auf die Entstehungsgeschichte des modernen Schlankheitsideals, in: Sabine Merta: Wege und Irrwege zum modernen Schlankheitskult. Diätkost und Körperkultur als Suche nach neuen Lebensstilformen 1880–1930, in: Studien zur Geschichte des Alltags, Bd. 22. Stuttgart 2003.

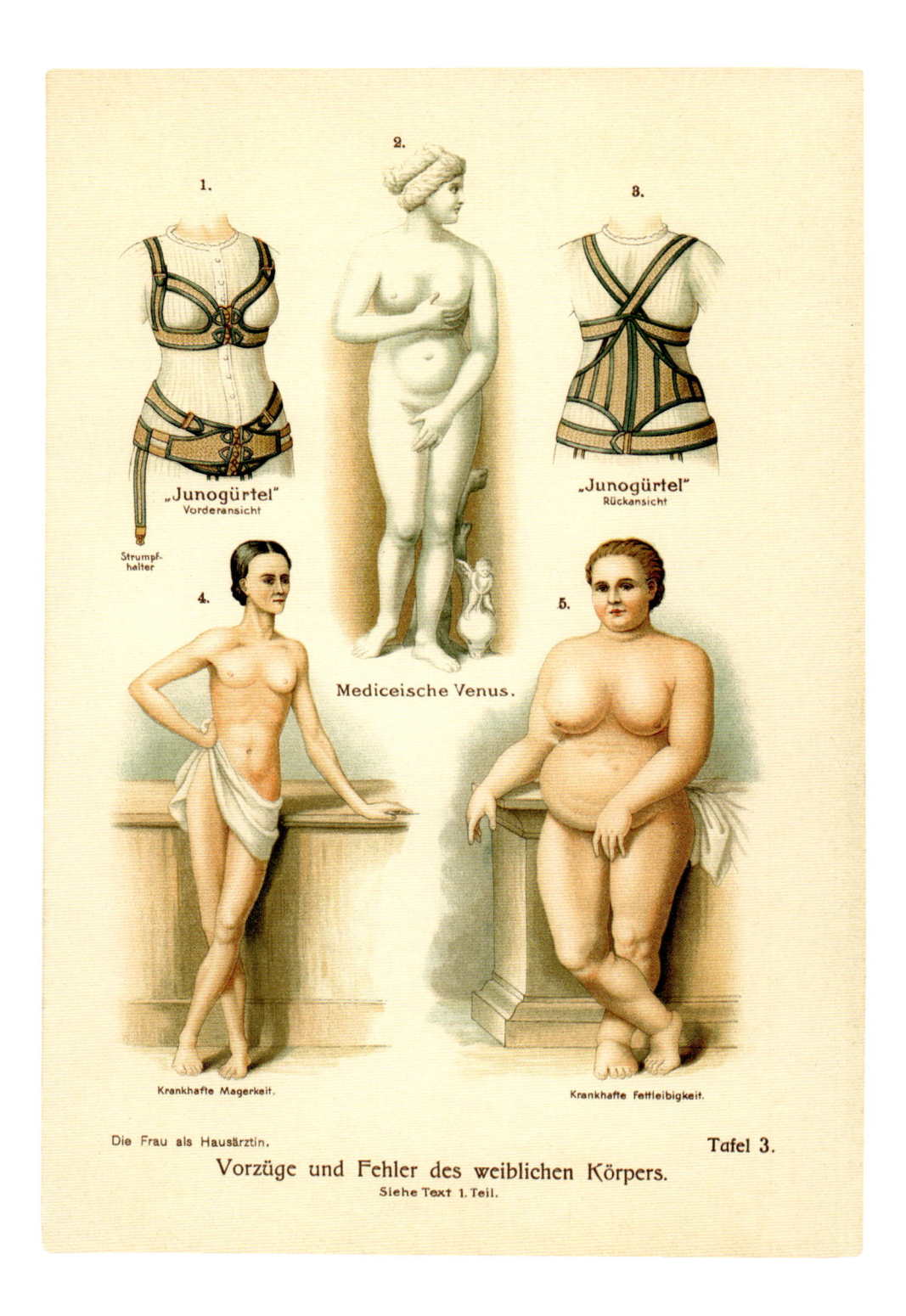

1.

2.

3.

„Junogürtel"
Vorderansicht

Strumpf-
halter

„Junogürtel"
Rückansicht

4.

Mediceische Venus.

5.

Krankhafte Magerkeit.

Krankhafte Fettleibigkeit.

Die Frau als Hausärztin.

Tafel 3.

Vorzüge und Fehler des weiblichen Körpers.
Siehe Text 1. Teil.

Die Vermessung des Körpers

Der *Body-Mass-Index* (BMI), die heute allgegenwärtige und grundlegende Größe, die vermeintlich objektiven Aufschluss über das richtige Körpergewicht gibt, ist nicht erst eine Erfindung unserer Gegenwart (→ Abb. 1). Entdeckt und festgelegt hat sie der belgische Astronom und Statistiker Lambert Adolphe Jacques Quetelet (1796–1874) (→ Abb. 2). Nach ihm war der BMI auch lange als Quetelet-Index benannt.

Quetelet, der 1841 zum Präsidenten der statistischen Zentralkommission für Belgien ernannt wurde, hat sich in vielen wissenschaftlichen Bereichen verdient gemacht. Besonders bemühte er sich, Normen für die physischen und moralischen Erscheinungen des individuellen und gemeinschaftlichen Lebens zu erkennen. Dabei untersuchte er in seinen sozialstatistischen und anthropometrischen Arbeiten sowohl die Besonderheiten, die zu einer bestimmten Lebenserwartung führten, als auch charakterliche und soziale Eigenschaften wie unter anderem die Neigung zur Kriminalität. Ergebnis seiner Untersuchungen war der Idealtyp des *mittleren Menschen* (frz. *homme moyen*). Denn viele der untersuchten Eigenschaften, so stellte er fest, waren normal verteilt. Bereits zu seinen Lebzeiten wurden seine Methoden aufgrund seiner mechanischen Herangehensweise stark angezweifelt. Heute gilt er, der 1846 die erste Volkszählung in Belgien veranlasste, als Begründer der modernen Sozialstatistik.

Die Objektivierung durch Vermessung, Kategorisierung und Quantifizierung bestimmte Wissenschaft und Medizin des 19. Jahrhunderts. Zur Überprüfung von Gewicht, Größe und auch Kraft – kurz des ideal formierten Körpers – bedurfte es zahlreicher Hilfsmittel. Waagen wurden weiterentwickelt, hinzu kamen mechanische Dynamometer. Das ausgestellte und in Wien hergestellte Instrument diente der üblichen Messungsmethode der Intensität einer Kraft – der Stärke der beiden Hände eines Menschen.

Seite 286
Vorzüge und Fehler des weiblichen Körpers, in: Anna Fischer-Dückelmann: *Die Frau als Hausärztin, Ein ärztliches Nachschlagebuch der Gesundheitspflege und Heilkunde in der Familie mit besonderer Berücksichtigung der Frauen- und Kinderkrankheiten, Geburtshilfe und Kinderpflege*, 1907, Antiquariat Barbian

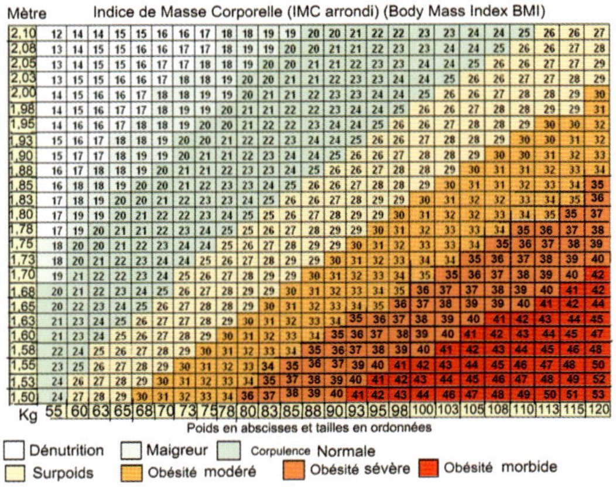

Abb. 1
Body-Mass-Index, Indice de Masse Corporelle, in: Lambert Adolphe Jacques Quetelet: *Anthropométrie ou mesure des différentes facultés de l'homme*, 1870

Abb. 2
Joseph-Arnold Demannez (1825–1902)

Adolphe Quetelet, o. J., Stahlstich, in: *Illustration from Annuaire de l'Académie royale de Belgique*, 1875

Hersteller der populären Instrumente und Anleitungen zu deren Nutzung gab es viele – sowie zahlreiche Nachbauten, die kostengünstiger vertrieben wurden. Sigmund Freud dürfte bei seinen Selbstversuchen von 1884 und 1887 mit Kokain ein ähnliches Gerät genutzt haben, um den Einfluss des Zaubermittels auf seine Armmuskelkraft zu überprüfen. Auch heute noch werden vergleichbare Dynamometer, in Material und Design weiterentwickelte Apparaturen, insbesondere im Reha-Bereich genutzt.

Wenn der Esel dem blond gelockten Schaf mit dem Kraniometer den Kopf vermisst und der Karikaturist Johann Michael Voltz (1784–1858) die Schädellehre »als größte Entdeckung des Jahrhunderts und Triumph menschlichen Wissens« bezeichnet, dann nicht ohne einen berechtigten Zweifel an eben diesem nun messbaren menschlichen Verstand zu hegen (→ Abb. Seite 294). Die Zunge hängt dem Esel im Anzug aus dem Maul, während er die Vermessung durchführt. Die Dame mit Schafkopf scheint in einem Buch die Bedeutung der verschiedenen Areale des phrenologischen Schädels zu studieren, auf dem ihre Hand ruht. Die Schädelberge im Hintergrund verweisen auf die Methodik des Anatomen Franz Josef Gall (1758–1828). Ausgehend von dessen typologisch ausgerichteter Schädellehre, die bestimmten Hirnarealen geistige Eigenschaften und Zustände zuordnete, griff eine wahre Vermessungswelle um sich. Denn um ein geistiges, physiognomisches und physisches Ideal propagieren zu können, bedurfte es eines Regelwerkes, einer festgelegten Norm und einer Abgrenzung gegen Abweichungen von ebendieser.

Die Phrenologie bestimmt 27 Eigenschaften als Basis für den menschlichen Charakter. Die Präferenz, ein Mörder oder Dieb zu werden, sollte dabei ebenso ablesbar sein wie der ideale Beruf. Physiognomie und Schädelvermessung stießen anfangs auf Begeisterung. Gall hatte viele Anhänger unter Gelehrten und Künstlern, war die Neugier im Hinblick auf die eigenen verborgenen Talente doch groß und nur allzu menschlich. Auch als Partyspiel war die Vermessung des Schädels beliebt – doch Wissenschaftler lehnten die Lehre alsbald aufgrund willkürlicher Testmethoden ab, empirische Beweise existierten nicht. Gall hatte für seine Untersuchungen in Wien unter anderem Schädel von »Irrsinnigen«, Selbstmördern und Verbrechern sowie viele angeblich nach der Natur geformte Gipsbüsten bekannter Personen untersucht, um seine Lehre zu beweisen.

Als Gall 1805 Wien verlassen musste, da seine Lehre laut Kaiser Franz II. gegen die Moral und Religion verstieß, fand er kurzzeitig in Paris Unterschlupf – 1820 schließlich zog er sich auf seinen Landsitz Monterouge zurück. Die funktionale Differenzierung des Gehirns, die Gall andachte, wurde Ende des 19. Jahrhunderts durch den Anthropologen Paul Broca (1824–1880) und den Neurologen Carl Wernicke (1848–1905) bestätigt. Sie hatten die Regionen des Gehirns ausfindig gemacht, die bei der Spracherzeugung und dem Sprachverständnis entscheidend sind.

Die Lehre Galls ging ab den 1860er Jahren, als einzelnes Forschungsobjekt überholt, in die von Cesare Lombroso (1835–1909) entwickelte anthropologische Kriminologie, die so genannte *Positive Schule der Kriminologie*, ein. Die Lehre von der Schädelvermessung – die Kraniometrie – als direkte mechanische Messmethode, und Lombrosos Typisierung von Verbrechern wurde zum Werkzeug der Rassenkunde und damit zu einem der Grundpfeiler der NS-Ideologie.

Bereits 1764 hatte Louis Jean-Marie Daubenton den Aufsatz zur Kraniometrie *Über die unterschiedliche Lage des großen Hinterhauptlochs bei Menschen und Tieren* veröffentlicht. Der Künstler und Anatom Peter Camper publizierte 1780 als Zusammenfassung seiner Vorlesungen eine Auflistung kraniometrischer Methoden. Ausgehend von vergleichenden Studien zu Mensch und Tier folgten in England, Frankreich und Deutschland immer wieder vergleichende Rassenstudien zum Menschen.

Theodor von Bischoff (1807–1882) glaubte, in der Kraniometrie den Beweis für das intellektuelle Manko der Frau zur Ausübung eines akademischen Berufes gefunden zu haben. Aber auch Honoré Daumiers Herren scheinen sich selbst vor dem Spiegel vergewissern zu müssen, ob »die Beule der Idealität, der Kausalität, der Lokativität« vorhanden ist. Bei der »Vergleichende[n] Schädelvermessungsanalyse« kommt dieser Mann mit imposanter Schädelform zu dem Schluss: »Es ist eine Mirakulosität« (→ Abb. Seite 295). (ME)

Literatur:
Sigmund Freud: Schriften über Kokain. Herausgegeben und eingeleitet von Albrecht Hirschmüller. Frankfurt a. M. 1996.

Stephen Jay Gould: Der falsch vermessene Mensch. Frankfurt a. M. 1988.

Helmut Heintel: Leben und Werk von Franz Joseph Gall. Eine Chronik. Würzburg 1986.

Albrecht Hirschmüller: Dynamometrie. Zur Messung der Körperkraft des Menschen im 19. Jahrhundert, in: NTM Zeitschrift für Geschichte der Wissenschaften, Technik und Medizin 1997, S. 104f.

Lambert Adolphe Jacques Quetelet: Anthropométrie ou mesure des différentes facultés de l'homme. Brüssel 1870.

Redressionsapparat,
in: Friedrich Eduard Bilz:
Das neue Naturheilverfahren, 1926

Seite 291
Bügelkorsett, in:
M. Kann: *Der Arzt im Haus*,
o. J., Privatsammlung

291

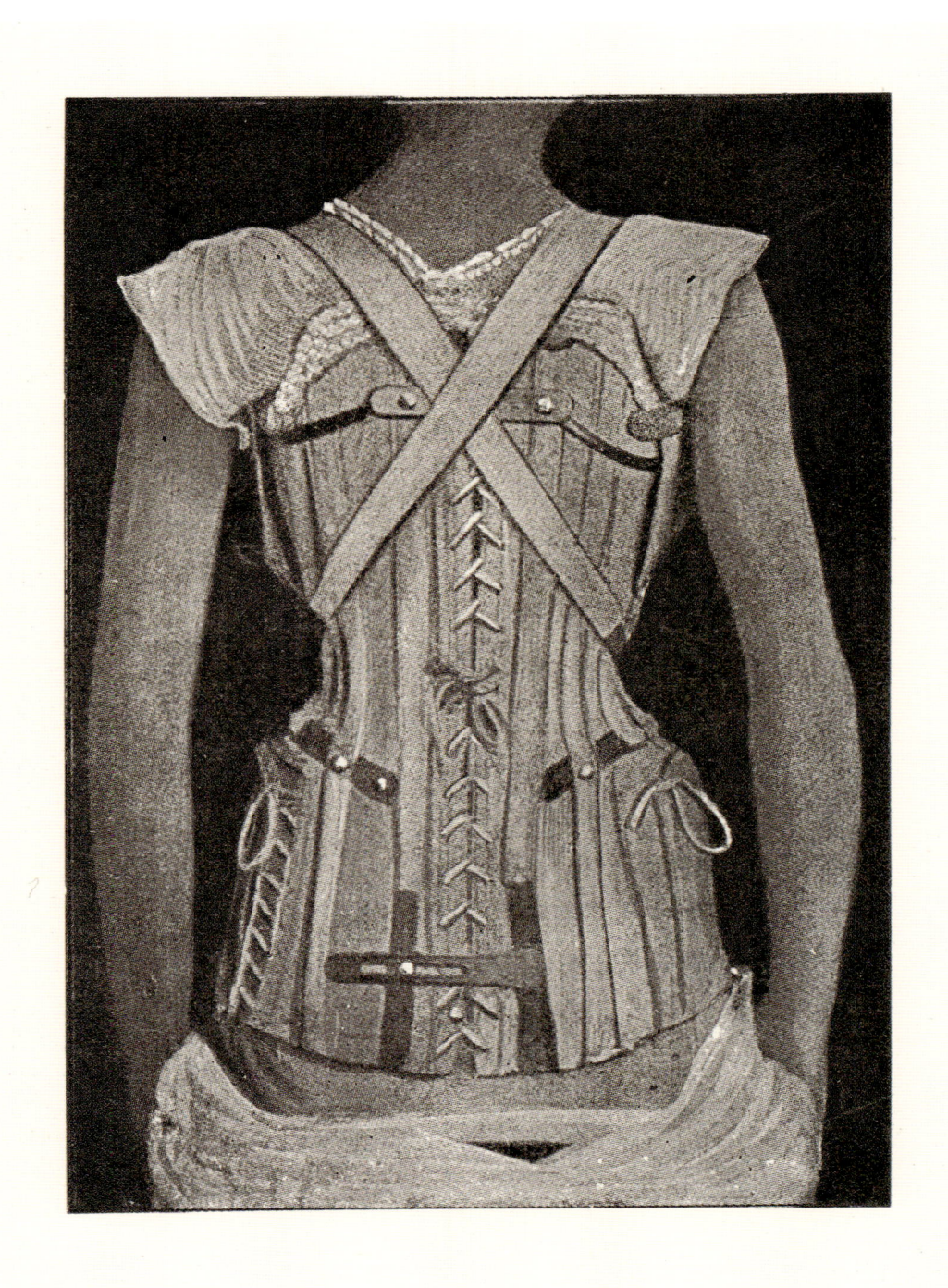

Kraftmenschen.

Georg Lurich. 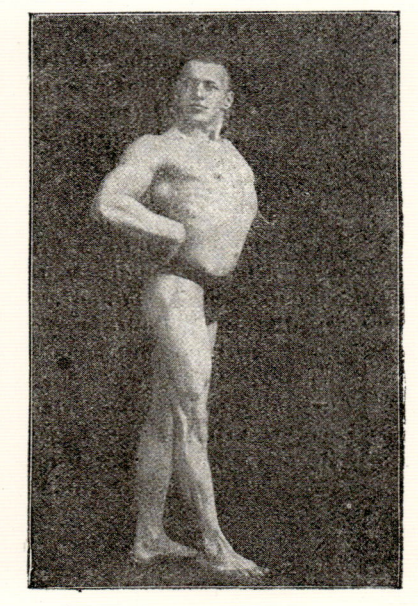 Georg Hackenschmidt.

Giovanni Raicevich. 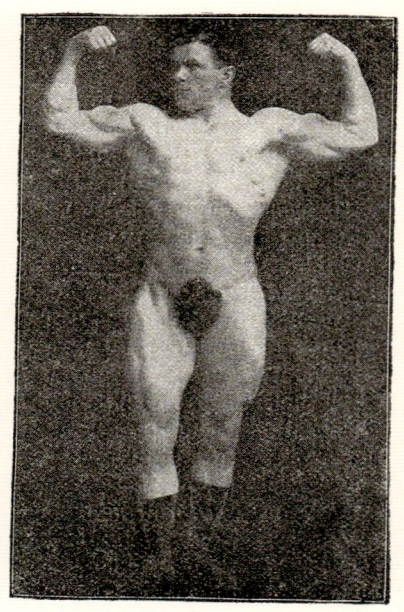 Jakob Koch.

Seite 292
Kraftmenschen, in:
Friedrich Eduard Bilz:
*Das neue Naturheil-
verfahren,* 1910

Seite 294
**Johann Michael Voltz
(1784–1858)**

*Die Schädel-Lehre.
Die größte Entdeckung
des Jahrhunderts, der
Triumph des menschlichen
Wissens,* kolorierte
Radierung, um 1820,
Sammlung Dieter Ante

Seite 295
**Honoré Daumier
(1808–1879)**

Vergleichende Schädel-
vermessungsanalyse.

Ja, das ist es: ich habe die
Beule der Idealität, der
Kausalität, der Lokativität.
Es ist eine Mirakulosität.

Lithografie, in: *Le Charivari*
14.03.1836, 17,8 × 20,7 cm,
LD 300, Sammlung Dieter
Ante

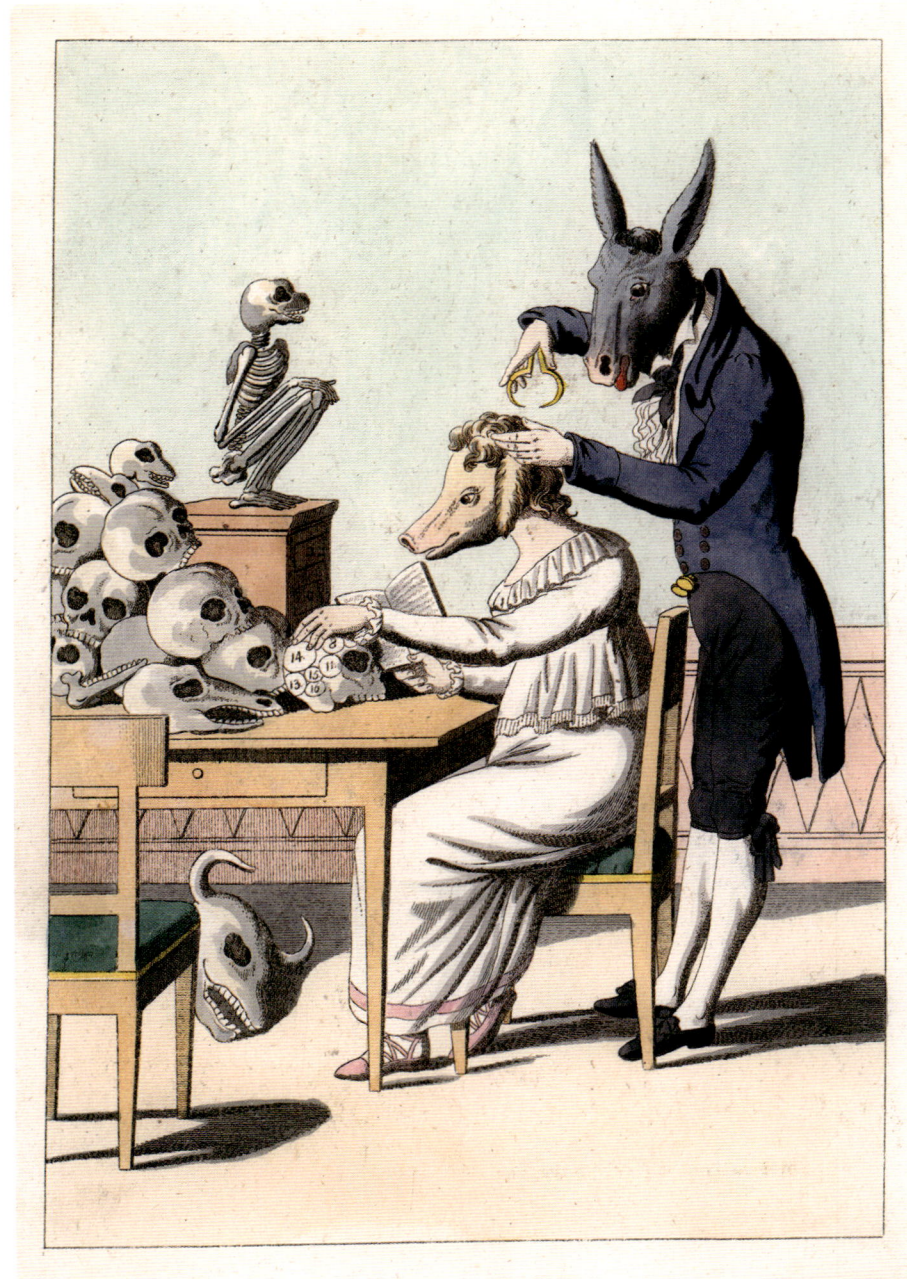

Schädel=Lehre.

Die größte Entdeckung des Jahrhunderts, der Triumph des menschlichen Wissens.

Le Crânioscope-Phrénologistocope.

Oui, c'est ça, j'ai la bosse de l'idéalité, de la causalité, de la locativité, c'est une prodigiosité.

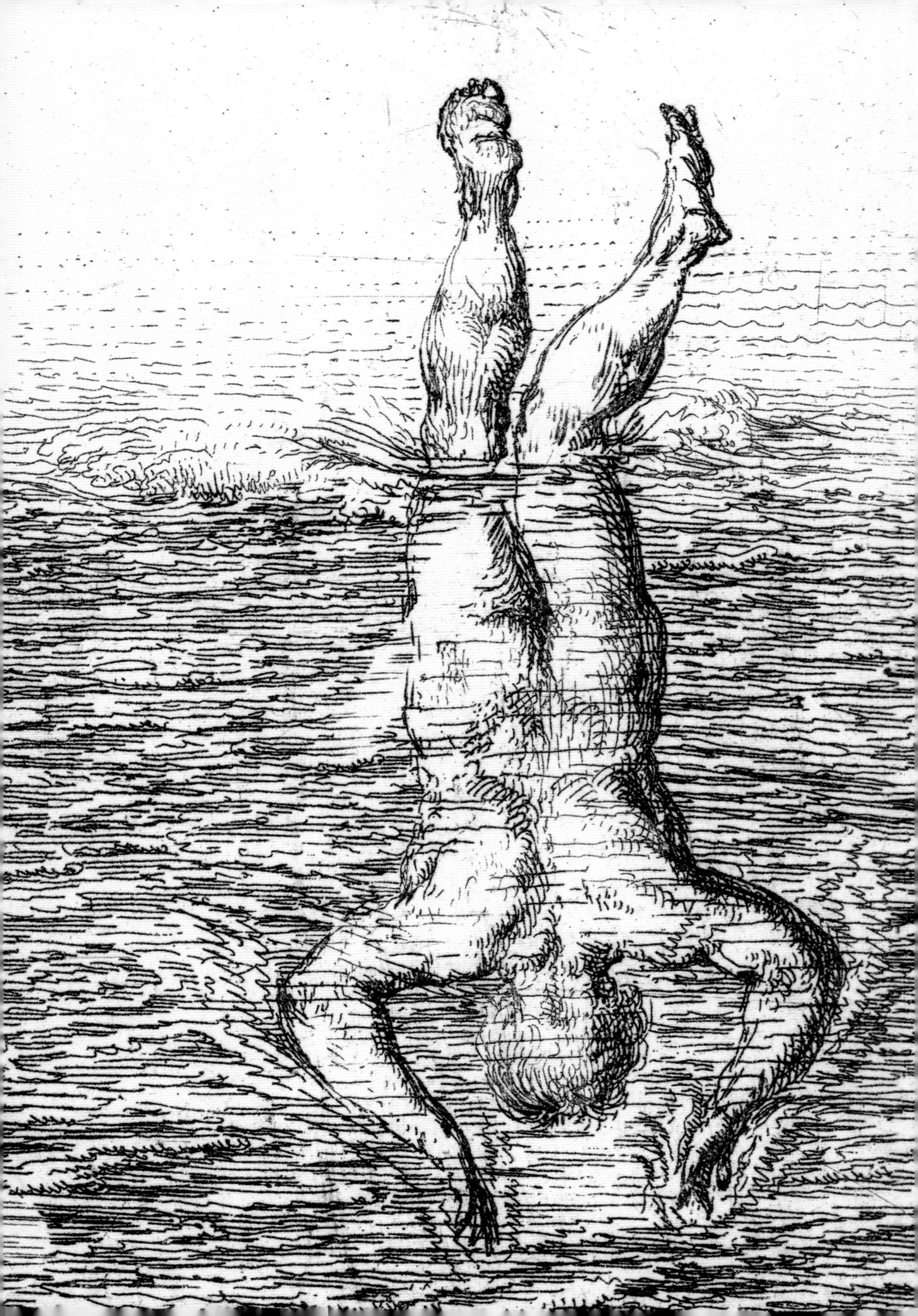

Diätetik und Homöopathie[1]
Bettina Brockmeyer

Du weißt morgens nicht, was du anziehen sollst? Frag doch einfach deinen Homöopathen. Im 19. Jahrhundert bezogen sich Diäten nicht nur auf Essen oder Bewegung. Auch Vorschriften zur Freizeit, Kleidung oder die Häufigkeit von Sex wurden artig befolgt.

In seiner kleinen Schrift *Eine Kinderstube* aus dem Jahr 1795 schilderte Samuel Hahnemann (1755–1843), der Begründer der Homöopathie, in schillernden Farben die Not dreier Kinder angeblicher Verwandter:[2] Die Frau, die »wie ein Buch von der physischen Erziehung«[3] sprechen kann, führt den Arzt in ein Hinterzimmer, wo zugleich Wäsche gewaschen wird und drei verwahrloste Kinder hausen. Das Älteste kann nur an Krücken gehen und nichts anderes trinken als Kaffee, das Zweite kann mit drei Jahren noch überhaupt nicht laufen und hat dank des permanenten Genusses von Zuckerzeug einen Dauerdurchfall und das Jüngste schließlich ist ein wimmerndes Baby. Schuld an diesem Kinderunglück sind mangelnde Luft, Süßspeisen und Kaffee und nach einer längeren Tirade an die Hausfrau rauscht der entsetzte Arzt an der Seite seines pausbäckigen Sohnes von dannen. Dieses kleine Lehrstück zeigt, abgesehen von einem Seitenhieb auf lesende Frauen,[4] zentrale hahnemannsche Diätregeln: ausreichend Luft, Bewegung, ausgewogene Ernährung und vor allem keinen Kaffee.[5] Außerdem ist es ein Plädoyer für eine im rousseauschen Sinne kindgerechte Pädagogik, ein Anliegen, das Samuel Hahnemann auch in seiner Übersetzung eines Erziehungsberaters des französischen Philosophen zum Ausdruck brachte.[6]

Drei Jahre vor der Veröffentlichung des Kinderstubenstücks führte Hahnemann ein *Diätisches Gespräch mit meinem Bruder*, in dem er die zeitgenössische Diätetik als »wankende[s] Rohr« bezeichnete und – zumindest bei Gesunden – für das Vertrauen auf den »Mageninstinkt« warb.[7] Gleichwohl plädierte er ganz im Sinne der Diätetik für die »Mäßigkeit« als Königsdisziplin, jedoch gebe es dafür keine allgemein gültigen Vorschriften, kein Bücherwissen, sondern jeder müsse lernen, auf seinen eigenen Körper zu hören.[8]

Gegen welches Bücherwissen Hahnemann anschrieb, ist bei der Vielzahl der Disziplinen, die sich dem Thema widmeten, nicht leicht zu bestimmen. Die Diätetik, verstanden als Regeln zur gesunden Lebensweise und -ordnung, ist ein Konzept, das aus der Antike herrührt. Hippokrates und Platon stehen für die Entwicklung einer allumfassenden Lebenskunst

Leopold Beyer
(1784–ca. 1870)

Samuel Hahnemann, 1831, Stahlstich nach einem Gemälde von Julius Schoppe

Seite 296
Charles Moette
(Lebensdaten unbekannt)

Tafel 41, XXV, in:
Melchisédec Thevenot:
L'art de nager démontré par figures, (EA 1696), 1782,
Sammlung Dieter Ante

Pate.⁹ Vom griechisch-römischen Arzt Galen aus dem zweiten Jahrhundert nach Christus stammen die so genannten »sex res non naturales« (sechs nicht natürliche Dinge), die mitsamt den »res naturales« (natürliche Dinge) und den »res contra naturam« (der Bereich des Pathologischen) die Medizin ausmachen. Folgende sechs »non naturales« konzipieren die Diätetik oder Hygiene: Luft, Essen und Trinken, Ruhen und Bewegen, Schlafen und Wachen, Ausscheidungen, Gemütsbewegungen.[10] Galens Diätetik ist eingebunden in die Humoralpathologie, also die so genannte Säftelehre, die im Körper die vier Flüssigkeiten gelbe und schwarze Galle, Blut und Schleim für das Wohlergehen verantwortlich sah. So werden z. B. die Nahrungsmittel danach eingeteilt, ob sie bei der Verdauung Wärme, Kälte, Feuchtigkeit oder Trockenheit hervorrufen.[11] Das galenische Konzept mit seinen antiken Wurzeln wurde über die Jahrhunderte vielfach rezipiert und popularisiert. So hatte auch bereits Galen sich mit seiner diätetischen Schrift nicht an ein Fachpublikum, sondern an den (gebildeten) Laien gewandt.[12] In der Frühen Neuzeit war die Diätetik dann Teil des sowohl medizinischen als auch moralischen Allgemeinwissens, und Laien ebenso wie Ärzte konnten sich ein Expertentum aneignen. Es existierte eine Art medizinisch-diätetische Kultur.[13]

Im 18. Jahrhundert erfuhr diese Kultur erneute Aufmerksamkeit, auch im Zuge wachsender Kritik an religiösen Krankheitsdeutungen. Der *Avis au peuple sur sa Santé* des bekannten Schweizer Arztes Samuel Auguste Tissot (1728–1797) enthält entsprechend der postulierten Eigenverantwortlichkeit des Einzelnen präzise Anleitungen zur Gesundheitsvorsorge und zum Verhalten im Falle einer Krankheit.[14] Eine der auch heute noch bekanntesten Schriften aus dem deutschsprachigen Raum war im ausgehenden 18. Jahrhundert Christoph Wilhelm Hufelands (1762–1832) *Makrobiotik oder die Kunst das menschliche Leben zu verlängern*. Wenn der Arzt seine Schrift im Vorwort selbst auch von der zeitgenössischen Medizin und medizinischen Diätetik absetzte, weil seine Ambition der Lebensverlängerung und nicht maximaler Gesundheit gelte (und dies sich zum Teil sogar widerspräche), so wiederholen seine Ratschläge im zweiten Teil doch die der Diätetiker: Sie beziehen sich vor allem auf das Maßhalten.[15] Auch prominente zeitgenössische Nicht-Mediziner wie Immanuel Kant (1724–1804) gaben Auskunft zur Diätetik. Angeblich von Hufeland inspiriert, verfasste er 1797 in Form eines Briefes an denselben eine Schrift mit dem Titel *Von der Macht des Gemüths durch den bloßen Vorsatz seiner krankhaften Gefühle Meister zu sein*.[16] Der 73-jährige Kant befasste sich in dieser Schrift, die er selbst als dritten Teil in den *Streit der Fakultäten* aufnahm,[17] neben dem Atmen und Schlafen vor allem mit dem Denken und Altwerden.

Im 18. und 19. Jahrhundert wurde eine große Menge an diätetischer Ratgeberliteratur produziert.[18] Wie das Beispiel Kants zeigt, waren es nicht nur Ärzte, die sich an dieser Produktion beteiligten, sondern auch Laien kam eine entscheidende Rolle zu. Ein Grund hierfür mag gewesen sein, dass die Situation der medizinischen Versorgung um 1800 die Neigung und Notwendigkeit, selbst für die Gesundheit zu sorgen, beförderte. Außerdem, so schreiben es Medizinhistoriker, war die Diätetik ein wichtiger Bestandteil eines zunehmend selbstbewussteren bürgerlichen Selbstverständnisses, das sich in der Überzeugung ausdrückte, sich ebenso gut selbst (diätetisch) behandeln zu können wie ein Arzt und außerdem Kritik an der zeitgenössischen Medizin üben zu können.[19]

Hier soll die Diätetik am Beispiel der Homöopathie näher beleuchtet werden. Denn die Elemente einer homöopathischen Diät, die Samuel Hahnemann herausstellte, sind vergleichbar mit diätetischen Einteilungen nach Galen und Hippokrates. So beinhaltete für Hahnemann eine gelungene Diät, wie das Beispiel der Kinderstube bereits verdeutlichte, ausreichend Bewegung an der Luft, eine spezielle Ernährung und des Weiteren regelmäßige Ausscheidungen, einen guten Schlaf und die Sorge um das Gemüt. Diese Aufteilung gleicht den dargestellten »sex res non naturales«.

Ein Hauptkritikpunkt Hahnemanns an der zeitgenössischen Diätetik bestand darin, dass sie generalisiere. Er forderte hingegen die individualisierende Untersuchung und Betrachtung kranker Menschen. Wie verstand der Homöopath diese Individualisierung? In seinem Hauptwerk, dem *Organon der Heilkunst,* gab er die einzelnen Schritte bei der Erstanamnese präzise vor.[20] Diese Vorgaben beziehen sich auf Ratsuchende, die in die Praxis kamen. Hier sollte der Arzt zuhören, notieren und erst dann nachfragen. Außerdem hatte er noch die eigene Beobachtung als Korrektiv. Anders stellte sich die Situation jedoch dar, wenn die erste Konsultation brieflich erfolgte. Für diesen Fall hatte schließlich der Hahnemann-Freund Clemens von Bönninghausen (1785–1864) eine »kurze Anleitung« entworfen. Dank dieser Anleitung lassen sich die Parameter der Individualität ermitteln, die die Homöopathen an Patientinnen und Patienten anlegten: Alter, Geschlecht, »Konstitution« sowie die »Lebensweise« und die »Beschäftigung« des Kranken. Schließlich war noch die »Gemüthsart in gesunden Tagen« explizit von besonderer Bedeutung.[21] Aus diesen Differenzkategorien[22] sollte sich die Individualität der oder des Schreibenden erlesen lassen. Das Verständnis von einer kranken Person ließ sich nach den genannten Merkmalen weit ausgestalten. Trotzdem gehören die Kategorien insgesamt alle einer gemeinsamen

Bilz
das neue
Natur-Heilverfahren.

Ordnung des Wissens an. Individualität ist demnach nur in dieser Ordnung zu verstehen. Und mit diesem Individualitätsverständnis unterschied sich Samuel Hahnemann weit weniger von zeitgenössischen Diätetikern, als er dies vorzugeben nicht müde wurde.[23] Hahnemanns Plädoyer für den »Mageninstinkt« galt vornehmlich für »gesunde« Menschen. Im Falle der Krankheit hingegen hielt er es für unabdinglich, bestimmten Diätvorschriften Folge zu leisten. Im ersten Teil seiner 1828 zuerst und 1835 erneut und vermehrt herausgegebenen *Chronischen Krankheiten* befasste sich der Autor im Kapitel über die Psora, in der er neben Sykosis und Syphilis die Grundkrankheit der Menschen sah, über 14 Seiten mit Fragen der Diät. Zunächst betonte er, dass die Diät nur eine Ergänzung zur arzneilichen homöopathischen Behandlung darstellen könne. Zudem müsse sich der »Heilkünstler« auf die individuelle Situation des zu Behandelnden einstellen. In der Folge unterschied er verschiedene »Klassen« von Menschen, vom Tagelöhner über den Bauern bis zur »höheren«, nicht körperlich arbeitenden »Klasse«. Diesen Differenzierungen gemäß gestaltete sich für ihn die Behandlung: Diejenigen, die körperlich arbeiteten – hierzu zählte Hahnemann auch die Hausfrauen –, sollten weiter versuchen, tätig zu sein, während diejenigen, die »mit feinen Arbeiten im Zimmer« ihr Brot verdienten, zur Bewegung angehalten werden sollten. Statt den Wagen sollten Letztere die Füße benutzen, sie sollten das Reiten einschränken, Theaterbesuche meiden, Kartenspiel ganz unterlassen und mäßig Tanz, Musik, Gesellschaft und Zerstreuung genießen. Ferner habe der Arzt dieser »Klasse« unmoralischen Umgang zu verbieten.[24] Es zeigen sich hier also sowohl das Individualisierungsverständnis des Homöopathen als auch seine Bereitschaft zur Einflussnahme. Hahnemann teilte die Patientenschaft nach bestimmten Kategorien ein. Den Homöopathen verstand er als Gesundheitsberater, der durch die vielen verschiedenen Lebensbereiche, in denen auf die Gesundheit zu achten war, zugleich Lebensführungsberater wurde. Nach den Spezifizierungen der Diät im Hinblick auf das Tagewerk und die daraus geschlossene Lebensweise der Einzelnen, wandte sich Hahnemann Regeln und Einschränkungen in der Nahrungsaufnahme, der Bekleidung, der Arzneimittelverwendung, den Lektüregewohnheiten, dem Gebrauch von Bädern, dem Tabakgenuss und der Ausübung des Beischlafes zu. Hierauf soll nicht en détail eingegangen, jedoch zusammenfassend betont werden, dass es sich erstens um sehr präzise Vorschriften handelt und zweitens diese Vorschriften der zeitgenössischen Diätetik ähnlich sind.[25] Auch die bereits erläuterte Schrift Clemens von Bönninghausens führt diese Diätvorschriften aus. Deren Ziel, betonte von Bönninghausen, liege keineswegs in der Heilung von Krankheiten, das sei schlechterdings unmöglich. Die Diät solle vielmehr

Seite 300

Buchcover, Friedrich Eduard Bilz: *Das neue Naturheilverfahren,* 1914 den Kranken »zu einer naturgemäßen Lebensweise zurückführen und verhindern, dass die zur Besiegung seiner Krankheit gereichte Arznei nicht durch sonstige arzneiliche Reize gestört werde.«[26]

Bei Hahnemann und von Bönninghausen handelt es sich zwar um nur zwei Vertreter der homöopathischen Diätvorschriften. Bereits ein Blick beispielsweise in die von dem Arzt und Homöopathen Georg August Benjamin Schweikert (1774–1845) herausgegebenen ersten zwei Bände der *Zeitung der naturgesetzlichen Heilkunst, für Freunde und Feinde der Homöopathik* von 1830 und 1831 beweist jedoch die große Relevanz des Themas innerhalb der gesamten Homöopathie:[27] Debatten entspannen sich zum einen über den Inhalt der Diät und zum anderen über deren angebliche Diffamierung durch Nicht-Homöopathen.[28]

Was in Hahnemanns Schriften mehr Gewicht erhielt als bei von Bönninghausen, waren Fragen des Gemüts. Während der homöopathische Laienpraktiker die Ausführungen hierzu bei der Ermahnung zu einer Lebensweise im »behaglichen Zustande« sowie bei der Warnung vor Leidenschaften und Anstrengungen – ebenso wie vor Langeweile – beließ,[29] stritt Hahnemann eine mögliche Besserung bei zu großen Gemütsbewegungen ganz ab. Auch ihm war es an der Erheiterung und an mangelnder Langeweile der Kranken gelegen, darüber hinaus erklärte er die Sorge um das Gemüt als eine vorzügliche Pflicht des Arztes – »Sorgfalt« und »Menschen-Liebe« zwängen den Heilkünstler zu dieser Sorge.[30]

Samuel Hahnemann verstand Gesundheit als ein Gebäude, dessen Fundament gesichert sein musste. Wenn das Haus von unten her zerstört würde, wäre keine Hilfe möglich. Hahnemann machte demnach eine gewichtige Einschränkung seiner Heilmethode: Die Homöopathie erklärte er ohne einen entsprechend gesicherten Ausgangspunkt der Behandlung für wirkungslos. Das ist auch eine Aussage über sein Verständnis der Homöopathie als Wissenschaft: Sie funktioniert nicht per se. Wenn man im Bild des zu bauenden Gesundheitshauses bleibt, braucht sie einen stabilen Untergrund. Wo dieser Untergrund fehle, müssten die Kranken »ertragen« können. War keine Duldensfähigkeit mehr ersichtlich, gab Hahnemann den Menschen für eine homöopathische Heilung verloren. Er definierte drei Bereiche, von denen er ausging, dass sie beim »Ertragen« helfen würden: die Philosophie, die Religion und die »Herrschaft über sich selbst«. »Lebens-Haushalten« ist so verstanden eine mehrgliedrige Angelegenheit: Sie falle zum einen dem Einzelnen in Eigenverantwortlichkeit zu und sei zum anderen Schicksal, indem die Umstände sich als nicht mehr erträglich erweisen können. Schließlich

Seite 303

Nährwertafel der animalen Nahrung, in: Friedrich Eduard Bilz: *Das neue Naturheilverfahren*, 1914

Nährwerttafel der animalen Nahrung.

Nahrung	Eiweiss	Fette	Nährsalze	Wasser	Mineralstoffe, Rohfaser, Asche, Abfallstoffe etc.
Rindfleisch, mittelfett	18%	10%		72%	
Rindfleisch, mager	22%			76%	
Kalbfleisch	19%	8%		73%	
Schweinefl., fett	14%	43%		44%	
Schweinefl., mager	20%	7%		72%	
Hammelfleisch	15%	9%		73%	
Schinken	24%	37%		28%	
Blutwurst	12%	12%		50%	
Leberwurst	16%	27%		49%	
Servelatwurst	18%	40%		38%	
Huhn, alte Henne	18%			78%	
Junges Huhn	23%	3		70%	
Taube	19%			76%	
Ente	21%	2		72%	
Wildpret	18%			77%	
Hering, gesalzen	19%	17%		48%	
Karpfen	8%			79%	
Eier	12%	11%	2	75%	
Butter		85%		10%	
Speck, geräuchert	3	79%		12%	
Käse, fett	33%	25%		39%	
Käse, mager	43%	7%		40%	
Kuhmilch	4	3	4	88%	
Sahne	5	29%		63%	

Bilz' Naturheilverfahren.
D.

Nährwerttafel der vegetabilen Nahrung.

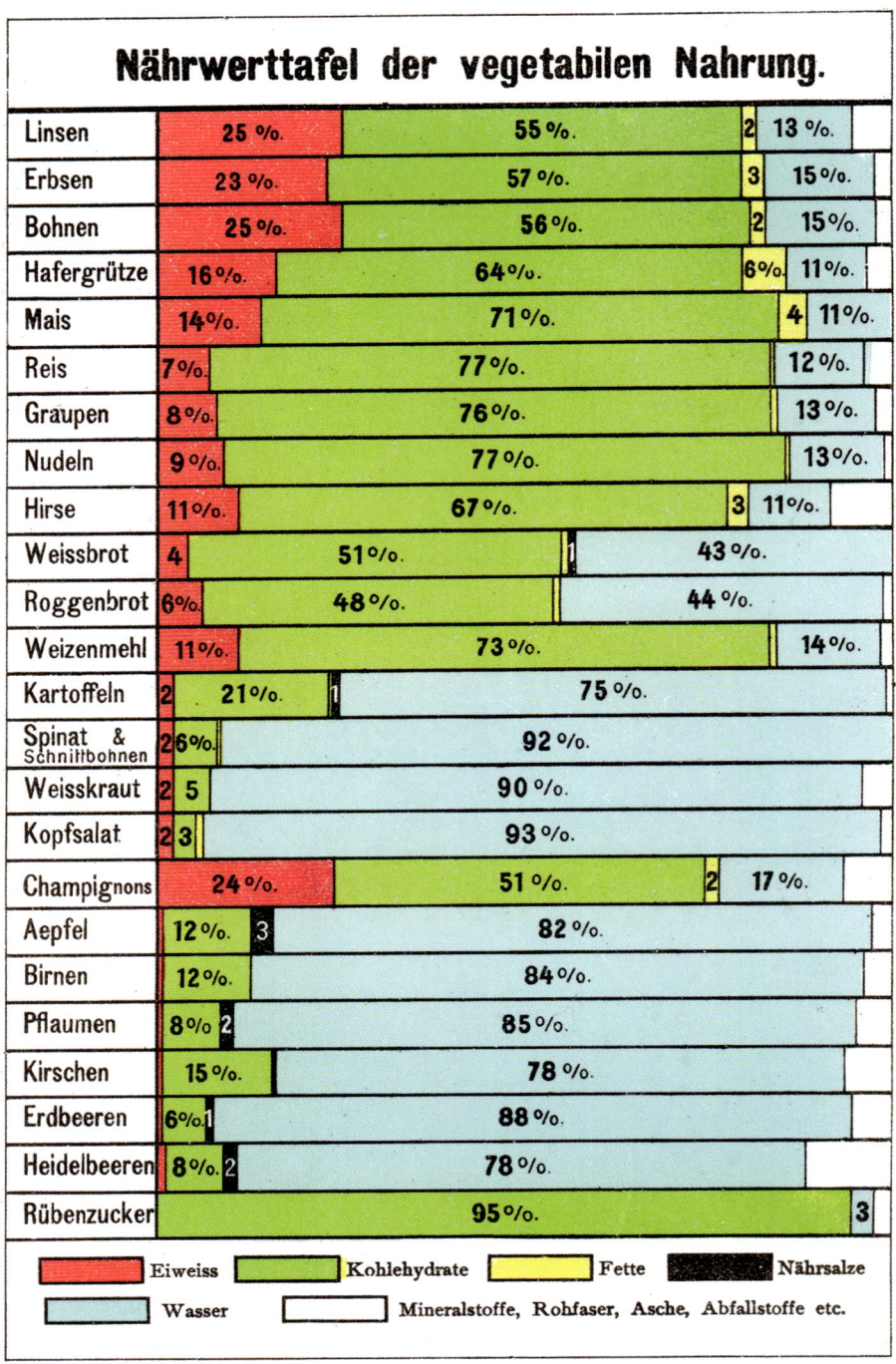

Nahrungsmittel	Eiweiss	Kohlehydrate	Fette	Nährsalze	Wasser	Mineralstoffe, Rohfaser, Asche, Abfallstoffe etc.
Linsen	25%	55%		2	13%	
Erbsen	23%	57%	3		15%	
Bohnen	25%	56%		2	15%	
Hafergrütze	16%	64%	6%		11%	
Mais	14%	71%	4		11%	
Reis	7%	77%			12%	
Graupen	8%	76%			13%	
Nudeln	9%	77%			13%	
Hirse	11%	67%	3		11%	
Weissbrot	4	51%		1	43%	
Roggenbrot	6%	48%			44%	
Weizenmehl	11%	73%			14%	
Kartoffeln	2	21%		1	75%	
Spinat & Schnittbohnen	2	6%			92%	
Weisskraut	2	5			90%	
Kopfsalat	2	3			93%	
Champignons	24%	51%		2	17%	
Aepfel	12%			3	82%	
Birnen	12%				84%	
Pflaumen	8%			2	85%	
Kirschen	15%				78%	
Erdbeeren	6%			1	88%	
Heidelbeeren	8%			2	78%	
Rübenzucker		95%				3

Legend: ■ Eiweiss ■ Kohlehydrate ■ Fette ■ Nährsalze ■ Wasser □ Mineralstoffe, Rohfaser, Asche, Abfallstoffe etc.

Bilz' Naturheilverfahren. D.

sei es die Aufgabe der Heilkunst, den »Lebens-Haushalt« ausgeglichen zu halten. Dies war Hahnemanns Bereich und der seiner Diätetik.[31] Entsprechend seiner Diätanweisungen antwortete Hahnemann zum Teil ausführlich auf Diätfragen seiner Patientinnen und Patienten oder gab auch ungefragt Ratschläge beziehungsweise Verordnungen.[32] Das lässt sich beispielsweise am Dialog zwischen dem Homöopathen und einer 43-jährigen dreifachen Mutter und Buchhändlersfrau im Jahr 1833 nachvollziehen: Die Patientin, von ihrem Schwager als zur Schwindsucht neigend charakterisiert, wandte sich immer wieder mit Fragen zur Lebensordnung und Ernährung an Hahnemann. Vorzüglich interessierte sie, ob sie bestimmte Lebensmittel zu sich nehmen dürfe, sowie ob Hahnemann das Staubbad für sie für schädlich halte. Könne sie morgens ein Mehlgetränk genießen, ungewürzte Schokolade trinken und etwas Semmel dazu essen?[33] Dürften sie und ihre Tochter im Frühjahr das Staubbad gebrauchen und Spargel essen?[34] An den neun erhaltenen Antwortschreiben Hahnemanns lässt sich erkennen, dass der Homöopath auf die meisten Fragen eine konkrete Antwort formulierte. So wusste er auf die Spargelfrage anzugeben: »Sie können wohl die Woche zweimal etwas Spargel essen gehörig weich gekocht, doch nicht über 3, 4 mäßige Stengel auf einmal.«[35] Auch zum Staubbad gab er präzise Auskunft: Wenn die Patientin wieder »gesünder« sei, könne sie das Bad gebrauchen, »doch nie länger als eine, zwei Minuten, worauf Sie sich schnell abtrocknen, anziehn und langsam ins Freie gehen müssen.«[36] Besonders hob Hahnemann die Bewegung an der Luft hervor, er kümmerte sich jedoch auch um Fragen der Arbeit, der Freizeitbeschäftigung und des Ankleidens: Madame Wiesike sollte sich aus »Leinwand« Beinbekleidung herstellen, der Tochter erlaubte er zu tanzen, jedoch nie kurz vor oder während der Menstruation, und beide schließlich sollten sie bei jedem Wetter laufen und sich mehr um die Bewegung im Freien bemühen als um die Hauswirtschaft.[37]

Zu ersehen ist, wie detailliert die Anweisungen des Arztes zur Lebensweise ausfielen. Zu den in seinen *Chronischen Krankheiten* genannten Punkten (Nahrung, Bewegung, Kleidung) gab Hahnemann präzise, den geschilderten Lebensgewohnheiten der Ratsuchenden angepasste Anordnungen. Von der maximalen Spargelmenge bis zum Stoff des Beinkleides ließ er keine Unklarheiten aufkommen. Weit eher präsentierte sich der Homöopath in den Briefen an seine Patientin als Ratgeber zur gesunden Lebensweise, denn als Medizin verschreibender Arzt. Es wird deutlich, wie die Lebensregeln zwischen Patientin und Homöopath hin und her wanderten und sich im Austausch konkretisierten. So entstand im Dialog ein übergreifendes Reglement, das sich auf verschiedene

Seite 304

Nährwertafel der vegetabilen Nahrung, in: Friedrich Eduard Bilz: *Das neue Naturheilverfahren*, 1914

Teilbereiche der Alltagsgestaltung bezog. Mit ihren Fragen leitete die Patientin inhaltlich das geschriebene Gespräch an, das heißt, sie setzte die Themen, über die sie Klarheit gewinnen wollte. Der Homöopath war Antwortgeber und übernahm dadurch die Rolle des Beraters. Der Einfluss des Homöopathen wurde zum Teil offensichtlich als so weitreichend empfunden, dass Regelverstöße schuldigst bekannt wurden. Eine junge Erzieherin in einer Predigerfamilie, die die Einhaltung der Diät in ihren Briefen explizit betonte, gestand einen Diätfehler ein, der sich auf das Maß eines halben Löffels beschränkte: Sie habe von einer Schokolade gekostet, die sie für unbedenklich gehalten habe, die jedoch gewürzt gewesen sei.[38] Ein Patient fragte, ob seine Familie rohe Früchte in Maßen verspeisen dürfe und sorgte zugleich dafür, dass sich der Homöopath nicht die Mühe der Antwort machen müsse, indem er ein »Stillschweigen« als Zustimmung nehmen wolle.[39] In einem anderen Brief schrieb der treue Homöopathieanhänger, seine Tochter befolge die Diät vollständig und pünktlich.[40] Ein Chausseegeldereinnehmer fragte nach sechs Jahren in Hahnemanns Behandlung immer noch nach dem erlaubten Genuss einzelner Lebensmittel. Nach seiner Eheschließung bekam er offensichtlich andere Sachen vorgesetzt als gewohnt, beispielsweise Eingelegtes, und musste sich deshalb erneut bei Hahnemann vergewissern, ob er diese ungewohnten Nahrungsmittel zu sich nehmen dürfe.[41] Eine Patientin, die sich mit Mitte 40 ihre Menstruation sowie das Gehör mehr und mehr verlieren sah und von Hahnemann zu Einreibungen der Scheide mit Rindermark aufgefordert wurde, da er zwischen beiden Verlusten einen Zusammenhang zu sehen schien, erwartete trotz ausbleibender Besserung des Arztes »Befehle«. Nach ihrem Umzug nach Westpreußen wollte sie ohne Hahnemanns Zustimmung nicht in die Weichsel steigen.[42] Die Beispiele verdeutlichen, dass die Diätvorschriften in den Briefen zum Teil Gebotscharakter erreichten.

Die Diätetik wurde nicht nur zu einem Ort der Selbstregierung, sondern auch zu einem, an dem Gehorsam und Widerstand eingeübt wurden. Mehr noch, indem die Verantwortung für den Körper bei ausbleibendem Heilungserfolg auf den Arzt als Regelsetzer übertragen wurde, wurde ein maßgebliches Anliegen der Diätetiker letztlich verweigert: »Im Zentrum des hygienischen Diskurses steht der Glaube, dass es der oder die Einzelne weitgehend selbst in der Hand habe, über Gesundheit, Krankheit oder gar den Zeitpunkt des Todes zu bestimmen.«[43] Der Glaube an die Kontrollierbarkeit des Befindens wurde von den Patientinnen und Patienten zumindest implizit in Frage gestellt, indem erstens die Kontrolle der Kontrolle dem Arzt überantwortet und dieser zweitens dann zur Rechenschaft gezogen wurde.

In den Briefen der Patientinnen und Patienten tritt das Bestreben hervor, Gründe für eine empfundene Krankheit zu finden. Die zeitgenössische und homöopathische Diät bot einen Anhaltspunkt. Sie ermöglichte es, Körperwahrnehmungen in ein Verhaltensreglement einzuordnen. Sowohl sollten sie durch das Reglement erklärt werden als auch gebändigt. Die Hilfsfunktion der Diätetik im Hinblick auf das Verhältnis zu etwas als unkontrollierbar Wahrgenommenem wird hier evident. Zugleich zeigen sich aber die Grenzen dieser Hilfsfunktion. In fast jedem Schreiben, in dem die Einhaltung der Diät erwähnt wird, werden zugleich Aussagen über mangelnde Befindensbesserungen getätigt. Die Diätetik ebenso wie die Homöopathie dienten der Sinn- und Lösungssuche, wobei durch das stets mitformulierte Scheitern diese Suche als Suche offenkundig wird. Das heißt, betrachtet man die Diätetik als Lebenskunst, in der Subjektivität durch eigenverantwortlichen Körperumgang entsteht, muss man immer zugleich ihr Scheitern mit einbeziehen. Letztlich bleibt das Konzept Form, es bleibt eine mögliche Variante der Selbstpräsentation und -wahrnehmung, deren Grenzen bereits von den Zeitgenossen (zumindest implizit) mitformuliert wurden.

Es ging hier nicht darum zu beweisen, dass die Diätetik unwirksam war. Ziel war es vielmehr darzulegen, wie prägend erstens die Diätetik für das Gesundheitsverhalten und genereller für das Körperverständnis europäischer Menschen im 19. Jahrhundert war. Zweitens sollte gezeigt werden, dass und wie die Hilfesuchenden die Unerreichbarkeit einer diätetischen Lebensweise artikulierten. Keineswegs war hier die von Michel Foucault und anderen konstatierte Selbstregierung zu sehen, die im 19. Jahrhundert zunehmend wichtig geworden sei. Vielmehr wird an den Briefen der Ratsuchenden deutlich, dass der »hygienische Diskurs«, verstanden als bürgerliches Programm, das in einer Verbindung von Aufklärung und Diätetik den Körper mit besonderer Aufmerksamkeit versah, schon zu den wirkmächtigsten Zeiten seines Bestehens lediglich als aufgeklärtes Wunschdenken in den Briefen der Zeitgenossinnen und Zeitgenossen aufschien.

1. Die Ausführungen basieren auf meiner Dissertation. Bettina Brockmeyer: Selbstverständnisse. Dialoge über Körper und Gemüt im frühen 19. Jahrhundert. Göttingen 2009.
2. Samuel Hahnemann: Eine Kinderstube, in: Josef M. Schmidt, Daniel Kaiser (Hgg.): Gesammelte kleine Schriften. Von Samuel Hahnemann. Heidelberg 2001, S. 193–196.
3. Schmidt, Kaiser 2001 (wie Anm. 2), S. 193.
4. Vgl. die Lesesuchtdebatte im ausgehenden 18. Jahrhundert, in der besonders Frauen als gefährdet galten, von für sie nicht angemessener Lektüre krank zu werden beziehungsweise, wie hier bei Hahnemann, stumpf gegenüber den Geschehnissen und Erfordernissen des wirklichen Lebens. Siehe dazu Susanne Barth: Mädchenlektüren. Lesediskurse im 18. und 19. Jahrhundert. Frankfurt a. M. 2002.
5. Speziell zum Kaffee hatte Hahnemann 1803 eine eigene kleine Schrift veröffentlicht. Hier geißelte er den Kaffeegenuss, da das Getränk arzneiliche Wirkung habe und demnach auch nur als Arznei einzusetzen sei. Er schilderte verschiedene Auswirkungen des Kaffees auf Geist und Körper und plädierte für einen vollkommenen Verzicht, es sei denn der Genuss sei medizinisch begründet und angeleitet. Samuel Hahnemann: Der Kaffee in seinen Wirkungen. Nach eigenen Beobachtungen, in: Schmidt, Kaiser 2001 (wie Anm. 2), S. 351–364.
6. Samuel Hahnemann, Jean-Jacques Rousseau: Erziehung des Kleinkindes. Handbuch für Mütter, 2. Aufl. Berg a. Starnberger See 1993 (erste Ausgabe Leipzig 1796).
7. Samuel Hahnemann: Diätisches Gespräch mit meinem Bruder, vorzüglich über den Mageninstinkt, in: Schmidt, Kaiser 2001 (wie Anm. 2), S. 137–142.
8. Hahnemann (wie Anm. 7), S. 141.
9. Michel Foucault hat sich im zweiten Teil von Sexualität und Wahrheit mit der Diätetik Platons und Hippokrates eingehend befasst. Michel Foucault: Der Gebrauch der Lüste. Sexualität und Wahrheit 2, aus dem Französischen von Walter Seitter. Frankfurt a. M. 1989, S. 129–140.
10. Vgl. Antoinette Emch-Dériaz: The non-naturals made easy, in: Roy Porter (Hg.): The popularization of medicine. 1650–1850. London 1992, S. 134–159, hier: S. 135; Philipp Sarasin: Reizbare Maschinen. Eine Geschichte des Körpers 1765–1914. Frankfurt a. M. 2001, S. 36. Philipp Sarasin verwendet in seiner Körpergeschichte durchweg den Begriff der Hygiene statt den der Diätetik. Er bezeichnet die Hygiene als »Wissen, das das Verhältnis des Menschen zu den materiellen Bedingungen seiner physischen Existenz beschrieb« und als daraus entwickelte Regulierungen. Zugleich bestimmt er sie als »Anleitung zum sorgfältigen, aufmerksamen Umgang mit sich selbst.« Ebd., S. 17, S. 24.
11. Karl E. Rothschuh: Konzepte der Medizin in Vergangenheit und Gegenwart. Stuttgart 1978, S. 196–197.
12. Klaus Bergdolt: Leib und Seele. Eine Kulturgeschichte des gesunden Lebens. München 1999. Monika Bernold u. a.: Familie: Arbeitsplatz oder Ort des Glücks? Historische Schnitte ins Private. Wien 1990, S. 107.
13. Steven Shapin: Trusting George Cheyne: Scientific Expertise, Common Sense and Moral Authority in Early Eighteenth-Century Dietetic Medicine, in: Bull. Hist. Med., 77:2, (2003), S. 263–297, S. 264–265.
14. Simon André Tissot: Avis au Peuple sur sa Santé. Lausanne 1783.
15. Christoph Wilhelm Hufeland: Makrobiotik oder die Kunst das menschliche Leben zu verlängern, Th. 1, 2, 5. Aufl., Berlin 1823.
16. Immanuel Kant: Von der Macht des Gemüths durch den bloßen Vorsatz seiner krankhaften Gefühle Meister zu sein. Ein Schreiben an Christoph Wilhelm Hufeland über dessen Buch: Die Kunst das menschliche Leben zu verlängern. Berlin [1873], S. 3.
17. Im »Streit der Fakultäten« von 1798 streitet die Philosophie mit der Theologie, der Rechtswissenschaft und schließlich der Medizin.
18. Nicht nur Literatur, sondern auch »Texte, Bilder, Praxisformen und Werkzeuge der hygienischen Sorge um sich.« Sarasin 2001 (wie Anm. 10), S. 26.
19. Jens Lachmund, Gunnar Stollberg: Patientenwelten. Krankheit und Medizin vom späten 18. bis zum frühen 20. Jahrhundert im Spiegel von Autobiographien. Opladen 1995, S. 60–63.

20 Samuel Hahnemann: Organon der Heilkunst. Aude sapere, 3. Aufl. Dresden 1824, S. 140.
21 C[lemens] v. Bönninghausen: Die Homöopathische Diät und die Entwerfung eines vollständigen Krankheitsbildes behufs homöopathischer Heilung, für das nichtärztliche Publikum. Münster 1833 [Nachdruck 1985], S. 21.
22 Andrea Griesebner und Christina Lutter verwenden den Ausdruck im Hinblick auf die Kategorie Geschlecht, die sie als eine (von mehreren) und relationale (zu anderen Kategorien) Differenzkategorie begreifen. Andrea Griesebner, Christina Lutter: Geschlecht und Kultur. Ein Definitionsversuch zweier umstrittener Kategorien, in: Beiträge zur historischen Sozialkunde, Sondernummer 2000, S. 58–63, S. 61.
23 Vgl. zu diesem Individualitätsdenken, das »einer einzigen Ordnung« verpflichtet ist, Sarasin 2001 (wie Anm. 10), S. 187.
24 Samuel Hahnemann: Die chronischen Krankheiten, ihre eigenthümliche Natur und homöopathische Heilung, Bd. 1. 2. Aufl. Dresden, Leipzig 1835, S. 132–133.
25 Laut Busche folgte Hahnemann »einer modifizierten Diätetik nach Hippokrates/Galen«. Jens Busche: Ein homöopathisches Patientennetzwerk im Herzogtum Anhalt-Bernburg. Die Familie von Kersten und ihr Umfeld in den Jahren 1831–35, med. Diss. Stuttgart 2008, S. 35.
26 Bönninghausen 1833/1985 (wie Anm. 21), S. 6.
27 Zeitung der naturgesetzlichen Heilkunst, Bd. 1 (Juli–Dez. 1830); Bd. 2 (Jan.–Juni 1831). Zu Schweikert (1774–1845), einem Pfarrersohn aus Zerbst, der u. a. bei Hufeland studiert hatte und sich als Stadtphysikus in Wittenberg, dann Grimma niederließ, vgl. Renate Wittern: Georg August Benjamin Schweikert (1774–1845), in: dies (Hg.), Frühzeit der Homöopathie: ausgewählte Aufsätze aus dem »Archiv für die homöopathische Heilkunst« aus den Jahren 1822-1838. Stuttgart 1984, S. 188–192.
28 Vgl. auch z. B. die Ausführungen zur homöopathischen Diät des Tilsiter Homöopathen Karl Julius Aegidi (1795–1874), der darauf drang, es mit der strikten Durchführung nicht allzu genau zu nehmen, da manche Kranke mehr unter der Änderung ihrer Gewohnheiten litten als unter ein paar Diätsünden. Julius Aegidi: Ueber die homöopathische Diät, in: Archiv für die homöopathische Heilkunst 8:3 (1829), S. 49–57.
29 Bönninghausen 1833/1985 (wie Anm. 21), S. 13, S. 18.
30 Hahnemann 1835 (wie Anm. 24), S. 140.
31 Zwar sind dies alles Bemerkungen zur Psora, jedoch erklärt Hahnemann die Psora in seinen Schriften für das Hauptübel, das Krankheiten verursache, weshalb es legitim erscheint, diese Passage auf sein gesamtes homöopathisches Wirken hin zu lesen.
32 Vgl. Busche 2008 (wie Anm. 25), S. 48–53.
33 Institut für Geschichte der Medizin der Robert Bosch Stiftung (IGM), Bestand Patientenbriefe (B) 33734.
34 IGM B 34303.
35 Wolfgang Schweitzer: Eine Sequenz von 9 Briefen Hahnemanns, in: Allgemeine Homöopathische Zeitung 236:1 (1991), S. 18–24, hier: S. 22.
36 Schweitzer 1991 (wie Anm. 35), S. 21.
37 Schweitzer 1991 (wie Anm. 35) S. 22, S. 24 (Zitat: S. 22).
38 Zur Einhaltung der Diät vgl. IGM B 331128; zum Diätfehler s. B 34078.
39 IGM B 31088.
40 IGM B 31500.
41 IGM B 34443.
42 IGM B 35054, B 35151 (darin Zitat).
43 Sarasin 2001 (wie Anm. 10), S. 19.

Schwimmen im Meer

Seite 311
**Mars
(Maurice (de) Bonvoisin)
(1849–1912)**

Ohne Titel, in: *Aux bains de mer d'Ostende,* 1885, Sammlung Dieter Ante

Seite 312/313
**Mars
(Maurice (de) Bonvoisin)
(1849–1912)**

La plage a l'heure du bain, in: *Aux bains de mer d'Ostende,* 1885, Sammlung Dieter Ante

— Pardon, monsieur, nous ne retrouvons pas notre cabine : vous n'auriez pas retenu le numéro ?
— Mais non, mesdames, je vous assure : fouillez-moi !

LA PLAGE A

E DU BAIN

SEA-SIDE PUZZLE.

To find your Bathing-Machine if you've forgotten the Number.

Unbekannter Künstler

Sea-side Puzzle, in: *Punch, or the London Charivari*, 25.8.1883

ALL IN THE DAY'S WORK.

"AND LOOK HERE! I WANT YOU TO TAKE MY FRIEND HERE AND MYSELF JUST FAR ENOUGH TO BE UP TO OUR CHINS, YOU KNOW, AND NO FURTHER!"

Unbekannter Künstler

All in the Day's Work, in: *Punch, or the London Charivari*, 6.10.1883

"DI." AND HER NY[MPHS]
"Why it's you Mr. Rover, is it? and we thought it was the [...]"

"...self with his black beardy face!"

Phiz
(Hablot Knight Browne)
(1815–1882)

»Di.« And her Nymphs, in: *Sketches of the Seaside and the Country*, um 1850 (1869), Sammlung Dieter Ante

George Cruikshank
(1792–1878)

August—Bathing at Brighton, in: *The Comic Almanack,* 1835–1843

Bathing at Brighton.

Oswald Lübeck
(1883–1935)

Weltreisen. Menschen an einem Badestrand vor einer Fabrikanlage, USA 1910/14, kolorierte Fotografie, SLUB/Deutsche Fotothek

Oswald Lübeck
(1883–1935)

Badende an einem Strand vor einer Hügelkette, um 1914, kolorierte Fotografie, SLUB/Deutsche Fotothek

Oswald Lübeck
(1883–1935)

Strand mit Badenden und Booten. Blick zum Diamond Head, Waikiki, Honolulu (Hawaii), 1911–1913, SLUB/Deutsche Fotothek

Oswald Lübeck
(1883–1935)

Badende an einem Fluss,
Kalkutta (Indien), 1911/1913,
SLUB/Deutsche Fotothek

Hugo Grothe
(1869–1954)

Baden im Tigris, 1906–1907,
SLUB/Deutsche Fotothek

Hugo Grothe
(1869–1954)

Baden im Tigris, 1906–1907,
SLUB/Deutsche Fotothek

Honoré Daumier
(1808–1879)

DIE FOLGEN
DES TAUCHENS.
Der Schwimmlehrer:
– Wasserschlucken schadet überhaupt nichts …
es stärkt das Innenleben!

Croquis Aquatiques,
Blatt 3, 1853, Lithografie,
26,5 × 20,2 cm, LD 2413,
Sammlung Dieter Ante

ROQUIS AQUATIQUES

...TES D'UN PLONGEON
...er...il n'y a pas d'mal, ça fortifie l'intérieur !

CROQUIS D'ÉTÉ.

Vue de la Seine, prise non loin d'Asnières

Honoré Daumier
(1808–1879)

Blick auf die Seine, nicht weit von Asnières, während der Hundstage.

Croquis d'été, 1854, Lithografie, 25,5 × 19,6 cm, LD 2582, Sammlung Dieter Ante

Bildnachweis

Trotz intensiver Recherchen konnten nicht in allen Fällen die Urheber von Reproduktionen zweifelsfrei ermittelt werden. Berechtigte Ansprüche werden selbstverständlich im Rahmen der üblichen Vereinbarungen abgegolten. Wir bitten gegebenenfalls um Nachricht.

Sammlung Dieter Ante – S. 14, S. 44, S. 45, S. 48/49, S. 62/63, S. 64/65, S. 67, S. 68, S. 70/71, S. 72, S. 73, S. 74, S. 75, S. 76/77, S. 78, S. 79, S. 80/81, S. 82, S. 83, S. 84/85, S. 90, S. 118, S. 166, S. 242, S. 243, S. 244, S. 258, S. 268, S. 294, S. 295, S. 296, S. 311, S. 312/313, S. 316/317, S. 326/327, S. 328/329
Antiquariat Martin Barbian und Ina Grund, Saarbrücken – S. 157, S. 158, S. 161, S. 236, S. 238, S. 244, S. 260, S. 261, S. 262/263, S. 286
Bibliothek der Stazione Zoologica, Neapel – S. 183
Bildarchiv Foto Marburg – Philipps-Universität Marburg – S. 180
California Palace of the Legion of Honor, San Francisco – S. 132
Deutsches Medizinhistorisches Museum, Ingolstadt – S. 42, S. 103, S. 109, S. 122/123, S. 206
DÜRKOPP & Co. A. G. BIELEFELD – S. 121
Jungborn Harz e. V. – S. 165, S. 198, S. 199, S. 200, S. 202, S. 203, S. 204/205
Leeds Art Gallery – S. 120
Klassik Stiftung Weimar – S. 167, S. 171, S. 172, S. 174, S. 175, S. 176, S. 178/179, S. 180, S. 181, S. 182, S. 183, S. 188/189, S. 192

Kunsthistorisches Museum Wien – S. 124
Kunstmuseum Stuttgart – S. 264, S. 267
Museum Casa Anatta, Monte Verità, Schweiz – S. 280
Musée d'art et d'histoire de Neuchâtel, Schweiz – S. 96
Musée d'Orsay, Paris – S. 127, S. 133
Museo del Prado, Madrid – S. 130/131
Museo Pio-Clementino (Inv. 1192), Vatikanische Museen, Rom – S. 16
Museum Ettlingen – S. 10/11
Museum für Kunst und Gewerbe Hamburg, Staatliche Landesbildstelle Hamburg, Sammlung zur Geschichte der Fotografie – S. 169, S. 184
Alfons Niedhart, Zürich – S. 8, S. 9, S. 12, S. 13, S. 121
Sächsische Landesbibliothek – Staats- und Universitätsbibliothek (SLUB) Dresden/ Deutsche Fotothek – S. 86, S. 87, S. 88/89, S. 191, S. 320, S. 321, S. 322, S. 323, S. 324, S. 325
Sächsische Landesbibliothek – Staats- und Universitätsbibliothek (SLUB) Dresden/ Deutsche Fotothek/Franz Stoedtner-Archiv – S. 117, S. 254, Umschlag hinten
Southworth & Hawes – S. 247
Staatliche Kunstsammlungen Dresden, Skulpturensammlung – S. 190
Stadtmuseum/Stadtarchiv Baden-Baden – S. 43
St. Annen-Museum, Hansestadt Lübeck – S. 93
Technoseum Mannheim, Fotos: Klaus Luginsland – S. 108, S. 109, S. 257

Annuaire de l'Académie royale de Belgique, 1875 – S. 288
Berliner Illustrirte Zeitung, Nr. 26, 1916 – S. 273
Berliner Illustrirte Zeitung, Nr. 27, 1917 – S. 276
Maximillian Bern: Für junge Herzen. Berlin 1897 – S. 281

Friedrich Eduard Bilz: Das neue Naturheilverfahren, Bd. 1. Leipzig 1910 – Umschlag vorne, S. 61, S. 110, S. 111, S. 112/113, S. 114, S. 115, S. 116, S. 145, S. 146, S. 148/149, S. 152, S. 153, S. 207, S. 292

Friedrich Eduard Bilz: Das neue Naturheilverfahren, Bd. 2. Leipzig 1926 – S. 40, S. 50, S. 51, S. 52, S. 54, S. 55, S. 56, S. 57, S. 58, S. 59, S. 154/155, S. 208/209, S. 210, S. 211, S. 212, S. 213, S. 214, S. 215, S. 216, S. 217, S. 218, S. 291, S. 220, S. 221, S. 222, S. 223, S. 224, S. 225, S. 230, S. 231, S. 237

Friedrich Eduard Bilz: Supplement-Band zu Das neue Naturheilverfahren. Leipzig 1926 – S. 53, S. 150, S. 151, S. 232, S. 233, S. 234/235

Friedrich Eduard Bilz: Das neue Naturheilverfahren. Leipzig 1914 – S. 300, S. 302, S. 304

Biologische Entfettungskur mit Obst-, Gemüse- und Kräuterrohsäften, Nr. 2. Leipzig, um 1920 – S. 274, S. 276

Douglas Bly: A New and Important Invention. Rochester 1862 – S. 18

George Cruikshank, William Makepeace Thackeray, Albert Smith: The Comic Almanack. London 1835–1843 – S. 318/319

Die Gartenlaube. Sammelausgabe 1903 – S. 248

Anna Fischer-Dückelmann: Die Frau als Hausärztin, Ein ärztliches Nachschlagebuch der Gesundheitspflege und Heilkunde in der Familie mit besonderer Berücksichtigung der Frauen- und Kinderkrankheiten, Geburtshilfe und Kinderpflege. o. O. 1907 – S. 236, S. 238, S. 273, S. 286

Fliegende Blätter, 70. 1879, Nr. 1745–1770. Universitätsbibliothek Heidelberg – S. 275

M. Kann: Der Arzt im Haus. Leipzig o. J. – S. 291

Julius Kollmann: Plastische Anatomie des Menschlichen Körpers. Leipzig 1886 – S. 25, S. 26, S. 27, S. 28, S. 29

Lebensreform, Nr. 5, 1928 – S. 278

Christian von Mechel: Die eiserne Hand des tapfern deutschen Ritters Götz von Berlichingen. Berlin 1815 – S. 17

Bess Marguerite Mensendieck: Die Körperkultur des Weibes. München 1906 – S. 281, S. 283

PAN, Mai 1900 – S. 170

M. Platten: Die neue Heilmethode. Ein Haus und Familienschatz für Gesunde und Kranke. o. J. – S. 161, S. 162, S. 226, S. 227, S. 228

Punch, or the London Charivari, 25.8.1883 – S. 314

Punch, or the London Charivari, 6.10.1883 – S. 315

Lambert Adolphe Jacques Quetelet: Anthropométrie ou mesure des différentes facultés de l'homme. Brüssel 1870 – S. 287

Rheinische Post Jg. 70, Nr. 105 vom 7.05.2015 – S. 269

Ferdinand Sauerbruch: Die willkürlich bewegbare künstliche Hand: Eine Anleitung für Chirurgen und Techniker. Berlin, Heidelberg 1916 – S. 100

Simplicissimus, Bd. 9, Nr. 36. München 1904 – S. 282

Stefan Steinmetz: Unser tägliches Brot wie es ist und wie es sein sollte! Leipzig 1894 – S. 277

Albert Stolz: Mannesschönheit. München 1912 – S. 281

Albert Stolz: Lehrbuch der Kraft- und Muskelausbildung. München 1913 – S. 281

C. H. Stratz: Die Frauenkleidung und ihre natürliche Entwicklung. Stuttgart 1907 – S. 282

The Edison Kinetogram, Frankenstein, Vol. 2, March 15, 1910, No. 4 – S. 104

The Body Shop – S. 284

F. L. Wangen und O. F. Scheuer: Das üppige Weib. Wien, Leipzig, 1928 – S. 283

Herzlich sei gedankt

Dr. Dieter Ante, Ludwigshafen

Antiquariat Martin Barbian und Ina Grund, Saarbrücken

Bettina Erlenkamp, Deutsche Fotothek Dresden

Thomas Geisler, Förderverein Jungborn Harz e. V.

Cornelia Gilb, Universitätsbibliothek Johann Christian Senckenberg, Frankfurt a. M.

Dr. Ulrike Groos, Kunstmuseum Stuttgart

Johann Holten, Kunsthalle Mannheim

Hildegard Isler, Zürich

Axel Jordan, Förderverein Jungborn Harz e. V.

Dr. Thomas Kosche, Technoseum Mannheim

Heike Kronenwett, Stadtmuseum Baden-Baden

Klassik Stiftung Weimar

Kunsthalle Mannheim

Kunstmuseum Stuttgart

Caroline Lerch, LVR Museum Osnabrück

Daniela Maier M. A., Museum Ettlingen

Alois Niedhart, Zürich

Dieter Prochnow, Honoré-Daumier-Gesellschaft, Erkrath

Familie Reichert, Fahrzeugmuseum Marxzell

Jörg Reiff, Hansgrohe, Schiltach

Prof. Dr. Marion Maria Ruisinger,
Deutsches Medizinhistorisches Museum, Ingolstadt

Dr. Alexander Sigelen, Technoseum Mannheim

Dr. Alois Unterkircher,
Deutsches Medizinhistorisches Museum, Ingolstadt

Bernd Wagenhoff, Baden-Baden

Autorenverzeichnis

Prof. Dr. med. Cornelius Borck
Leitet seit 2007 das Institut für Medizingeschichte und Wissenschaftsforschung der Universität zu Lübeck. Vorherige Stationen waren das Berliner Max-Planck-Institut für Wissenschaftsgeschichte, die Bauhaus Universität Weimar und die McGill University in Montreal. Zu seinen Arbeitsschwerpunkten zählen die Zeitgeschichte der Medizin und das Mensch-Maschine-Verhältnis in Kunst und Wissenschaft. Er ist Mitglied der Akademie der Wissenschaften in Hamburg und Sprecher des Zentrums für Kulturwissenschaftliche Forschung Lübeck.

PD Dr. Bettina Brockmeyer
Wissenschaftliche Mitarbeiterin am Department Geschichte der Friedrich-Alexander-Universität Erlangen-Nürnberg. Vielfache Publikationen zur Homöopathie- und Körpergeschichte, u. a. *Krankheitsdarstellungen in Briefen an Samuel Hahnemann – eine Lektüre aus geschlechtergeschichtlicher Perspektive*, in: Martin Dinges, Vincent Barras (Hgg.): Krankheit in Briefen im deutschen und französischen Sprachraum. 17.–21. Jahrhundert. Stuttgart 2007, S. 211–221; *Selbstverständnisse. Dialoge über Körper und Gemüt im frühen 19. Jahrhundert*. Göttingen 2009 und seit 2018 mit Susanne Lettow, Ulrike Manz und Sabine Schäfer (Hgg.): GENDER. Praxeologien des Körpers. Geschlecht neu denken, Zeitschrift für Geschlecht, Kultur und Gesellschaft.

Mirjam Elburn
2007 Magistra Artium in Kunstgeschichte, Neuerer und Wirtschafts- und Sozialgeschichte an der Universität Saarbrücken zum Thema *Malerei und Dichtung im Dialog. The Lady of Shalott von William Holman Hunt*. 2009 Diplom Freie Kunst, Meisterschülerin an der Hochschule der Bildenden Künste Saarbrücken. Freiberuflich tätig als Kuratorin und Kunstvermittlerin.

Dr. phil. Jutta Franzen
Diplom in Soziologie an der Johann-Wolfgang-Goethe-Universität Frankfurt a. M. mit den Nebenfächern Psychologie, Pädagogik und Politologie, Diplomarbeit *Zur Topologie der Gesellschaft bei Althusser*. 2006 Promotion an der Freien Universität Berlin, Institut für Soziologie zum Thema *Schnitt/stelle. Der Körper im Zeitalter seiner Herstellbarkeit*. Die Kultursoziologin, freie Autorin und Dozentin lebt und arbeitet in Berlin als wissenschaftlich-pädagogische Mitarbeiterin im Bereich Neue Medien und Kulturarbeit. Sie betreibt das ALLTAGSLABOR. Während des Promotionsvorhabens war sie Stipendiatin im »Berliner Programm zur Förderung der Chancengleichheit für Frauen in Forschung und Lehre«.

Dr. Philipp Kuhn
1977–1981 Studium der Rechtswissenschaften an der Freien Universität Berlin. 1981/82 Aufenthalt in Rom. 1983–1989 Studium der Kunstgeschichte, Klassischen Archäologie und Philosophie an der Ludwig-Maximilians-Universität München. Lebt und arbeitet als freier Kunsthistoriker in Baden-Baden. Seit 2017 als Kurator für das Museum LA8 tätig.

Dr. Sabine Merta
War von 1994–1998 wissenschaftliche Mitarbeiterin im Projekt »Massenkonsum. Zum Wandel der Nahrungsgewohnheiten um die Jahrhundertwende« der Deutschen Forschungsgemeinschaft unter Leitung von Prof. Dr. Hans-Jürgen Teuteberg an der Universität Münster. Seit 1998 ist sie Mitglied der Internationalen Kommission zur Erforschung Europäischer Ernährungsgeschichte (ICREFH). Sie promovierte über das Thema: *Wege und Irrwege zum modernen Schlankheitskult. Diätkost und Körperkultur als Suche nach neuen Lebensformen 1880–1930*. Publikationen: Sabine Merta: *Wege und Irrwege zum modernen Schlankheitskult. Diätkost und Körperkultur als Suche nach neuen Lebensstilformen 1880–1930,* in: *Studien zur Geschichte des Alltags,* Bd. 22. Stuttgart 2003; Sabine Merta: *Schlank! Ein Körperkult der Moderne.* Stuttgart 2008.

Julia Rößler
Studium der Kunstgeschichte und Ethnologie an der Ruprecht-Karls-Universität Heidelberg und der Universität Bern, 2009 Magistra Atrium. Zertifizierte Abschlüsse am Institut für Kulturmanagement in Ludwigsburg und vom Arbeitskreis Museumspädagogik des Hessischen Museumsverbandes e. V. und der Arbeitsgruppe für empirische Bildungsforschung e. V. Heidelberg. 2010–2012 Volontariat bei den Staatlichen Schlössern und Gärten Baden-Württemberg. Seit 2012 als freie Kunsthistorikerin tätig.

Prof. Dr. Matthias Winzen
1986 Meisterschüler der Kunstakademie Düsseldorf, 1990 Magister Artium nach Studium der Kunstgeschichte in New York und Bochum, 1994 Carl-Einstein-Preis für Kunstkritik der Kunststiftung Baden-Württemberg, 1995–1999 Projektleiter Bildende Kunst im Siemens Kulturprogramm München, 1996 Promotion an der Ruhr-Universität Bochum, 1999–2005 Direktor der Staatlichen Kunsthalle Baden-Baden, seit 2005 Professor für Kunstgeschichte und Kunsttheorie an der Hochschule der Bildenden Künste Saarbrücken, seit 2009 Direktor des Museums LA8. Museum für Kunst und Technik des 19. Jahrhunderts in Baden-Baden.

Impressum

Projekt
»BADEN IN SCHÖNHEIT.
Die Optimierung des Körpers
im 19. Jahrhundert«
Ein Projekt der Grenke-Stiftung.

Die Ausstellung findet im Rahmen des
Kooperationsprojektes BADEN gemeinsam
mit dem Stadtmuseum Baden-Baden
und der Staatlichen Kunsthalle Baden-Baden
statt.

Ausstellung
21. März bis 6. September 2020
Museum für Kunst und Technik
des 19. Jahrhunderts, Baden-Baden
Direktor: Matthias Winzen
Kuratorin: Mirjam Elburn

Kaufmännische Leitung/Registrarin:
Sabine Becker
Koordination: Adél Kuhn
Museumspädagogik: Mirjam Elburn
Pressearbeit: Kristina Helena Pavićević
Technik und Bauten: Peter Odenwaeller

Umschlag vorne
*Bauchschwimmen und
Rückenschwimmen* (Detail),
in: Friedrich Eduard Bilz:
Das neue Naturheilverfahren. Dresden/Leipzig 1910.

Umschlag hinten
Franz Stoedtner
(1870–1946)
Röntgen-Untersuchungstisch für Brustkorbdurchleuchtung, 1900–1940,
SLUB Dresden/Deutsche Fotothek/Franz Stoedtner-Archiv

Katalog
Herausgegeben von Matthias Winzen

Texte zu den Exponaten
Mirjam Elburn (ME), Julia Rößler (JR)

Redaktion und Lektorat
Sabine Becker, Rolf Duscha,
Mirjam Elburn, Anne Pitz

Gestaltung und Satz
Martha Bayer | marthabayer.com

Bildbearbeitung
Henrik Elburn | bildware.com

Gesamtherstellung
Auflage: 1.000 Stück

© 2020 Autoren und Museum für Kunst und
Technik des 19. Jahrhunderts, Baden-Baden

Ein ATHENA-Titel bei wbv Publikation

© 2020 wbv Publikation
ein Geschäftsbereich der
wbv Media GmbH & Co. KG
Bielefeld
wbv.de

Druck und Bindung
Krüger Druck + Verlag, Merzig

ISBN 978-3-7639-6118-4

Printed in Germany